绝密档案

背后的传奇（九）

北京电视台卫视节目中心《档案》栏目组 编著

中共党史出版社

图书在版编目(CIP)数据

绝密档案背后的传奇 . 9/北京电视台卫视节目中心
《档案》栏目组编著 . —北京:中共党史出版社,2014.1
ISBN 978-7-5098-2433-7

Ⅰ.①绝… Ⅱ.①北… Ⅲ.①世界史—通俗读物
Ⅳ.①K109

中国版本图书馆 CIP 数据核字(2013)第 276773 号

出版发行:中共党史出版社
责任编辑:潘　鹏
复　　审:王世英
终　　审:吴　江
责任校对:龚秀华
责任印制:谷智宇
责任监制:贺冬英
社　　址:北京市海淀区芙蓉里南街6号院1号楼
邮　　编:100080
网　　址:www. dscbs. com
经　　销:新华书店
印　　刷:北京汇林印务有限公司
开　　本:170mm×240mm　1/16
字　　数:260 千字
印　　张:18. 25
印　　数:1—6000 册
版　　次:2014 年 1 月第 1 版
印　　次:2014 年 1 月第 1 次印刷
ISBN 978-7-5098-2433-7
定　　价:35. 00 元

此书如有印制质量问题,请与中共党史出版社出版业务部联系
电话:010—82517197

目 录
CONTENTS

目 录
CONTENTS

清宫疑案：太后下嫁

多尔衮被追赠为义皇帝不到40天，他的侄子顺治帝就以谋逆大罪，将他削爵、黜宗室，并鞭尸泄愤。多尔衮生前到底做了什么，令孝庄太后的儿子——顺治皇帝对他这样恨之入骨，以致如此残暴对待呢？

顺治七年，也就是1650年12月，大清帝国开国枭雄、摄政王多尔衮猝然离世，年仅39岁。他生前没能做皇帝，在他死后，孝庄皇太后决定满足他的愿望，令顺治皇帝下诏书，追尊多尔衮为义皇帝，庙号成宗。

就在追赠多尔衮为义皇帝不到40天，他的侄子顺治帝就以多尔衮生前私做龙袍的谋逆大罪，将多尔衮刚刚追赠的义皇帝爵位削除，黜宗室，其财产也全部没收入宫。并将刚刚下葬的多尔衮从坟里挖出，用棍子打、以鞭子抽、砍掉脑袋、暴尸示众……

多尔衮生前到底做了什么，令孝庄太后的儿子——顺治皇帝对他这样恨之入骨，以致如此残暴对待呢？一时间各种猜测流传民间。

流传最广的说法就是，顺治帝的母亲孝庄太后曾经下嫁给多尔衮。这使得顺治皇帝一直记恨在心，因此在多尔衮死后，对他进行如此报复。

太后下嫁？这皇帝的女儿下嫁，在历朝历代屡见不鲜，一般都是公主出阁的专用词。凡是皇帝的女儿结婚都称下嫁。可是皇帝的母亲皇太后，天下万民的国母怎么能和"下嫁"扯上关系呢？这在素有礼仪之邦的中华古代历史上可谓千古奇闻！

多尔衮

事件中的男主人公——爱新觉罗·多尔衮生于1612年11月，是清太祖努尔哈赤生前最钟爱的孩子，排行第14。

多尔衮的母亲是努尔哈赤最宠爱的大妃乌拉那拉·阿巴亥，阿巴亥共为努尔哈赤生下了三个儿子。多尔衮是第二个儿子，上有哥哥、下有弟弟。1626年努尔哈赤去世时，多尔衮年仅14岁。

按说是努尔哈赤最喜欢的孩子，顺理成章会继承汗位，但毕竟对于14岁的孩子来说，一切都来得太突然了。努尔哈赤死后，他的儿子们进行了残酷的汗位之争。最终是34岁的皇太极荣登汗位宝座。

　　为争夺汗位，皇太极等四大贝勒可谓用尽手段，最后居然威逼多尔衮的母亲阿巴亥自尽殉葬。母亲死后，多尔衮失去了依靠，便没有能力再跟皇太极争夺汗位。从此多尔衮便跟随皇太极南征北战，逐渐成长为能文能武、善于谋略的和硕贝勒、睿亲王。

　　多尔衮14岁就跟随在皇太极左右，这年，还有一个年仅13岁的孩子嫁给了皇太极。这个女孩就是蒙古科尔沁部落贝勒塞桑的女儿布木布泰，也就是后来大清声名显赫的孝庄文皇太后。

　　孝庄皇太后，博尔济吉特氏，生于明万历四十一年，也就是公元1613年的二月初八。1625年，年仅13岁的布木布泰，由哥哥送到后金，嫁给了33岁的皇太极。此时的皇太极早已同布木布泰的姑姑哲哲结婚11年了。1634年，布木布泰的姐姐海兰珠也嫁给了皇太极。由于皇太极竭力拉拢蒙古科尔沁部落，部落中的三个博尔济吉特氏女人都先后成为皇太极的妻子。

孝庄文皇太后博尔济吉特氏

　　姑侄三人都嫁给同一个男人，这主要是出于政治原因。只有满洲和蒙古科尔沁部建立了姻亲关系，才能共同开创大清的事业。布木布泰嫁过来的第二年，丈夫皇太极就继承了汗位，而她也从贝勒福晋变成了大汗福晋。

　　10年之后，皇太极建国号大清，改元崇德，布木布泰又成为了崇德皇帝的永福宫庄妃。而姑姑则被封为皇后、姐姐海兰珠被封为关雎宫宸妃。

　　布木布泰初入宫时，深得皇帝喜爱。小小年纪就非常喜欢读书，通晓经史。拥有良好的悟性，又善于思考，对历史有独特见解。与众不同的才智，令皇太极非常惊喜，并常常让她辅助参与朝政。

在与皇太极婚后的十多年中，庄妃为皇太极生了三个女儿一个儿子。但是，一切都在姐姐海兰珠嫁给皇太极之后改变了。

在皇太极的三个博尔济吉特氏妻子中，最为得宠的就要数宸妃了，也就是庄妃布木布泰的姐姐海兰珠。

正所谓"后宫佳丽三千，三千宠爱于一身"，布木布泰的姐姐海兰珠嫁给皇太极之后，几乎占据了皇太极的整个心。两人情投意合、形影不离。海兰珠不仅姿色动人而且温柔贤淑。虽然比布木布泰大五岁，还嫁过一次人，但相比之下，布木布泰的端庄缺少了一些情趣，睿智不让须眉的性格使布木布泰少了很多同龄女子应有的天真烂漫，而姐姐海兰珠浑身散发着女人味，就显得惹人疼爱得多了。

皇太极为别的妃子取宫名，都是比较俗套的"永福宫""麒麟宫"之类，偏偏给宸妃海兰珠的宫名取得别出心裁，"关关雎鸠，君子好逑"取名"关雎宫"。从这点可以看出，皇太极对海兰珠的爱之深切。

布木布泰庄妃从此备受冷落。天聪十年，也就是1636年，皇太极建立了大清，登上了皇位，册封了后妃，在册封的五位后妃中，布木布泰是最不受宠的，所以位居最后。由过去的第三落到第五，地位明显下降。

崇德三年（1638年），庄妃布木布泰为皇太极生了一个儿子，为皇九子，取名福临，这个孩子就是后来的顺治帝。福临的到来并没有让庄妃重新赢得皇太极的关爱。此时的皇太极正处在与宸妃的丧子之痛中。夭折的孩子是宸妃海兰珠所生，并被皇太极指定为是皇太子人选。看到丈夫对于儿子福临的冷漠，庄妃倍感失落。

年轻而又寂寞的庄妃，与同样处在深宫的多尔衮是否会有所交集呢？这只是一种猜测……13岁的布木布泰与14岁的多尔衮，两人年龄相仿，从小就都伴随在皇太极左右。这难免会让世人产生种种猜想，从小就青梅竹马等一系列传言，也是从那时候就开始的。

崇德八年，也就是1643年，52岁的皇太极突然离世，没有留下任何遗嘱。皇位由谁继承就成为一个爆炸性的问题摆在了人们面前。当时的清朝还没有实行嫡长子继承制度，因此按照旧历，皇位继承人要由八旗王公共同商议决定。

时隔17年之后，多尔衮第二次处在了争夺王位的斗争中。这一年，多尔衮已经31岁。此时的多尔衮不仅在年龄上正当年，而且在战功上也是无可厚非，正是皇帝的最佳人选！如今的多尔衮早已不是昔日的懵懂少年，他有实力为自己想要的东西而奋斗。

但是，为什么满怀希望的多尔衮，最后却将皇位拱手让给了年仅6岁的皇九子福临呢？是谁能够让他放弃这一切呢？没错，正是永福宫庄妃布木布泰。

当时具备争夺皇位资格的人有皇太极的哥哥礼亲王代善，弟弟多尔衮，皇太极的长子肃亲王豪格，皇九子福临，皇十一子博穆博果尔。其中，既有夺位实力，又有继位权利的当属礼亲王代善、肃亲王豪格和睿亲王多尔衮。

在这场斗争中，看上去似乎并没有庄妃的儿子福临的份儿。福临虽然身份高贵，但他只有6岁，没有任何战功。但庄妃是不会放弃的，如果她不自救，很有可能又会像多尔衮的母亲阿巴亥一样被旋涡吞噬。

况且，如果登上皇位的不是自己的儿子，庄妃就只有一个太妃的称号，然后就被遗弃在冷宫孤独终老，度过凄凉的余生。聪明睿智、颇有谋略的庄妃当然不甘心过这种生活。

更何况庄妃也要为儿子福临的前途、科尔沁部落与大清的关系负责。于是，她开始分析形势，寻求可以依靠的力量……

庄妃是一个聪慧的女人。刚刚嫁给皇太极一年，她就亲历了公公努尔哈赤的去世，看到了丈夫皇太极是如何费尽心机最后继承了汗位。这也为她后来辅助儿子福临登上帝位奠定了一定基础。毫无八旗势力的庄妃，目前最需要的是得到八旗旗主的支持。

满族首领努尔哈赤，在后金时期建立了八旗制度。八旗即努尔哈赤建立的八种不同旗帜的大军。八旗旗主均为皇族。最早只有四旗：正黄、正红、正蓝、正白。后来又将四种颜色镶边，增设为镶黄、镶蓝、镶红、镶白四旗。八旗的服饰与旗帜颜色相吻合。

其中正黄旗、镶黄旗、正白旗为上三旗，隶属亲军，正黄旗旗主为满清皇帝，其余五旗为下五旗。努尔哈赤依靠八旗军队打下了大清江山。大清开国之后，每当国家有重大事件，都要依靠八旗议政会议来协商解决。

按照清朝八旗制度，先皇死后，皇后可以执掌皇太极生前亲掌的两黄旗。而此时，没有子嗣的哲哲皇后同样需要向侄女庄妃靠拢。虽然哲哲拥有太后的尊称，但没有任何权力，如果能支持侄女的儿子登上皇位，既可以保证自己的地位，还可以保持科尔沁部落与大清的良好关系。

姑侄二人达成一致意见之后，立即召见两黄旗大臣。庄妃提醒两黄旗大臣，当年努尔哈赤去世，正是由于自家阿哥多尔衮没能继承皇位，最终被改成了两白旗降低了地位。

两黄旗大臣的确是害怕类似事情再发生，因此他们一致同意要拥立皇太极的儿子继位。但是，他们主张立皇太极的长子豪格为皇帝，福临为太子。

庄妃和哲哲皇后当然不会同意，她们提醒两黄旗大臣，如果立豪格为帝，那豪格肯定会将自己的正蓝旗改为黄色，两黄旗中必将有一旗不保。而两白旗肯定坚持拥戴多尔衮登上帝位，肯定会坚决反对豪格，这样双方就会僵持不下，后果不堪设想，不如就立福临为帝，可以两全！

在得到了两黄旗的支持之后，庄妃和哲哲皇后也探明了其他六旗的情况：两白旗坚决拥戴多尔衮；两红旗代善则无意争夺皇位，主张立皇子；正蓝旗拥戴豪格；镶蓝旗旗主郑亲王济尔哈朗持观望态度。

由此，姑侄二人制定出了新的方案：立福临为帝，郑亲王济尔哈朗和睿亲王多尔衮辅政。这样一来，拉拢了观望中的镶蓝旗郑亲王，还安抚了权势过重的睿亲王多尔衮，排斥了不容公立的豪格，还能让济尔哈朗和多尔衮互相牵制……

就这样，两黄旗、两红旗、镶蓝旗，这五旗都被庄妃拉拢了过来。剩下的就只有两白旗和正蓝旗了。

这两个女人果然厉害，这个计划可以说是天衣无缝，不露任何破绽。方案既定，她们立即派人将这个方案告知各旗大臣，以获得支持，并召见多尔衮进宫议事……

多尔衮进宫后，哲哲皇后以国母之尊，表明了立皇子的强硬态度，并告诉多尔衮两黄旗和镶蓝旗的退让态度：既可以抛弃豪格，但也绝不会立皇上的弟弟。哲哲皇后希望多尔衮能从国家大局着想，不要因皇位斗争而使祖宗百战艰难获得的基业毁于一旦……

在争夺皇位之初，多尔衮自信地认为凭借自己的势力和能力一定可以夺得帝位。没想到，除了两白旗之外，多尔衮听到的都是反对声。再加上两位皇嫂苦口婆心的劝说，最终多尔衮接受了庄妃和哲哲皇后的方案。

也正是多尔衮最终这个决定，使后人对他与庄妃的感情产生了种种猜测。人们认为最终促使多尔衮放弃皇位的真正原因，是庄妃。正是因为两人之前早有私情，才会最终迫使多尔衮放弃即将到手的皇位，拱手让给庄妃的儿子。但是，让位之后的多尔衮真的甘心如此吗？还是表面上的风平浪静？

1644年，多尔衮攻占北京，明朝百官对他山呼万岁，关内外只知道有摄政王多尔衮，而不知有皇帝。4个月后，顺治帝与孝庄也来到北京，发现了已经大权独揽的多尔衮广树亲信、排斥异己，北京城成为了多尔衮的天下。福临继位之后，多尔衮的权势不断扩大，想做皇帝的念头也日渐增强。这种形势之下，福临的皇位岌岌可危……

"皇父摄政王"这个称呼，是孝庄太后借皇帝之名加封给多尔衮的最高称谓。为了进一步安抚多尔衮，孝庄不断以皇帝的名义给他加封尊号，为他歌功颂德。

也正是由于这个封号，使人们对多尔衮和孝庄，是否亲密的关系加以猜测……让福临称多尔衮为"皇父摄政王"又代表着什么呢？

多尔衮的封号由最初的"叔父摄政王""皇叔父摄政王"，最后为"皇父摄政王"，这样一步步加封。仅是为了表示地位的不断提升吗？在那个朝代，大家应该明白"皇父"这一称谓的分量。

总之，不管用了什么办法，孝庄的确牵制住了多尔衮，他没有实行篡位阴谋。

孝庄太后一方面不断为多尔衮加尊封号，另一方面加强了外界对他的控制。

为了进一步控制多尔衮，孝庄太后还通过两黄旗大臣左右政局，随时了解朝廷政事的进展情况，并由他们在议会上贯彻自己的意图。而朝廷中的两位重臣洪承畴和范文程，也是孝庄身边的两个智囊，经常依照孝庄太后的意图向朝廷提出建议。

孝庄太后还经常告诫儿子福临要韬光养晦，平日里让他装得没心没肺，整日只知道玩闹嬉戏，完全是一个胸无大志的野小子。对摄政王多尔衮，福临则非常恭敬，从没显露出任何不满。

福临掩饰得很好，以致多尔衮始终没能看透他内心的仇恨，从而推迟了篡权夺位的行动。幼帝福临在母亲辅助下，在摄政王执政期间才能得以相安无事。

1650年12月，39岁的多尔衮塞外围猎摔下马，伤势严重猝然离世，福临终于得以亲政。孝庄太后保护着顺治帝福临，从清初惊涛骇浪的政治斗争中奋斗出来，终于把儿子送到了真正的皇帝宝座上。

我们无法得知孝庄太后面对多尔衮的去世是怎样的心情。但是，后来她的所作所为也许可以印证一点什么。

孝庄太后在多尔衮死后，令顺治皇帝下诏书追尊多尔衮为义皇帝，庙号成宗。也许只有孝庄能够体会多尔衮没能当上皇帝的遗憾。也正是这种做法，又招来了人们对于"孝庄太后下嫁多尔衮"的种种猜测。

可如果太后真的曾经下嫁，当顺治帝将多尔衮的尸体从坟墓中挖出鞭打，孝庄又为什么没有制止呢？对于多尔衮这种非常人物，时人又是如何评价的呢？

多尔衮生前颐指气使，所有的王公大臣都听命于他，但是死后遭到清算。他辅政的功过在很长一段时间里没能得到公正的评价。一直到乾隆三十八年（1773年），多尔衮死后123年，乾隆皇帝才给了多尔衮一个比较公正的历史评价："定鼎之初，王实统众入关，肃清京辇，平定中原，前劳未可尽泯"，但是指出他"摄政有年，威福自尊"。

长久以来，"孝庄太后下嫁"之说遍布民间。各种野史著作纷纷出炉。各路专家学者也各执一词，人们议论纷纷。还有人从历史文献中找出了大量证据来印证这一观点。那么，皇太后是否真的曾经下嫁多尔衮呢？也不是没有这种可能性！

皇太极去世，多尔衮当时完全有能力继承帝位，为什么反倒扶植了6岁的福临？多尔衮攻入北京，又一次有篡权夺位的好时机，是什么力量能够阻止他放下这个决定呢？

有传闻说，当时王公大臣们都认为顺治帝对多尔衮应该有所报答，但顺治帝唯一的筹码只有母亲孝庄太后。而当时的孝庄太后也正值盛年、风华正茂，又楚楚动人，与多尔衮的年龄也是很相当的。

而且满族自古以来就有弟弟娶嫂嫂的习俗。哥哥死后，弟弟可以娶自己的嫂嫂。从这一点看，当时群臣要求太后下嫁也不是没有可能。

也有传说孝庄与多尔衮少时就已经相互倾心于对方。所以太后下嫁是有感情基础的。

这种说法多被小说演义乃至影视剧频频采用。

传说孝庄生得肌肤莹洁如玉，是满蒙第一大美人，宫里人都称之为"玉妃"。皇太极常年东征西讨不在宫中，吩咐一切内务琐事都由多尔衮决断，而多尔衮又都是奉大玉妃懿旨，所以经常借军国要事之名，在大玉妃宫中留宿，行私通之实。

对于这些，有一个人肯定是极其生气的，那就是多尔衮的夫人。传说这位夫人是孝庄的亲妹妹，生得也是白皙如玉，人称"小玉妃"。

于是忍无可忍的小玉妃贿赂某王，将大玉妃与多尔衮的丑事报告给正在作战的皇太极。皇太极立即下令返师沈阳，准备先整治后宫再继续战斗。但回宫还不到一天，便骤然离世。不久，多尔衮被封为摄政王，率师入关燕京，从此明目张胆在宫中居住。小玉妃对于多尔衮与大玉妃的私情愤恨不平，经常进宫找姐姐大玉妃评理，还大肆诟骂。大玉妃拒不相见。

小玉妃无奈回府后又与多尔衮争吵，可出乎意料的是，当晚小玉妃就死在了自己家中。摄政王妃既亡，身为太后的大玉妃便名正言顺地下嫁了多尔衮。

还有一种传说，是孝庄太后为了保住儿子福临的皇位而下嫁多尔衮。

皇太极驾崩后，清朝内有太后主持后宫，外有多尔衮掌握朝政。入关之后，摄政王独揽大权，权势日重，这使太后十分疑惧。为了牵制住摄政王，太后还特意让礼部规定以皇叔九千岁的礼仪进上摄政王，哪知道多尔衮还是不满意。孝庄深知福临年幼还少不了摄政王的辅助，便想了一个既能笼络多尔衮，又能保住福临皇位的办法，便是下嫁！

除了上述种种传说猜测之外，人们还从一些历史文献中找到了一些关于多尔衮与孝庄太后大婚的证据。

明代著名诗人张煌言，曾在《建夷宫词》中写过这样的诗句："上寿觞为合卺尊,慈宁宫里烂盈门;春宫昨进新仪注,大礼躬逢太后婚。"

后来,人们从年代以及事情发生的背景,认定这段诗句里面所说的太后婚,正是孝庄文皇太后。

在清代著名史学家蒋良骐的历史著作《东华录》中,有一篇《议摄政王多尔衮罪状之文》,里面有"自称'皇父摄政王',又亲到皇宫内院"的记载。

朝鲜著名历史文献《李朝大王实录》也作了相同记载。但是后来修的《清世祖实录》里却删掉了这句话。

这说明多尔衮到"皇宫内院"确有其事。而删掉这句话,恰恰说明事有隐衷。其中"亲到皇宫内院"一句最引人注目,最容易让人产生联想。

关于"下嫁诏书",据说民国时曾经风传过一本书叫《多尔衮摄政日记》,这部书的原名是《皇父摄政王多尔衮起居注》,是一个叫刘文兴的人家里收藏的。

在出版之前,刘文兴曾经写了一篇《清初皇父摄政王多尔衮起居注跋》,发表在民国36年(1937年)1月28日的《中央日报·文史周刊》上。里面提到,他曾经在故宫档案馆里见到过"孝庄下嫁诏书"。

那么,故宫里面真有这份诏书吗?国家第一历史档案馆编研部主任李国荣说:"国家一档并没有找到这份诏书……"

"下嫁诏书"到底是否真的存在至今仍是个谜……

关于"太后下嫁"一说,还有一个非常重要的证据。那就是孝庄文皇太后去世之后,并没有跟沈阳昭陵的皇太极合葬,而选择的是清东陵。更为重要的一点是,她被皇家陵园的风水墙挡在了外面。

河北省遵化市马兰峪的清东陵,是顺治皇帝亲点的"万年吉地",清代在这里先后修建了九座帝后陵和五座妃园寝,安葬着顺治、康熙、乾隆、咸丰和同治五位皇帝和众多后妃。在这座风水宝地的外围修砌了一圈长达20公里的"风水墙"。奇怪的是,所有的陵寝都建在这风水墙内,唯有一座皇后陵寝——昭西陵建在陵墙之外。这座陵寝的主人正是清东陵甚至清王朝中辈分、威望最高的女性——"孝庄文皇后"。

孝庄文皇太后被葬在风水墙外?有人说,正是因为孝庄太后下嫁了多尔衮,死后无颜回沈阳昭陵见夫君,所以才葬在清东陵大门旁,给子孙看门。

通过上面的重重举证，似乎答案已经揭晓。很多专家学者也坚信，孝庄太后真的下嫁了。但还有一些人提出了质疑，来否定这些已经摆在眼前的证据。

首先质疑的就是"孝庄太后被葬在风水墙外"。

一些史学界专家认为，"孝庄太后被葬在风水墙外"不一定就说明孝庄太后下嫁。从孝庄31岁丧夫，32岁来到北京，49岁时丧子，一直到75岁康熙二十六年去世，她已经在关内生活了近半个世纪，接受了汉族土葬的习俗。而她的丈夫皇太极已去世44年，是按照满洲的习俗火葬，早已在关外沈阳的昭陵入土为安。对于自己的后事，孝庄皇太后曾经向皇孙康熙帝有过交代："太宗文皇帝梓宫安奉已久，不可为我轻动。况我心恋汝父子，不忍远去，务于孝陵近地安厝，则我心无憾矣。"因此不存在孝庄皇太后陵墓被挡在"风水墙"外之说。

孝庄太后希望能够葬在儿子顺治帝和孙子康熙帝的身边，这个要求也合乎情理。与皇太极已经分隔40多年，再迁回祖陵与之合葬似乎也没什么意义。

历史文献中的证据，对"太后没下嫁说"是怎样解释的？张煌言为什么要写"慈宁宫里烂盈门""大礼躬逢太后婚"这样的话？

张煌言，浙江宁波人，抗清名将。后来兵败被俘，誓不降清，惨遭杀害。他的许多诗文都是表明反清复明志向的。顺治七年正月，多尔衮娶了侄媳妇肃亲王豪格的妻子，也姓博尔济吉特氏，是孝庄的妹妹，也许就这样以讹传讹，张煌言听说后，就信手写入了诗中。

的确，张煌言是反清将士，因此也有可能有意歪曲事实，将孝庄妹妹的大婚借题发挥，顺手写了这首诗，借以讥讽贬斥清宫，也不是没有可能。

关于蒋良骐的历史著作《东华录》中提到的"亲到皇宫内院"之说。这个皇宫内院是沈阳的皇宫内院，还是北京紫禁城的皇宫内院？没有具体指明。多尔衮是"到"皇宫内院，而不是"住"皇宫内院，那么"到"皇宫内院，就一定是太后下嫁给多尔衮了吗？

据史学家推测：孝庄皇太后与多尔衮也许有暧昧关系。《东华录》中所谓多尔衮"亲到皇宫内院"的说法，极有可能是指孝庄与多尔衮相恋的事实。孝庄太后与睿王多尔衮关系暧昧，可能是真，也可能是假。即使是两人关系暧昧，也不等于太后下嫁了。

此外，专家还指出一点，如果太后真的下嫁了，多尔衮到皇宫内院也就名正言顺了，而把这一条列为多尔衮的罪状，反倒证实了太后并没有下嫁。

此推论是否符合历史真实，关键在于弄清"皇父"之称的含义。国家第一历史档案馆李国荣主任对于"皇父摄政王"这个称谓的看法是：在汉族伦理观念上，"皇父"就是"皇帝的父亲"之意。但古代也有生母并未再嫁他人而称他人为"父"的现象。如周文王称姜子牙为尚父，意为可尊尚的父辈。秦始皇尊吕不韦为国相，号称仲父；"仲，中也，次父也"。著名史学家孟森认为，"皇父"的称呼，就像古代的"尚父""仲父"，都是国君对劳苦功高的重臣的尊称，并不能指为太后下嫁的确凿证据。

几十年来，不少历史学者对"孝庄太后是否曾经下嫁"这一问题进行了严肃的研究和考证。否定者有之，肯定者也有之。由于现有证据不足，人们各自的解读也不同。

俗话说："寡妇门前是非多。"即使贵为国母的孝庄文皇太后，也不免为流言非议。事实的真相究竟如何，不得而知。不论孝庄皇太后究竟下嫁与否，我们都不能否定她在清代历史中的重要地位，她过人的智慧辅佐了三朝天子。

我们不要单纯用世俗的眼光来看待孝庄太后与多尔衮的关系，弄清事实真相，才能拨开戏说历史的迷雾……

清宫疑案：顺治出家

没有任何先兆，顺治帝离奇地死了。而公布天下的诏书内却没有说明顺治帝的死因。消息一经传出，民间立刻就炸开了锅，人们纷纷说，顺治帝的死，不过是障眼法。真实的情况是，顺治帝没有死，他出家当和尚去了……

"京城内，除十恶死罪外，其余死罪及各项罪犯，悉行释放。民间，不得炒豆、点灯、泼水。"

顺治十八年正月初七，新年刚过。宫内就传出了大赦天下的诏书。过新年不准炒豆、点灯、泼水。这是民间得了天花禁忌的习俗。难道宫内有人得了天花？

早在两天前的正月初五，文武大臣们一早来到皇宫请安，发现宫殿门框上贴好的门神和对联被全部揭掉了。大臣们心中都闪过一个不祥的念头，只是谁都不敢说。

古代皇家一般是在新皇登基时大赦天下，不是为了施恩，就是为了讨吉利。现在大过年的，也大赦天下，还不准炒豆、泼水、点灯。大臣们心里已经明白了，宫内出事了！果然，没过几天，诏书颁布通告天下：年仅24岁的顺治皇帝在养心殿驾崩了！

没有任何先兆，顺治帝离奇地死了。而公布天下的诏书内却没有说明顺治帝的死因。消息一经传出，民间立刻就炸开了锅，人们纷纷说，顺治帝的死，不过是障眼法。真实的情况是，顺治帝没有死，他出家当和尚去了。

为什么民间都猜测顺治帝没有死而是出家了？这种猜测到底有什么根据？

3个月前，顺治十七年十月八日，西苑万善殿内香火缭绕，法器铿铿作响，人们做梦也想不到，这里正进行着一场剃度仪式，即将出家为僧的，不是别人，正是大清国皇帝顺治。主持仪式的是高僧玉林琇的弟子，也是被顺治帝称为大师兄的溪森和尚。

皇帝削发出家的消息震惊了当时的紫禁城。以辫子为身份标志的满洲贵族居然出了一个和尚皇帝。文武百官都慌得如热锅上的蚂蚁，纷纷跪在万善殿前叩见皇上，求他还俗回宫。

孝庄太后得知此事，火速前往万寿殿。为了阻止顺治帝出家，她命溪森和尚的师傅玉林琇火速来京。在孝庄太后旨意下，玉林琇在宫外的寺庙中下令架起柴堆，准备烧死溪森和尚。

已经剃度完毕的顺治帝万般无奈，为了保住师兄溪森和尚的性命，只好答应蓄发还俗。一场闹剧降下帷幕。

为了防止顺治帝再次萌生出家的念头，高僧玉林琇想了一个主意。将皇帝身边最宠信的太监吴良辅作为顺治帝的替身削发出家。为此玉林琇还特意让顺治帝选派了1500名僧侣作为现场见证。

正月初二还前往观礼的顺治帝，正月初七就突然病逝了？这不得不让老百姓众说纷纭。因此民间就有了顺治出家的说法。人们都相信他没有死，而是最终孝庄太后遂了他的心愿，让他出家了。

还有一种传说，是顺治皇帝得天花而死。这又有哪些可靠的证据呢？

中国第一历史档案馆保存了《世祖实录》这样一份档案文件。世祖是顺治皇帝死后的庙号，《世祖实录》就是关于顺治皇帝起居言行的文字记录。上面有这样的记录：顺治十八年正月初一，顺治帝没有视朝，初二日"上不豫"，初四日"上大渐"，初七日"上崩于养心殿"。每一日，过程与变化，都有明文记载。

| 皇太极

从这份记载可以看出，顺治帝的病情来得极其突然，几乎是三天一个变化，急转而下。从初二到初七，仅六天时间就去世了。病来得这么快，又这么急，只有天花能够与这种病情相吻合。

顺治帝是不是真得了天花不得而知，但是他对佛教的痴迷是真的。

说起顺治迷恋佛教，已经很久了。这也跟家族信仰有很深的关系。

满清人信奉喇嘛教，顺治的祖父努尔哈赤曾经特意为喇嘛教建了一座佛寺。到了皇太极时，对喇嘛教更为痴迷，建寺之余，干脆把喇嘛教定为大清国国教。皇太极的庄妃，顺治的生母，也就是后来的孝庄太后，就是一位虔诚的喇嘛教徒。

皇爷爷、皇阿玛、皇额娘，清一色的佛教徒，顺治在这样的环境中，想产生无神论的思想都很难。不同的是，顺治信奉的是汉化佛教。

顺治皇帝真正接触汉化佛教是在顺治八年，这一年他14岁，刚刚亲政。顺治八年十一月初七，顺治因为外出打猎，来到河北遵化县景忠山，在碧霞元君殿会见了主持海寿法师。当他得知景忠山南侧的"知止洞"有一位名为别山禅师的高僧，已经在洞内静修了9年，非常钦佩，因此前往拜见了别山禅师。顺治回宫后，就为别山禅师专门辟出宫殿，请其进宫修身。

此时的顺治帝，对汉化佛教充满了好奇。不仅是因为佛教描述的那种超凡脱俗、不羁尘世的境界能打动他的心。更主要的原因是，从小就受到各种管束的顺治帝似乎在佛教的境界中找到了自由。

顺治帝6岁登基，童年时期开始，皇叔多尔衮手握实权，对他极尽打压之能事。亲政之后，一切事务又都由母亲孝庄太后做主。亲政之前，由于皇叔多尔衮的控制与打压，顺治都没有接受过系统的汉学教育，以至于亲政之后，连大臣的奏折都读不懂，这让顺治内心十分痛苦。

为了弥补不足，顺治发愤读书，经常读到深夜，有时甚至到了吐血的地步。长期被压抑，为了赢回自尊，他甚至不惜以命相搏。这种痛苦，常人无法理解，顺治却要时时接受煎熬。

汤若望，德国人，原名约翰·亚当·沙尔·冯·白尔，立志献身于上帝的事业，不惜放弃本国爵位的继承，成为一名传教士。

汤若望明朝时就远渡重洋来到中国，亲眼目睹了明朝的衰败。他向清政府献上了一本《西洋新历法书》。此《历法》精确，于顺治二年被清朝更名为《时宪历》，并颁行全国。汤若望也因此被封为钦天监，成为第一个在中国做官的洋人。

汤若望知道，想要在中国传教，最快速最有效的方式就是传教于这个国家的皇帝。他以"天文"知识成功敲开了紫禁城的大门，随后便把《圣经》和十字架也带进皇宫。

顺治八年四月的一天，汤若望居住的耶稣会所南堂突然响起急促的敲门声，几名皇宫侍卫护送来一位宫女。这位宫女声称，某亲王的郡主得了急症，请汤若望前去诊视。汤若望根据这位宫女所说的病情来看，知道情况其实并不严重。于是，他把一面十字架交给宫女，并嘱咐她，只要把十字架放在患者胸前，病情即可痊愈。

汤若望

事实上，这位患者并不是什么"郡主"，而是当时顺治皇帝的皇后。果然，没几日皇后就痊愈了。孝庄太后听到后十分高兴，当她知道这个教士仅通过一个十字架就能把那些太医束手无策的问题瞬间解决的时候，十分佩服，并认汤若望为义父。

后来，顺治帝得知此事，也是佩服之极，随着母后称汤若望为玛法。玛法，就是满语中爷爷的意思。

从此，这个叫汤若望的洋人就走进了顺治帝的生活中，而顺治帝在最开始也非常喜欢这个与众不同的玛法。

顺治帝一有时间就往汤若望的住所跑，同他聊天，听他讲《圣经》里的故事。顺治在汤若望的住所，喝教堂花园自酿的葡萄酒，欣赏西洋木船的模型和天体测量仪。在顺治眼里，汤若望上知天文，下晓地理，似乎无所不精。他让顺治既惊奇又崇拜，很快，这一老一少就成了朋友。

按理说，基督教应该顺理成章地成为顺治皇帝的宗教信仰。然而，事实并非如此。汤若望与顺治皇帝这种亲密关系，仅仅维持了一年。

汤若望开始以顺治帝的道德教师自许，对顺治的失德之处也毫不客气地进行劝谏阻止。他甚至要求顺治帝控制色欲，这让顺治帝无法接受。毕竟贵为天子、九五之尊，皇后非常刁蛮任性，顺治帝想废掉她。汤若望不但不加以帮助，反而站在孝庄太后一边，劝说顺治帝。渐渐地，顺治帝对汤若望不再信任。

最终顺治帝对汤若望的排斥感越来越强烈，基督教也随着对传教人的反感而在顺治帝这里失去了滋生的土壤。

顺治帝为什么这样急于找到一种信仰呢？这主要还源于他孤独的幼年生活环境。国家第一历史档案馆编研部主任李国荣，对顺治帝做出了这样的研究分析："从小很少见到孝庄皇太后……执政后军事上不顺利；政治上，顺治帝同样不堪重负。这种重负，有很大程度上，是其强势的孝庄母后带来的。内心脆弱、不堪一击……"

顺治帝脆弱的性格致使孝庄太后一直都无法对顺治帝完全放手。但越是这样，处于青春期的顺治帝就越反叛。

顺治十六年，全国统一战争仍在继续。正当云南战事进入最后阶段之时，东南战场的形势突然变得极为紧张。

郑成功率领台湾17万精锐部队、80万大军，从舟山北上讨伐清军，攻克了江苏瓜州、镇江等地，于七月初七逼近江宁（今南京）。攻克江宁之后，一路北上，直逼京都。

消息传到京城，顺治帝吓得惊慌失措，甚至提出迁都，撤回关外。孝庄太后得知此事，当面斥责他胆怯怕死，竟然将祖宗苦战得来的江山如此轻率放弃。太后的怒斥骂醒了顺治，他立即醒悟，决定反击，甚至拔出自己的剑，要亲自出征。

在孝庄太后点拨下，顺治帝的勇猛之举给了全朝文武官员极大鼓励，大家纷纷献策主动请战。最终顺治帝赢得了这次防御战争。从这件事可以看出，虽然顺治帝亲政了，也没有了多尔衮的强权影响，但他仍然生活在孝庄太后的牵制下。

不论在政治上还是生活上，孝庄太后对顺治帝都进行了很多安排，包括婚姻。

在孝庄太后一手安排下，顺治帝14岁时与孝庄的亲侄女博尔济吉特氏结婚，并诏告天下，册封博尔济吉特氏为皇后。这个皇后长得很漂亮，也很聪明，但是有个不好的习惯，就是奢侈。并且因为出身高贵，对人对事极为挑剔，吃饭的时候稍微一不顺心就罢食。嫉妒心也非常强，对皇帝身边所有漂亮女性，都极尽防范之能事。

宫中曾有一批善于吹拉弹唱的女子，个个姿色出众。皇帝很喜欢听她们奏乐。可皇后为了防止顺治对这些宫女产生兴趣，居然要求把乐队成员全部换成太监。任性的皇后最终使顺治帝对她十分厌恶，坚持废黜了她。

皇后被废黜，但后宫不可无皇后。寻找什么样的人给顺治当皇后，最终还是孝庄太后说了算。因此，在孝庄安排下，顺治十一年，17岁的顺治帝又被迫娶了蒙古科尔沁贝勒的女儿博尔济吉特氏，不过这次不是一个，而是两姐妹。

按照辈分，这两姐妹是孝庄太后的侄孙女。姐姐被册封为皇后，即孝惠章皇后，妹妹被册封为妃子。这两位女子虽然不如第一位皇后那般骄横善妒，但两位不经尘事的十二三岁的小女孩，老实得几近木讷，让顺治皇帝从一开始便对她们没有任何兴趣。这对被孝庄安排进宫的女子，至死都没能生下一男半女。

婚姻生活、政治道路，顺治帝几乎没有一样是能亲自做主的，心里也越来越空虚，急切地想找到一种慰藉。就在这时，佛教又闯入了他的生活。

顺治十年，北京地区的佛教徒集资重修了毁于明嘉靖年间的海会寺。他们还特意请来当时十分有名的憨璞性聪和尚当寺庙住持，香火也因此日益旺盛。

寺庙建成第二年，顺治帝去南苑狩猎，途中看到新寺落成，十分好奇，于是入寺稍作休息。也就是这次，他与憨璞性聪和尚相遇了。

交谈中，憨璞性聪和尚发现顺治帝生活十分苦闷，他不断诉说着宫廷生活中的诸多无奈，虽然身为皇帝，但过得极不顺心。他急需寻找一个精神寄托，来缓解宫廷生活中的各种压力。

憨璞性聪和尚非常机灵，并且善于拍马屁，交谈之中让小顺治帝听着十分舒坦，没几句话，顺治就把憨璞性聪视为知己，并且从此经常召他入宫讲解佛法。

憨璞性聪和尚不断向顺治帝描述佛经里的空灵境界，这正是此时精神极度苦闷的顺治迫切需要的，在憨璞性聪的不停游说下，顺治帝逐渐把佛教当作精神依托，仿佛只有在佛经里才能找到心灵的宁静。

憨璞性聪为了巩固顺治帝对佛教的信仰，又向他推荐了三位高僧——玉林琇、木陈忞、茚（音昂）溪森。玉林琇，江苏人，俗姓杨，出身于名门望族，但从小虔诚奉佛，18岁时入磐山寺，23岁即就任浙江湖州报恩寺住持。道风严峻，声名远扬。其高深的禅理和机敏巧妙的奏对，深得顺治帝推崇。木陈忞，广东茶阳人，出身书香门第，幼年修行，明崇祯十五年住持宁波天童寺，后投靠清廷。他比玉林琇伴帝更久，影响也更大，后来还被顺治帝赐封为"弘觉禅师"。

顺治多年的愁苦与孤独，在佛教的熏陶和高僧的慰藉下，瞬间得以解脱。此时的顺治帝已经开始产生剃度出家的想法。顺治十六年，顺治帝请玉林琇为他起法名。

玉林琇一再辞让，无奈顺治固执己见，并提出"要用丑些的字眼"。玉林琇只得遵旨，书写十余字进呈御览，顺治选"痴"字，并以玉林琇弟子辈分的"行"字辈给自己定位身份，法名"行痴"。

顺治十七年，顺治对木陈忞说："朕想前身的确是僧，今每常到寺，见僧家明窗净几，辄低回不能去。"

而此时的顺治帝身体已经极差，他对木陈忞说："朕再与人同睡不得，凡临睡时，一切诸人俱命他出去，方睡得着，若闻有一些气息，则通夕为之不寐矣。"

由此可见，顺治的精神压力之大，严重伤害了他的身体，以致自己判断将不久于人世。但是就在此时，他遇到了一个人。这个人的出现使顺治帝暂时放弃了出家念头。

已经对佛教近乎痴迷的顺治帝，是谁能够让他忘却佛灯青烟，重回往日生活的呢？没错，正是一名女子，这名女子同样令顺治帝为之痴狂。

这个女子在顺治帝的人生中只作了短暂的停留，但谱写了一段倾世之恋。她的出现，让顺治帝体验到了生而为人的快乐与幸福，也正因为她的离去，让顺治帝体会到身处人世而无所依附的悲哀。

董鄂氏，父亲鄂硕出身上三旗，属于满洲贵胄。然而，董鄂氏跟一般的满洲女子不一样。她有满洲人的高贵气质，又去过江南，她随做官的父亲到过苏州、杭州，读过"四书""五经"，擅长诗词与书法，具有江南女性的妩媚与文雅。顺治皇帝几乎对她一见钟情，并开始了至尊帝王对一位女性的火热追求。

从小就喜爱书画的顺治帝被董鄂氏的美貌、温柔、才气，深深吸引。

顺治皇帝尤其喜爱书法绘画。留存至今的乾清宫里的"正大光明"匾额，就是顺治的手笔。不少书法家都认为，顺治的书法为清代各帝王之冠，远远超过在全国各地处处留墨的乾隆皇帝。顺治还擅长绘画，他的山水画，写林峦项背、山水明晦之状，颇有宋元画风，深受后世文人称赞。

　　董鄂氏虽然书画不如顺治，但鉴赏水平一流，她甚至能通过画读懂顺治的心，称得上他的精神伴侣。她的出现，给予精神长期孤独的顺治帝一道曙光。但是顺治帝与董鄂妃之间的爱恋从一开始就不被看好。

　　其实，这位董鄂氏此时已为人妻，并且她是顺治帝同父异母的弟弟——皇十一子博穆博果尔的妻子。但是，夫妻二人的关系不是很融洽。

　　年仅14岁的亲王博穆博果尔经常率军出征，留下比博穆博果尔大三岁而比顺治皇帝小一岁的董鄂氏独守空房。此外，博穆博果尔与董鄂氏在性情上，一文一武，生活并不完美，小夫妻间存在感情上的裂痕。清代曾有三品以上大员命妇入宫伺候皇后与王爷、贝勒福晋、贝子及夫人的制度。所谓命妇，泛称受有封号的妇女，包括官员的母与妻。

　　董鄂氏就属于命妇，她也不例外，入宫伺候皇后与其他嫔妃，这样就有机会与顺治帝见面。关于董鄂妃与顺治第一次见面的情境，已经没有任何记载文字。可以肯定的是，两人一见钟情，顺治几乎是立刻燃起了对董鄂氏的火热爱恋。

　　当顺治知道董鄂氏是弟弟博穆博果尔的妻子时，仍然不肯罢手，任由情感支配自己。他火爆、执拗、不达目的决不罢休的性情在这次爱情的追逐中，体现得淋漓尽致。

　　此刻的顺治已陷入这种因情而丧失理智的境地，他不惧母后在选择皇后问题上的政治考虑，不顾董鄂氏的弟媳身份，更无视清宫的种种非议与道德伦常，几乎毫不犹豫地紧紧抓住爱河中的一叶孤舟。

　　对董鄂氏的追求终于被襄亲王博穆博果尔闻知，同样娇纵的襄亲王怎能容忍妻子的异心。他怒不可遏地拷问董鄂氏，动了鞭子，并派人监禁了他的王妃。顺治很快就知道了董鄂妃的遭遇，勃然大怒，断然采取了使矛盾更加激化和公开化的强制手段：召襄亲王觐见。

　　见面后的亲兄弟为争夺董鄂氏争吵不休，最后顺治狠狠地打了襄亲王一记耳光。博穆博果尔悲愤交加，却无力与皇帝抗衡。不堪忍受这样的屈辱，无路可走的襄亲王，于顺治十三年七月初三自杀身亡。这年，顺治19岁，董鄂氏18岁。

顺治十三年八月二十二日，在弟弟刚死一个多月，顺治便迫不及待地把董鄂氏接进宫，立董鄂妃为贤妃。

从中国第一历史档案馆中保存的册立董鄂妃为皇贵妃的《诏书》中，可以看出顺治帝对董鄂氏的宠爱达到了何等地步。

"敏慧端良，未有出董鄂氏之上者。"就是说，没有人能比董鄂妃更聪明贤良，并以此为由立董鄂妃为皇贵妃。

这距董鄂氏入宫被册封为贤妃仅一个月。

以清代宫廷制度而言，后宫妃子等级级别分明：皇后，皇贵妃，贵妃，妃子，嫔，贵人，常在，答应等要一级级地升，所以董鄂妃不仅晋升速度之快史上未有，而且她更是从贤妃直接跳过贵妃一跃而成为皇贵妃，位置仅次于皇后。

同时，按常规，皇帝只有在册立皇后的大礼上，才会颁布诏书公告天下，董鄂妃却享受到了这种特殊礼遇。这一切无不表明着她得到了顺治不同寻常的宠爱。自从封了董鄂妃之后，顺治帝从此竟然改掉了所有恶习，专宠董鄂妃一人。

两人情投意合，六宫无色、专宠一身。顺治帝甚至将与董鄂妃所生的皇四子称为"朕第一子"。可以想象，如果这个皇子没有不幸夭折的话，大清国的下一任皇帝很有可能不是康熙。但是，历史没有如果。

集万千宠爱于一身的董鄂妃，并没有恃宠娇纵，因为她深知自己以独特身份入住内廷，必定招来很多仇视甚至不屑的眼光。

董鄂妃想方设法妥善处理与皇帝身边人的关系。特别对孝庄太后，如同侍女一样，无微不至地关心、照顾婆婆的饮食起居，使得孝庄太后都难以挑剔。在顺治的皇后孝惠皇后病重期间，董鄂妃一心为皇后侍奉汤药，皇后病愈后，董鄂妃依然前去嘘寒问暖，与其情同姐妹。

平素，董鄂妃的装扮也极其简单、低调，不慕虚荣。对其他嫔妃和太监宽厚仁慈。多年的谨小慎微、温柔体贴最终感化了之前仇恨她的人，包括孝庄太后。

董鄂妃赢得了上上下下的人心，但代价非常高，柔弱的身体经不起长期的劳心劳力，加上幼子夭折，董鄂妃那羸弱不堪的生命再也无法承担重负，最终于顺治十七年八月十九日，在承乾宫病死，年仅22岁。董鄂妃的死，给了顺治皇帝最后一击。可以说，董鄂妃的死直接推动了顺治帝出家的念想。

董鄂妃死后，顺治帝心灰意冷，偌大的天下，再也没有一个人可以分担他的孤独，可以安慰他的痛苦。他生命中仅存的那一点点幸福也被剥夺而去。

悲痛万分的顺治帝，醒过神后的第一件事便是拔刀自刎。幸而，皇太后早就有所预料，安排太监宫女有所防范，才避免了一场悲剧。

顺治帝自杀不成，只好用别的方式来寄托他对董鄂妃的哀思。

这时的顺治帝，把董鄂妃的死归罪于整个皇室都在为难她，阻挠顺治与她的爱情。他将深情哀思转化为一腔怒火，并演绎了清代历史上一场极为罕见的恶作剧丧礼。

董鄂妃移棺当天，在顺治帝要求下，当朝的二、三品大员亲自来为董鄂妃抬棺，诸大臣的命妇也纷纷前来哭丧，并且要神情哀痛，不然一律治罪。

可以想象，一群对董鄂妃没有深刻感情的诸王、大臣、夫人，在一旁呼天抢地、涕泗横流的情境，是多么壮观的场面。这哪里是为皇贵妃发丧，分明是借丧事恣意发泄内心的仇恨。

丧事处理完毕后，顺治帝并没有重回金銮殿处理国家大事。万念俱灰的他，决心遁入空门。

有记载统计，从这一年的九月到十月两个月中，顺治曾先后拜访茆溪森的馆舍达38次。茆溪森，广东博罗人，父亲黎绍爵曾任明朝刑部侍郎。茆溪森出家为僧，成为玉林琇的大弟子，经常在京城说法，与顺治相处的时间最长，甚得帝宠。他们之间的交谈很是默契，有时甚至彻夜交谈，此时顺治帝一心向佛，想要摆脱尘世的纷争。

在董鄂妃病逝不到5个月后，年仅24岁的顺治帝驾崩。初二还前往观礼的顺治帝，初七就突然病逝，这引起了人们的种种猜测。

由于顺治帝去世前频繁接触僧人寺院，并曾公开表示想出家为僧的愿望，所以，人们最为相信的说法是：顺治帝没有死，而是出家了。

相信顺治出家的人举证，其一，康熙六次西巡，五次临幸五台山。其二，庚子年间，慈禧太后和光绪帝西逃路中，经过山西，山西地方官没有像样的器物来接待皇太后和皇帝，于是向五台山借来宫廷器具。

　　而国家第一历史档案馆李国荣认为："这两个举证都是苍白无力的。其一，康熙确实有过六次西巡，其中有五次临幸五台山。然而，康熙第一次到五台山，是在康熙22年。孝顺的康熙皇帝，如果要看望自己的父亲，为何非得等到22年之后？其二，所谓宫廷器具。是康熙皇帝为了生活方便，也为了减省当地费用，去五台山时从皇宫带了一些器具，并留了下来。五台山上的这些器具，同顺治帝有没有出家毫无联系。"

　　玉林琇等高僧，把他们同顺治帝交往的过程写成了书籍，如玉林琇的《玉林国师年谱》、木陈忞的《北游集》，等等。

　　这些和尚，因与皇帝交往而倍感荣耀，所写的书，也具有很强的可信度。他们在记录关于顺治帝得天花而病逝的前后过程，跟清宫档案也比较吻合。《玉林国师年谱》记载："顺治十八年正月初三，中使马公二次奉旨至万善殿云：'圣躬少安。'师集众展礼御赐金字《楞严经》，绕持大士名一千，为上保安。初四，李近侍言：'圣躬不安甚。'初七亥刻，驾崩。初八日，皇太后慈旨，请师率众即刻入宫，大行皇帝前说法。"

　　时间、地点、人物，大体一致。顺治皇帝死后，安放遗体的棺材被移放到景山寿皇殿，后举行火化。

　　顺治帝被火化后的骨灰，在康熙二年四月二十四日黎明，被起程移奉河北遵化县孝陵。六月初六，同董鄂氏端敬皇后的骨灰一起，被安放在地宫的石床中。一代痴情的顺治帝终于如愿与爱妃生死同眠，永不分离。

　　数百年来，他们的倾世之恋在民间广泛流传，以至于给顺治的死因蒙上了一层神秘而浪漫的面纱，而事实的真相，也恰恰成就了这个传说。

清宫疑案：雍正之死

雍正十三年（1735年）八月二十三日，大清朝皇帝雍正突然去世。病因不明，死因扑朔迷离，甚至有人声称，雍正帝并非病死，而是被人谋杀！

雍正十三年（1735年）八月二十三日，在北京圆明园，发生了一起神秘案件。大清朝皇帝雍正突然去世，而且死因扑朔迷离。据《清世宗实录》记载："雍正十三年八月二十日，胤禛偶感违和，仍照常听政，并召见臣工。二十一日，病情加重，照常理政。大学士张廷玉每日进见，未尝间断。皇四子宝亲王弘历、皇五子和亲王弘昼等，御榻之侧，朝夕奉侍。二十二日，病情恶化，太医抢救。二十三日子时，进药无效，龙驭上宾。"

　　看起来，雍正帝是病死的，但是，仅仅三天时间，病情急剧恶化，并且病因不明，记载含糊，这让人不能不起疑心。而且有人声称，雍正帝并非病死，而是被人谋杀！

　　皇帝被人谋杀，这简直是耸人听闻！是什么人，用了什么方法谋杀了大清帝国的最高统治者？难道真的有人掌握了传说中飞檐走壁的武林绝学？

　　有道是无风不起浪，谋杀之事并非空穴来风。事实上，从目前掌握的资料来看，具有谋杀动机的人确实存在，而且不止一个。

　　吕四娘，是嫌疑最大的一位。她为什么要谋杀雍正？事情要从1629年说起。

　　明朝末年，浙江崇德县吕留良参加抗清战争，兵败后隐居行医，他宣扬的"华夷之分大于君臣之伦"影响了川陕总督岳钟琪，岳钟琪策动反叛，结果被告发后下狱，这一事件牵连到了已经过世的吕留良。吕留良被皇帝钦定"大逆"罪名，剖棺戮尸，毕生著作全被焚毁，亲人子孙广受株连，无一幸免。这成为清代震惊全国的"文字狱"，而此时正是雍正帝当政。

　　在《大义觉迷录》中雍正帝曾这样写道："夫普天之下，莫非王土；率土之滨，莫非王臣。吕留良于我朝食德服畴，以有其身家，育其子孙者数十年，乃不知大一统之义！"这句话大概是说，天下都是皇帝的，吕留良享受着皇帝的恩赐，却不知道大一统的道义。

　　由此可见，雍正帝对吕留良真是恨之入骨！吕家经此一事，遭到灭族。然而吕留良的孙女意外地躲过追杀，她就是吕四娘！看来报仇就是吕四娘的杀人动机，那么，她又是怎样谋杀了雍正帝的呢？

据说吕四娘躲过追杀后，得知其全家祖孙三代惨遭杀害，悲愤填膺，当即刺破手指，血书"不杀雍正，死不瞑目"八个大字。于是只身北上京城，决心替全家报仇。途中巧逢高僧甘凤池，吕四娘拜他为师。甘凤池教授吕四娘飞檐走壁及刀剑武艺。之后，吕四娘辗转进京，借侍寝时机，砍下雍正头颅，报了大仇。

关于吕四娘刺杀雍正一案，民间流传版本众多，这是流传最广的一种。此种说法闹得沸沸扬扬，因此民间有人盛传雍正大葬时，是用一颗黄金打造的头颅代替了真正的首级。

没有人知道这件事是否属实，因为雍正的皇陵尚未开启。但是照此说法，吕四娘的确具备杀人动机。

但事情远没有这么简单。国家第一历史档案馆编研部主任李国荣对"吕四娘杀雍正"这一说法解释和分析道："俗话说，斩草除根。吕留良一家得罪的可是皇帝！这个案子办好了，在皇帝面前可就风光无限了，各级官员抢着立功，别说吕留良的直系亲属，就连稍微沾亲带故的人都被严密监视。吕留良父子坟墓，都加以严密监管，作为吕留良孙女的吕四娘有可能从这样的监视下逃走吗？就算侥幸逃走，官员们也肯定全力缉拿，不抓到吕四娘绝不会罢休。因此，我们分析应该不存在'吕四娘杀雍正'这一说。"

吕留良一案在当时人尽皆知，吕四娘所拜的那名高僧甘凤池，也不可能不知道她的真实身份。他会不顾生命危险认下这个全国通缉犯徒弟吗？

甘凤池，江苏江宁人，清代著名武术家。先后拜黄百家、一念和尚为师，精内外家拳，善导引之术。江湖人称"江南大侠"，清代小说家吴敬梓所著《儒林外史》中的义士凤老爹写的就是他。

看来甘凤池还真有些本事，而且参加过反清组织。这么看来，似乎甘凤池是为了反清大业而冒险培养吕四娘这个刺客的，然而一件突发事件却让这个看起来铁骨铮铮的甘凤池露出了真面目。

据《清史稿·甘凤池》与《清史列传·李卫》记载，实际上甘凤池在一次反清行动失败后，落入雍正三大心腹之一的李卫手中。如果真是一位大侠，应该经过严刑拷问，甘凤池仍大义凛然，从容赴死。不过，甘凤池却没有给李卫提供拷问他的机会，因为他立刻叛变了，毫无保留地把自己所在的反清组织人员名册全部出卖给了李卫。

这就是真实的甘凤池，吕四娘如果真的拜他为师，估计还来不及习得武艺便被交到李卫手里了。

事实上，雍正处置吕家，除戮尸、斩首之外，吕留良子孙辈均被发配边远地方为奴。乾隆时，吕家的后代有开面铺、药铺的，有行医的，还有人成为捐纳监生，被清政府发觉后，改发配黑龙江为奴，后住齐齐哈尔。吕氏后裔俱在，不过遭到严格管制，不能自由活动，当然更不能替祖上报仇了。

而且，连吕四娘到底是谁都有很大的争论。有人说根本就没有这么个人，也有人说吕四娘确实存在，但不是吕留良的孙女，而是女儿。

吕四娘有没有可能刺杀雍正，想必已无必要深究了。那剩下的嫌疑人里，谁又同时具备作案动机与作案条件呢？雍正帝到底是死于何人之手呢？

关于雍正死因的另外一种说法是：被宫女所杀。这位宫女可不是吕四娘假扮的，而是货真价实的宫女！其实这种说法有些道理，按说皇帝身边最亲近的人莫过于皇后、妃子、太监和宫女了。如果真的出现谋杀事件，嫌疑最大的确实是他们。而且，雍正帝庙号为"世宗"。有人认为，正是这个庙号暴露了雍正帝的真正死因。那么，"世宗"这个庙号又有何玄机呢？

清代学者柴萼所写的《焚天庐丛录》提道："辛亥（雍正九年，公元1731年）夏，宫婢与太监吴守义、霍成伺世宗熟睡，遂谋逆，以绳缢之，气垂绝。张太医闻变，急调峻药下之。亥时下药，丑时忽作声，下紫血数升，遂能言。又数剂而愈。世宗德张甚，赐赉甚厚。"这段话的意思大概是太监与宫女联手缢杀皇帝，太医紧急施救，保全了皇帝的性命，得到很多赏赐。

而这段记载似乎也出现在另一部史料里——《明史》！两本史料记载的内容惊人地相似，然而时间却相隔190年！难道真的发生了什么神奇的事件，让时隔190年的两位"世宗"拥有了相同的命运？

《明史》《许绅传》中这样写道：许绅者京师人，嘉靖初供事御药房，受知于世宗，迁太医院使，历加工部尚书，领院事。二十一年（公元1542年），宫婢杨金英等谋逆，以帛锦缢帝，气已绝。绅调峻药下之。辰时下药未时忽作声，去紫血数升，遂能言。又数剂而愈。帝德绅，加太子太保礼部尚书，赐赉甚厚。

从《明史》上看，"宫女缢杀皇帝"事件是真的，于是便有人说雍正帝

"世宗"的庙号正是暗示他的死因与明世宗相似。但是关于"宫女杀雍正"的记载从未出现在清代正史中。

自从明代发生了宫女刺杀嘉靖皇帝事件后，宫中便定了规矩，即所有侍寝者必须赤身，接受严格检查方可进入皇帝寝宫。

到了清代，后宫规矩更加严明，每日侍寝事宜由敬事房太监负责。通常是晚膳后由太监托一银盘进呈皇帝，上面有侍寝者的名牌，供皇帝挑选当夜侍寝人员。皇帝挑选到合适的侍寝人员后，会将写有侍寝者名字的名牌翻过来，被翻了牌子的侍寝者接到侍寝口谕后，沐浴、化妆，再由太监遮住自己眼睛，赤身裸体地躺在床前铺开的红毯上。由太监包裹起来，抬到皇帝寝宫，放到皇上床前。太监退出，包裹中的妃嫔从皇帝脚底徐徐钻入。侍寝后，太监要马上将侍寝者送回，不能过夜。而且侍寝时太监们就在门外，如果时间过长，太监们还会提醒皇帝。

妃嫔们侍寝时是赤身裸体的，这样就杜绝了携带凶器的可能。并且皇帝就寝时戒备森严，任何人都不得接近，所以更不可能有帮凶。

如果真的发生过宫女刺杀雍正的事情，大清皇室恐怕不会这么平静。而且总不能庙号"世宗"的皇帝都是被宫女谋杀的吧。看来这段记载是把明世宗与清世宗弄混了。不过有人提出，雍正虽不是女人所杀，但他的死和女人有莫大的关系。

朝鲜《承政院日记》中，参赞官洪景辅向朝鲜国王的禀报上说："雍正晚年贪图女色，病入膏肓，自腰以下不能运用者久矣。"原来，朝鲜参赞认为雍正是纵欲致死。

雍正称帝后执政13年，基本上处在众叛亲离、孤家寡人的态势。他在生命垂危时请同胞兄弟出山辅助又遭坚辞，其情、其状、其心态之苦也就可想而知了。

此外，在雍正七年后，由于政敌被杀的杀、关的关，基本上都摆平了，因此相对以前而言，雍正多少有了一点"闲"。而帝王一旦有了些"闲"，也就开始贪图女色，病也就随之暴露出来。

朝鲜使者在给本国国王的报告中没有必要故意捏造、肆意攻击雍正，因此这条史料当可作为雍正晚年身体亏损的一条辅证。

看来，雍正皇帝晚年的身体状况确实很差，劳累过度，贪恋女色。不过，历史上比雍正喜好女色的皇帝有很多，比雍正劳累的皇帝也不少。看来，雍正帝的死并没有这么简单，应该还有其他原因。

羽帔翩翩冷御风，醮章长达上清宫。

化龙有技苍云绕，跨鹤无心颢气通。

玉屑驻颜千岁赤，丹砂养鼎一炉红。

真机妙谛因师解，何心罗浮访葛翁。

身在蓬瀛东复东，道参天地隐壶中。

还丹诀秘阴阳要，济世心存物已同。

朱篆绿符灵宝箓，黄芽白雪利生动。

一瓢一笠浮云外，鹤驭优游遍泰嵩。

上面两首诗的作者，是同一个人——雍正。两首诗分别作于雍正执政前后，内容则是赞扬道士和描述炼丹的。

康熙五十五年（1716年），他的门下戴铎赴福建出差写有一封秘折，大意是：我在武夷山遇见一名道士，交谈中发现他很厉害，就问他您的事情，他占卜后说是一个"万"字，我听后很高兴，回去再细细禀报于您。雍正说戴铎遇到奇人是他造化好。这件事说明雍正对道教预示前程的"功效"十分感兴趣。

雍正还有一首诗，名叫《烧丹》。诗中写道：铅砂和药物，松柏绕云坛，炉运阴阳火，功兼内外丹。这首诗说明，他可能学习过炼丹，否则，很难写出"自觉仙胎热，天符降紫鸾"这样的诗句。

原来，雍正帝爱好炼丹，难怪他与道士们关系很好。不过自古以来帝王迷恋丹药的不在少数，最有名的莫过于秦始皇派人出海求仙丹的故事了。但是，修炼仙丹本该是长生不老之术，怎么会出现"暴毙"这种事情？雍正帝的死又与炼丹又有什么联系？

雍正帝继位后曾极力推崇金丹派南宗祖师张伯端，把他封为"大慈圆通禅仙紫阳真人"，而且在张伯端的故里建造道馆以做崇祀。

据《紫阳道观碑文》记载，雍正特别赞赏"真人"张伯端"发明金丹之要"。并且从雍正四年开始，他就经常吃一种叫"既济丹"的丹药，还将之作为特殊礼品赏赐给云贵广西总督鄂尔泰、河东总督田文镜等一些宠臣。在田文镜的一件奏折上，雍正用朱砂笔写道："此丹修合精工，奏效殊异，放胆服之，莫稍怀疑，乃有益无损良药也。朕知之最确。"

看来雍正皇帝很清楚这"既济丹"的药性及功效，而且雍正帝已经不只是喜欢仙丹了，可以说到了痴迷的地步。

皇帝作为一国之主，他的一句话往往就能搅动整个国家，雍正帝就曾下了一道密令。就是这道密令，让大臣们忙得焦头烂额，也改变了几个人的命运。

雍正八年春天，雍正帝闹了一场大病。为了治病，他命令内外百官大规模访求名医和精于修炼的术士。为此，他给河东总督田文镜、浙江总督李卫、云贵广西总督鄂尔泰、川陕总督查郎阿、山西巡抚石麟、福建巡抚赵国麟等一大批地方高级官员，分别发去文字完全相同的手谕。朱谕内容如下：可留心访问有内外科好医生与深达修养性命之人，或道士，或讲道之儒士俗家。倘遇缘访得时，必委曲开导，令其乐从方好，不可迫之以势，厚赠以安其家，一面奏闻，一面着人优待送至京城，朕有用处。竭力代朕访求之，不必预存疑难之怀，便荐送非人，朕亦不怪也，朕自有试用之道。如有闻他省之人，可速将姓名来历密奏以闻，朕再传谕该督抚访查，不可视为具文从事，可留神博问广访，以符朕意。慎密为之！

雍正的这道密谕是让封疆大吏们代皇上寻找会修养的道家术士，而且务必将此事当成要务，一定要"留神"，而绝不能视作可办可不办的事。一旦访得"深达修养"的人，对其家属要优厚安排，对其本人要好好护送来京。他还打消大臣们的顾虑，哪怕推荐的

鄂尔泰

人不很合适，也不会怪罪。就算本地没有的，若听说外省有，也要奏报上来。最后，雍正嘱咐，此事属于绝密，千万"慎密为之。"

国家第一历史档案馆编研部主任李国荣说："这道非同一般的密谕，雍正在当时总共写了多少份发给多少人，我们不得而知。不过，我们这里有九份，台北故宫博物院保存着六份。也就是说至少有十五份！这十五份手谕，每份内容都完全一样，一字不差。若在通常，发给各地官员的谕旨，如果内容文字相同，都是由亲密大臣代笔，唯独这道密谕，全是雍正用朱砂一笔一笔、一份一份地书写，而且十分工整，可见雍正对此事的慎密和重视。"

看来这雍正帝为了炼丹，已经不惜一切。看到皇上如此，臣子们岂敢怠慢。大家开始全国各地帮雍正寻找炼丹的合适人选。

四川巡抚宪德写折子报告说，当地有个叫龚伦的人，人们都称之"龚仙人"，有长生之术，都86岁了，姨太太还给他生了一个儿子。雍正得知此事，立即责令将此人召进宫来。可就在这时，那个"龚仙人"升天了。没能见到"龚仙人"，雍正自然十分惋惜。但他并不甘心，又命四川巡抚宪德秘密查访，看"龚仙人"的儿子是否从他父亲那里得到什么"秘传"。宪德于是又去秘访，结果几个儿子都说"未曾领受其父秘传"。

看来，龚伦的后人或许是感到此事干系重大，万一出点什么差错，身家性命就保不住了，所以没敢应召。后来的事实也表明，龚伦的儿子是聪明的。

浙江总督李卫，在收到雍正寻访道士谕令的第二天，便写折子向雍正报告说，民间传闻在河南有个四处游荡的道士叫贾士芳，素有"神仙"之称，特推荐这个贾道士进京为皇上治病。

贾士芳，原先是北京白云观的道士，后来浪迹河南，远近有些名气。他于雍正八年七月间抵达宫禁，开始给皇上治病，竟颇见疗效。对此，雍正十分高兴，对云贵广西总督鄂尔泰说："朕躬违和，适得异人贾士芳调治有效。"在九月初六李卫的秘折上，雍正还表扬李卫推荐贾道士有功，朱笔批道："朕安，已全愈矣。朕躬之安，皆得卿所荐贾文士之力所致。"于是，贾士芳由一个野道士变为备受天子宠信的"异人"，身价陡增百倍。

看上去这个贾世芳还真有点能耐，确实治好了雍正的病，他也成为了皇帝身边的红人。可俗话说："乐极生悲"。仅仅一个月时间，情况急转而下，雍正将这位备受宠信的贾道人下狱治罪了。

在清宫档案中，有一件经雍正亲笔修改过的上谕，据考证是雍正八年九月间发的。在这道谕旨中，雍正很直白地说：贾士芳的"按摩之术""密咒之法"，起初确实"见效奏功"。可是，"一月以来，朕躬虽已大愈，然起居寝食之间，伊欲令安则安，伊欲令不安则果觉不适。""其调治朕躬也，安与不安，伊竟欲手操其柄，若不能出其范围者。"雍正进而斥责贾士芳"公然以妖妄之技，谓可施于朕前。"

原来，这个道士利用"按摩""密咒"等方术，逐渐控制了雍正的健康，让他舒适便舒适，让他难受便果然难受。贵为天子，怎能受他人摆布？

雍正一旦察觉到自己的安康被贾道士操纵，顿感问题严重，遂刻不容缓地处理此事，立即下令将贾道士处斩。罪名是：贾士芳在朕的面前使用妖术。

贾士芳的案子发生后，雍正曾极力为李卫开脱，说李卫当初推荐时已经声明不知道贾某的底细，只是将所见所闻奏报上来，尽无隐之忠诚，因此只可嘉奖而无过错。这就给那些已经和将要推荐道士的大臣们吃了定心丸。

贾士芳被杀，然而雍正并没有意识到丹药道术的危害。据清宫档案记载，从雍正八年生病到五年之后死去，雍正皇帝参与道教活动一直十分频繁。在皇宫，除了专门进行道教活动的钦安殿外，雍正还请道士们在太和殿、乾清宫等主要宫殿安放道神符板，在他的寝宫养心殿安设斗坛，以求道神的保护。雍正为做法事，还在苏州定做道士们穿的

太和殿

丝缎法衣,一次就是60件。

今天的北京故宫博物院,仍保存着雍正当年身穿道教服装的画像。雍正甚至在御花园建了几间房子专门给道士娄近垣等人住,以便随时请这些道士祈祷修炼。

以往,在皇宫内虽设有多处供奉佛道的处所,但这类地方除以太监身份充当的僧人、道士外,未经净身的山野僧道是从来不准在大内居住的。而雍正谕令在御花园玉翠亭东侧添建几间房"给法官住",也实在是破天荒的举动了。不过,这还不是最让人吃惊的,更加难以置信的是:皇家园林圆明园开始升火炼丹了!

皇帝炼丹,在历朝历代都是绝密事件,因此在官书正史上是不可能有记载的。而一本保存在中国第一历史档案馆的资料《活计档》,当中就披露了雍正炼丹的一些情况。最早出现的有关记载,是在雍正八年冬天的《活计档》,其中十一月有一条,十二月有三条。这四则档案向人们透露,雍正八年末,在圆明园东南角秀清村,在内务府总管海望和太医院院使刘胜芳的主持操办下,先后运入4000余斤木柴煤炭,利用矿银等物。

"十一月十七日,内务府总管海望、太医院院使刘胜芳同传:圆明园秀清村处用桑柴一千五百斤,白炭上百斤。记此。"

类似的记载在十二月初七、十二月十五、十二月二十二都出现过。

这几则档案能不能说明雍正帝确实炼丹了?

圆明园秀清村,位于圆明园东南角,前面是水,后面是山,十分僻静,的确是个进行秘事活动的好地方。在近一个多月时间里,往这个小地方运送木柴、煤炭4000多斤,几乎是天天都在运。秀清村里每天大量运煤运柴,这实在非常奇怪。在清代,皇家宫苑取暖备膳所用的木柴煤炭,一直是定量供应,并设有专门的账本,从来不记入《活计档》这种秘密档册的。

值得注意的是,操办这件事的官员,除了雍正的心腹内务府总管海望外,还有一位是刘胜芳,他是主管皇帝医疗保健的太医院院使。

更重要的是,运往秀清村的物品中,明确出现了"矿银""化银"等。因此根据种种推断,从雍正八年末,雍正帝就开始在圆明园秀清村炼丹了。而且这丹炉一开,烧炼之火便再没有熄灭。

在雍正九年到十三年的内务府《活计档》中,有关雍正炼丹的记载越来越多地出现了。国家第一历史档案馆编研部李国荣说：雍正九年的"六所档"，雍正十年的"南薰殿并圆明园头所、四所、六所、接秀山房总档"，雍正十一年的"四所等处档"，雍正十二年、十三年的"六所档"，都有这类内容。根据清宫内务府造办处这些档案记载，自雍正八年十一月至雍正十三年八月，在这五年间，雍正下旨向圆明园运送炼丹所需物品157次，平均每个月有两三次。累计算来，共有黑煤192吨，木炭42吨，此外还有大量铁、铜、铅制器皿，以及矿银、红铜、黑铅、硫磺等，并有大量杉木架黄纸牌位、糊黄绢木盘、黄布桌围、黄布空单等物件。所有这些物品，都是炼丹活动必不可少的。

可以想见，在雍正的旨意下，成百吨的煤炭被运进皇家宫苑，在长达几年的时间里，炉火不灭，炼丹不止，把个山清水秀的圆明园搞得何等乌烟瘴气！

在圆明园为雍正炼丹的道士，主要有张太虚、王定乾等人。他们都会一套"修炼养生"方术，对"炼火之说"更有一番研究。

这些道士没有辜负雍正的期望，真的炼出了一炉又一炉的金丹大药。雍正吃了道士炼制的丹药，感觉良好，还拿出一些赏给出征打仗的将帅和一些大臣。"丹药"二字，明白无误地载入了清宫秘档。

据清宫《活计档》载，雍正十二年三四月间，雍正皇帝曾两次赏发"丹药"。有关详细情况，是这样分别记载的。

一则：三月二十一日，圆明园送出的帖子说，内务府总管大臣海望交来丹药四匣，并传达雍正的旨意，将丹药配上好看的匣子，分头赏给署理大将军查郎阿、副将张广泗、参赞穆登、提督樊廷四人。据此，四天后，也就是当月二十五日，四份丹药分别配上了杉木匣，黑毡包裹，棉花塞垫，由领催赵牙图交给柏唐阿巴兰太拿去。

二则：四月初一日，圆明园送出的帖子说，委署主事宝善传话，内务府总管大臣海望交来丹药一匣，雍正的旨意是：配上精致些的匣子，赏给散秩大臣达奈。于是，在当月初四日，便做好杉木匣一个，外包黑毡，交柏唐阿巴兰太拿去。

这两份档案，都直接使用了"丹药"二字。而且，雍正传旨的时间，这丹药赏给谁，又怎样包装，都写得清清楚楚。

特别要注意的是，这两次赏赐的旨意都是从圆明园发出的帖子传达的，又是内务府总管海望亲手交出。由此可知，这些御赐"丹药"，就是圆明园御用炼丹点炼制的。

众所周知，所谓的仙丹中往往含有铅、汞、硫、砷等剧毒矿物质，对人体伤害非常大。而且据《活计档》记载，就在雍正死前的12天，有200斤黑铅运入圆明园。

黑铅是炼丹常用原料，更是一种有毒金属，过量服食可致人死亡。八月初九，200斤黑铅运入圆明园，12天后雍正在园内暴亡。这恐怕不是巧合。

就在雍正死亡第二天，刚刚即位的乾隆便下令驱逐炼丹道士张太虚、王定乾。如果不是他们惹下什么弥天大祸，乾隆为什么在百忙之中亲自发布上谕来驱赶两名道士？而且乾隆在这道谕旨中还特别强调，雍正喜好"炉火修炼"确有其事，但只是作为"游戏"，并没有吃用丹药。

如果雍正真的没吃丹药，乾隆皇帝何必辩解，这不恰是此地无银三百两的诏告吗？就在下令驱逐道士的同一天，乾隆还告诫宫内太监、宫女不许乱传"闲话"，免得让皇太后"心烦"。雍正刚死，究竟有什么"闲话"？皇太后又为什么会听了"心烦"？

雍正之死，之所以被称为疑案，就是因为他死得十分突然，死因扑朔迷离。民间多有传说，宫中记载却不详，以至于时至今日依然没有定论，使得一代代文人学者不断对他的死因提出新的解释。

通过雍正皇帝的爱好以及历史文献来看，雍正帝死于丹药中毒的可能性较大。所谓宫女谋杀等说法大多证据不足。至于吕四娘有没有刺杀雍正，那只有等到雍正陵墓开启时，大家亲眼去陵墓看一看雍正的头颅是不是黄金的，就知道答案了！

清宫疑案：乾隆身世之谜

1820年，嘉庆皇帝在热河围猎暴死，随后道光皇帝继位，颁布嘉庆遗诏。有人发现遗诏内容出了问题，道光帝赶忙发布紧急命令，将嘉庆遗诏速速追回。遗诏究竟出了什么问题呢？

1820年，嘉庆皇帝在热河围猎暴死，随后道光皇帝继位。像历任皇帝一样，道光帝一上任先颁布嘉庆遗诏，告示全国先皇离世。可遗诏刚刚发出不久，就有人发现遗诏内容出了问题，道光帝赶忙发布紧急命令，命以六百里加急的速度，将已经发往琉球、缅甸等附属国的嘉庆遗诏速速追回。

　　原来，《遗诏》里提到一句话："我皇考即降生避暑山庄"，也就是说，嘉庆的父亲乾隆爷出生在避暑山庄。正是这句话出了问题。

　　自乾隆爷在位，民间就一直对他的身世传闻纷纷。连乾隆帝都曾亲自出来辟谣，说自己就是出生在雍和宫，长在紫禁城。这可倒好，嘉庆遗诏里竟然又闹出是非，要是传到民间，肯定又会惹出一场不小的风波。道光帝赶紧差人将遗诏追回更改。

　　要说平民老百姓身世不详，倒情有可原。但出生于帝王之家的皇子，怎么会身世不详呢？乾隆帝到底有着怎样的身世之谜呢？

　　清朝的12位皇帝中，出生地点不明的只有两位。一位是清太祖努尔哈赤；另一个就是清高宗弘历，也就是乾隆帝。

　　由于满族人入关前还没有创建文字，所以努尔哈赤出生时也没能留下明确的文字记载。但是，乾隆帝不一样，他是雍正的第四个儿子，用今天的话来说，可以说是含着金汤勺出生的，清朝的官方记录乾隆的出生年月为康熙五十年（1711年）八月十三日，但没有注明出生地点。

　　关于乾隆出生地，比较主流的有三种说法：一、避暑山庄说，二、海宁陈家说，三、雍和宫说。乾隆帝的儿子嘉庆帝相信的就是避暑山庄说。

　　国家第一历史档案馆里存有后来被道光帝修改后的遗诏："古天子终于狩所，盖有之矣，况滦阳行宫为每岁临幸之地，我祖考神御在焉，予复何憾？"

　　"神御"，指的是先朝帝王的画像。说的是：古代帝王死在外面的，以前就有先例，热河行宫，也就是避暑山庄，我父亲乾隆、我祖父雍正帝的画像都挂在这里，我嘉庆帝死在这里，没什么遗憾的。

　　把原先的"我皇考即降生避暑山庄"改成了后来的"我祖考神御在

焉"。

也就是说，把遗诏中"我的父亲乾隆帝就生在这里"改成了"我爷爷雍正和我父亲乾隆的画像都挂在这里"。

道光帝把原来遗诏中乾隆降生在山庄，改为画像挂在山庄，改得滴水不漏。但老百姓可不是那么好骗的。看到遗诏，大家更猜测乾隆的出生地就是避暑山庄。

传说乾隆的生母是热河行宫的汉人宫女李佳氏。据传雍正在做雍亲王时，一年秋天在热河打猎，射中一只梅花鹿，雍正喝了鹿血。由于鹿血有壮阳功效，雍正喝后一时躁急，身边又没有王妃陪伴，于是就临幸了一位汉族宫女李金桂，没曾想她竟然怀上了龙种。第二年，康熙父子又到山庄，正赶上这个李家女子将要临产。康熙大怒追究下来，雍正承认是自己做的事，康熙怕家丑外扬，就派人把她带到草棚。这名宫女在草棚里生下了一个男孩，他就是后来的乾隆。

如此戏剧性的传说片段，听着就像假的。但是它流传甚广，影响也很大，以至我国台湾学者苏同炳在《乾隆出生之谜》、台湾小说家高阳在《清朝的皇帝》中，都采信了这一说法。

乾隆身世的故事让如此多的人信服，事出有因。当时朝中有一个进士叫管世铭，因文采出众，曾奉陪同乾隆帝到避暑山庄，随行记录皇帝的一言一行。据他宣称，乾隆帝就出生在避暑山庄。

管世铭曾赋诗34首，其中第4首诗中涉及乾隆帝的出生地。这首诗歌全文如下：庆善祥开华渚虹，降生犹忆旧时宫。年年讳日行香去，狮子园边感圣衷。

管世铭在这首诗的后面有个原注，说："狮子园为皇上降生之地，常与宪庙忌辰临驻。"

就是说狮子园是乾隆帝的诞生地，因此乾隆常在先帝雍正驾崩的忌日，到这里小住几天。倘若草房子只是一个一般意义的房子，姑且不说乾隆会不会来这里小住几天，连草房子能否保存下来都是个问题。

然而，清政府每年都拨专款修葺这个草房。清代官修的《热河志》中也专门将"草房"记入狮子园中。显然，这座草房非比寻常。

从乾隆三十年后，只要进驻山庄，乾隆都会乘马前往狮子园游览，每次必到"草房"稍作休息，作诗来纪念这件事，并且每次都用"草房"两字作为诗的题目。乾隆帝一生留下的"草房"诗有数十首之多。乾隆一生作诗无数，但这种情况还是非常少见的。

乍一看来，这座谜一样的"草房"实在与乾隆有着非比寻常的关系。假设传说是事实，皇四子胤禛果真是喝了鹿血而难以克制，会不会去与当时的宫女李金桂发生露水姻缘？

答案是不可能。雍正之隐忍，在众皇子中无人能比。清朝家法极严，皇子勾搭宫女，当以秽乱宫闱论处，罪名相当严重。

康熙四十九年（1710年），皇太子被废而复立，既然能第一次被废，当然可以第二次被废。因此，虽然太子被复立，但在诸位皇子来看，是一个天大的诱惑，因为原本毫无可能的皇位宝座，任何一位皇子都有机会登上去。

姑且不谈胤禛的忍耐与克制，也不谈皇家家法的严格与惩罚，单是皇帝宝座的诱惑，就足以禁制住胤禛那颗无论平时多么躁动的心。因此，在这种皇储斗争中，任何一个小失误，都有可能使自己永远失去竞争的机会。

俗语说"没有不透风的墙。"作为皇子唯一的办法就是减少错误的发生率。所以，在这种情形下，以情理推断，胤禛不可能在康熙鼻子底下胡作非为。

推理不等于事实。但据《清圣祖实录》记载，雍正随康熙前往热河木兰秋围，时间是康熙四十九年五月初一，当年九月初三随驾返京，假如这位宫女是在九月初三之前受孕，那么乾隆应在次年六月或七月出生。

而清宫档案记载，乾隆生于康熙五十年八月十三日，若照此推算，孕期长达11个半月之久。这种情况在小说中出现是可以的，在现实中却不合常理。

在楼台阁榭一派富丽堂皇的皇家园林中，另立草房，而且有雍正的亲笔题词。乍一看来，狮子园的草房虽然简陋，却很有来历。

很多人都说，这不过是雍正为了"缀景"和"示俭"而特意圈定的简陋场所。

乾隆帝也认为雍正在小桥流水之间建三间草屋，并且专门题字，不仅仅使该园更加富有趣味，而且能达到简朴的效果，敬佩之余十分赞赏，于是多次赋诗表示纪念，但因为颂吟的诗文太多，越发增加了这间草房的分量，也增添了它的神秘感。

总之，雍正帝在狮子园留下的三间草房，确实给后人留下很大的想象空间。但是，由此断定乾隆帝诞生在草房之中，多为臆想，既缺乏足够证据，也经不起基本的逻辑推断。

比起热河山庄说，另一则传说，似乎风头更胜一筹。这就是海宁陈家说。

海宁陈家说，在金庸的小说《书剑恩仇录》中同样有所演绎，不过金庸老先生在"后记"中解释，这只是一则传说，不能当作历史来看。

而最初记载了海宁陈家说故事的，是《清朝野史大观》，这本书的作者叫小横香室主人，具体信息，已不可考。而这本书的最初版本发行于1915年。

其中说道：康熙年间，皇四子雍亲王胤禛与朝中大臣陈阁老的关系十分要好，常有往来。相传，两家夫人同时怀孕，并在康熙四十九年同月同日分娩，陈夫人遂愿生了个男孩，而钮钴禄氏王妃却生了个女儿，王妃很不高兴，希望自己生的是一个儿子，将来母凭子贵。

身边的婢女看出了王妃的苦闷心思，于是为主子出谋划策。王妃一听，十分赞同，并让婢女去办。

到了满月那天，这个婢女来到陈府，正碰上陈夫人害病，于是对陈阁老说，王妃命她请陈夫人和小官人进宫，让王妃看看小官人。王妃有请，那是天大的面子，陈阁老于是让奶妈带着孩子跟随婢女进宫。

一直到暮色降临，王妃才让人把孩子交给陈府奶妈，抱回陈府。回到家里，陈家才发现，好好的小官人，竟变成了女孩。陈阁老伤心难过之余，内心非常明白这件事声张不得，否则，全家性命难保。于是，他告老还乡，回老家浙江海宁。因此这件事一直无人知晓，直到雍王做了皇帝，立弘历为太子，此事才露出耳风。

这个故事，听着很耳熟，其实是众所周知的"狸猫换太子"的演绎版本。就是这样一个故事，却在民间广为传播，以致后来乾隆写诗强调自己的出身。必定有一些跟故事相符合的事实，推动着民间传说的进一步流传。

乾隆帝曾六下江南，四次住在海宁陈家。据说是为了到海宁去认生身之父。如果不是对海宁陈家有特殊感情，乾隆怎么会如此眷恋陈家？

海宁陈家在康熙雍正乾隆三朝，声名显赫，有人说，这是因为乾隆帝对海宁陈家的回报与恩赐。

至今，陈府存有两块御书大匾，一为"爱日堂"，一为"春晖堂"。这两处题字，出于汉代杨雄《孝至》"孝子爱日"和唐代诗人孟郊《游子吟》"谁言寸草心，报得三春晖"。

这两块匾额的题词内容，都含有儿子孝敬父母的意思。如果乾隆不是出自陈家，怎么会题写这种词句？陈家又怎么敢高悬堂中呢？

此外，人们还补充了这样一则故事，说道光年间，海宁陈家后人陈崇礼为江西建昌道道员，有一次皇帝召见垂询他的家世，陈崇礼称是陈元龙、陈世倌的后人，道光皇帝听了，微微一笑说："汝固海宁陈家也。"于是将他擢升为盐运使。

证据、传说、故事，乾隆真的是海宁陈家之子吗？

国家第一历史档案馆李国荣分析道："乾隆曾经六下江南，这是他一生各种巡幸活动中最为引人注目和津津乐道的话题，也是他本人当初最为欣慰而事后又深深忏悔的一桩大事。从1751年开始到1784年结束，历时33年，其中前四次带了皇太后、皇后、众多妃嫔以及随同的官员，多达2500人，巡幸的船队有1000多艘，首尾相接、旌旗招展。每次南巡，百姓及船只都要预先回避，沿途派兵把守，巡幸所经过30里内的地方文武官员，一律朝服接驾，极尽铺张奢华之能事。乾隆皇帝南巡，目的有三：一是心慕康熙南巡时，百姓夹道欢迎的盛况，他也想效仿康熙帝，领略一番万民欢呼拥戴的风光；二是带着皇太后游览江南秀丽山川；三是督查海塘工程。"

如果说前两者可以合二为一的话，那么第三点，督查海塘工程则是乾隆帝出巡的重要考量之一。

古代钱塘江口江流海潮的出入有南大门、中小门和北大门三个口门，如果海潮趋北大门，则海宁一带的海塘首当其冲；趋向南大门，则绍兴一带的海塘坐当其险；唯有主流走中小门，南北两岸才少有海潮之灾。到了乾隆年间，南大门已淤积，海潮的主流在乾隆二十四年以前多走中小门，因此，海宁一带尚无海潮。从乾隆二十五年开始，海潮北趋，海宁一带潮信告急。海宁一带的大堤一旦被冲毁，那么临近的苏州、杭州、嘉兴、湖州这一带全国最富庶的地区将会被海水淹没，进而会严重影响国家在这一地区的税收和漕粮的征收。

因此，乾隆帝四次亲临海宁，检查海塘工程。另一方面，海宁地方的地势和土质都不是很好，在施工过程中存在着许多困难，负责的官员在具体实施上有很大分歧，因此，乾隆在每次南巡都要亲往审阅。

那么，六下江南的乾隆，为什么四次进驻陈家的私园呢？

乾隆驻扎的陈家私园名叫"隅园"，因为位于海宁县城的西北角而得名。隅园占地百亩之广，景致怡人。园内有百年古梅，南宋老木，可以听到钱塘江潮声。当时著名诗人袁枚吟咏该园诗有："百亩池塘十亩花，擎天老树绿槎枒。调羹梅也如松古，想见三朝宰相家。"在这个偏僻的小县城，确实是找不到另外一个比这个"三朝宰相家"的私家园林更为体面的地方来迎接乾隆帝了。

乾隆帝四次临幸该园，留有数十首题咏该园的诗歌，其中发出了"似此真佳处"的感慨。

乾隆帝初幸隅园时，便赐其名"安澜园"。所谓"安澜"，就是希望能治理海潮，永无水患之意。此外，乾隆在陈氏家园住过四次，对陈家子孙却一次也没有召见过，更谈不上传说中"升堂垂询家世"了。

陈阁老宅

对于陈家靠乾隆发迹的说法。其实，陈家的发迹并不是始于康熙乾隆年间，而是从明朝万历年间开始。海宁陈家，先世为渤海高氏，到明初才承外祖改姓陈氏，定居海宁。

到明正德年间，陈族中才有人考取举人，并在明朝万历年间开始发迹。此时，陈与郊官至太常卿，其兄弟陈与相官至贵州布政使。也正是陈与相这一支，后代最为显贵。陈与相生了三个儿子，其中陈元辉、陈祖苞同登晚年癸丑进士，陈祖苞之子陈之遴，崇祯年间荣登丁丑榜眼，入清后曾官至大学士，所谓陈家"宰相者三人"称谓由此而来。

陈家身世在康乾年间到达鼎盛时期，康熙四十二年，陈家竟然有三人同榜，其中就包括传说中的乾隆的父亲陈世倌。康熙四十六年，陈家兄弟又三人同榜。

三年一度的会试，应考的人极多，全国士子金榜题名的也不过二三百人，而陈家兄弟子侄数人频频同登一榜，不能不说是一个奇迹。

明朝陈家的发迹无论如何也不能算作是清朝皇帝的恩赐，而康熙五十年出生的乾隆帝，也不可能在康熙四十二年就对陈家进行报恩。

此外，陈家到了乾隆年间，官运已远不如前，而且君臣之间也有闹翻脸的时候。比如，陈世倌一次拟旨有误，乾隆就毫不客气地将他罢官，并特地发出口谕，非严惩不可。甚至当面怒斥陈世倌，称其为："无参赞之能，多卑烦之节，纶扉重地，实不称职。"后来，陈世倌以老病乞解任，乾隆不信陈世倌肯卸职归田，在解任谕旨中多对他极尽讥讽，并不挽留。这哪里像是儿子对待父亲，又哪有什么亲子之间的温情呢？！

至于那两块牌匾，陈家当时确实有。但这两块牌匾都跟乾隆身世无关。据史学家孟森考证发现，清代国史馆编撰的《陈元龙传》中记载了这样一段故事。

康熙三十九年，海宁陈家的陈元龙是皇帝身边的侍读学士。有一天，康熙帝闲来无事，在偏殿中练字。忽然间，他停下来，对站在一旁侍奉的翰林们说，你们谁家里有些特别的事件名堂，说来让我听听，我好写出来赐给你们。

陈元龙听后立刻上前启奏说，自己家中的老父亲已年过80。在古代，年过80已经算是高寿了，说明儿子非常孝顺。康熙皇帝听后非常高兴，想了想，挥笔写了"爱日堂"三个大字，赐予陈元龙，嘉奖其孝道。

另一块牌匾，也跟乾隆身世没半点关系。康熙五十四年，康熙从陈元龙这儿得知，陈元龙的兄弟陈维坤青年早逝，此时，他的弟妹黄氏已为陈维坤守节41年，并将孩子培养成才。康熙帝为了褒扬黄氏守节养子的高尚品格，又特别书写了"春晖堂"的匾额，以示嘉奖。

这就是说，两方匾额的题词，是康熙帝根据臣下的请示书写的，都跟乾隆没有关系。所以这根本不能说明乾隆与陈家关系匪浅。

再来分析一下"狸猫换太子"的传说。有人说，胤禛做皇子时，生育不繁。由于当时皇太子两次被废，储位迟迟未定，皇八子、皇九子以及皇十四子等都是和胤禛争夺储位的有力竞争对手，出于争储的目的，有可能不择手段将陈家之子抱来，冒充自己的儿子，以便自己能登上皇位。以至于后来出现这样一种说法：雍正之所以登上皇位，是因为康熙皇帝看到了胤禛的儿子弘历，也就是后来的乾隆帝有英雄气概，有一代雄主之气。于是，为了能让弘历以后继位，就把皇位传给了胤禛。

然而，事实是，康熙五十年，乾隆出生时，胤禛正为雍亲王，虽然他的长子、二子早逝，第三子弘时却已8岁。此外，胤禛当时34岁，正当壮年，弘历之后，雍正又相继有过6个儿子。

在储位之争时，假如胤禛一个儿子也没有，以此推论胤禛抱子，还勉强能说些由头。但胤禛并非没有儿子，他没有理由已经有了儿子弘时之后，再去抱一个儿子，更没有理由去抱一个汉人的儿子。

因此，海宁陈家说，从根本上，只是一种戏剧模式的再演绎而已。

除了这两种传说之外，还有一些传说。《清代外史》中记载，乾隆知道自己不是满人后，在宫中常常穿汉服，还问身边的宠臣看自己是否像汉人。乾隆的确在宫中经常穿汉服，现在故宫还保存着不少乾隆穿汉服的画像，但如果仅根据乾隆穿的衣服而确定他的出身，推论结果肯定是荒唐的。

乾隆多才多艺，被称为"风流天子"，关于他的故事很多。但在身世问题上，有一个共同点，就是把乾隆满人的身份置换成了汉人身份。

自乾隆以后，清朝实际上重新成了汉人天下。这是汉人的一种民族情绪的表现，与清朝时期强烈的排满背景相关。当然，也可能是因为雍正生前树敌太多，人们对其多有怨愤，因此编造了乾隆非其所生的故事，来诋毁雍正的形象，以求自我心理的安慰与平衡。

关于乾隆的出生地，乾隆的父母都没有留下明确的说法，倒是乾隆曾经反复说明，自己出生在今天北京城十分有名的雍和宫。

在康熙时代，雍和宫原是雍亲王胤禛的府邸，当时称为雍亲王府。乾隆登基后，把他父亲雍正的画像供奉在这座府邸神御殿中，派喇嘛每天诵经，后来才改名雍和宫。乾隆为澄清自己的身份，多次在诗或诗注中，表明自己出生在雍和宫。

乾隆四十三年新春，乾隆在《新正诣雍和宫礼佛即景志感》诗中，有"到斯每忆我初生"的诗句。

在这里，乾隆不仅认定自己诞生在雍和宫，而且说出了具体的出生地点，指出自己就是出生在雍和宫东厢，这算作比较权威的说法。此后，乾隆四十五年、四十七年、五十四年，乾隆帝都到雍和宫礼佛，并留下诗作。尤其是乾隆四十七年，他在诗注中写道："余实康熙辛卯生于是宫也。"

从这些例子来看，乾隆帝在位期间，就有人对他的出生地发出疑问，他对此也有所耳闻，所以写下这些诗歌来强调自己的身份与帝位的合法性。

然而，辩解有时是在呈明真相，有时却是在掩盖事实。尤其"实"字批注，很有些此地无银三百两的意味。是否还有其他证据能补充说明乾隆帝的身世呢？

清朝皇家的家谱《玉牒》所记，以帝系为统，长幼为序。《玉牒》的纂修有严密的制度。清朝皇家，分为"宗室"和"觉罗"两支。

"宗室"即清太祖努尔哈赤的父亲塔克世的直系子孙，俗称"黄带子"；"觉罗"即塔克世的伯叔兄弟旁系子孙，俗称"红带子"。无论宗室还是觉罗，一旦生有子女，三月报掌管皇族事物的宗人府一次，写明其子女的出生年月日，生母身份，姓氏为何，"宗室"入黄册，"觉罗"入红册。如迟误不报，或报以不实，要治罪，所记载信息有偏差或有歧义，要由皇帝裁决。

在中国第一历史档案馆保存的《玉牒》和生卒记录底稿上，有这样的记载：世宗宪皇帝，指雍正，第四子高宗纯皇帝，指乾隆，康熙五十年辛卯八月十三日，孝圣宪皇后钮钴禄氏，凌柱之女。

意思是，乾隆皇帝的生母是钮钴禄氏，钮钴禄氏是凌柱的女儿。

但是，关于乾隆的生母，还有另一种说法，说乾隆的生母不是钮钴禄氏而是钱氏。因为人们发现在雍正时期的相关档案记载中，被封为熹妃的女人有两个。

而按照清宫的规制，册封皇妃有严格规定，皇妃的封号只能有一个，不能重名。所以，熹妃在整个清朝只能有一个人。但几份清宫官方档案彼此有冲突，如果都要采取信服的态度，只能说明一点，格格钱氏与格格钮钴禄氏是同一人。

那么钱氏与钮钴禄氏之间的姓氏差异，该如何缝合弥补？阎崇年的推测解释是，钱氏是乾隆生母，但钱氏身份低微，作为皇帝的生母，出身怎么能不高贵呢，皇帝的母亲怎么能是汉姓呢？因此，乾隆帝继位后，在《清世宗宪皇帝录》中，将生母熹妃钱氏篡改为钮钴禄氏，从而解决了身份与姓氏的问题。

那么，钮钴禄氏究竟是一个什么样的姓氏家族，让乾隆将钱氏改为钮钴禄氏？钮钴禄原是一个地名，长期居住在这个地方的人就称自己为钮钴禄氏。钮钴禄氏的发迹，源于清王朝开国元勋额亦都。额亦都就是钮钴禄氏的氏族成员，跟随清太祖努尔哈赤东征西讨，功劳极大，死后陪葬在努尔哈赤墓葬之旁。在清代，钮祜禄氏氏族成员"仕官难以枚举"。有康熙年间的辅政大臣遏必隆、孝昭仁皇后、温僖贵妃、还有人们熟知的和珅。

乾隆之后，钮钴禄氏依然得享尊荣，又相继出了四五名贵妃皇后。把钱氏改为钮钴禄氏，当然能提升母亲的身份。

乾隆老年

乾隆二十四年，母亲钮钴禄氏病逝，被封为孝圣宪皇后。乾隆怀念母亲，在母亲死后一个月后，下令铸造金发塔，专门存放皇太后生前掉落的头发，由此可以看出儿子对母亲的思念之情。在前后一年时间里，乾隆竟然为此事发了20道圣旨，有时甚至一天三道，他为了这件事，没少费心思。这个金发塔铸成后，高147厘米，重215斤，至今存放在故宫博物院珍宝馆中。

乾隆生母究竟是谁？有着什么样的身份？是汉人还是满人？是否有可能因为

乾隆的关系，把原来地位低微的钱氏，赐封为满人的贵族姓氏钮钴禄氏？这些都是疑问与猜测，仍是一桩疑案。

朝廷无小事，细末酿风波。对于一名普通百姓而言，生在哪里，姓甚名谁，也许算不得什么大事。然而，一个皇帝的出生地，却关系江山社稷，名不正则言不顺。宗派的斗争，帝位的争夺，都有可能因为身份的不确定而刀来剑往。所幸，乾隆说不清道不明的身世，并没有引来这些争斗，带来这些动乱，否则，受伤害最深的不是当事人，而是无辜百姓。

关于乾隆皇帝的身世之谜，300年来仍为人们津津乐道。唯一能确认的是，他的父亲是雍正帝。但是，在出生地和乾隆生母这两个问题上，还需要搜寻更多的证据。有时候，没有定论，也是一种结论，这是对历史的尊重。

清宫疑案：光绪之死

2008年，由多家部门联合组成的研究小组，在对光绪帝坟墓内的衣物和头发进行了为期5年的研究化验后，得出了举世震惊的结论：光绪帝是砒霜中毒死亡！

什么人敢对皇帝下毒？这其中究竟有什么隐情？

1908年11月14日，中南海瀛台涵元殿里，年仅38岁的清朝光绪皇帝满含悲愤地离开了人间。仅相隔22小时，73岁的慈禧太后也死在中南海仪鸾殿（今怀仁堂）内。清朝两位最高统治者的相继离世，使得各种猜测顿时甚嚣尘上。

2008年，时隔100年之后，由多家部门联合组成的研究小组，在对光绪帝坟墓内的衣物和头发进行了5年研究化验后，得出了举世震惊的结论：光绪帝是砒霜中毒死亡。

究竟什么人有如此之大的胆量，敢对皇帝下毒？真的是慈禧太后临终前下旨杀了他吗？还是这其中另有隐情？

除了慈禧太后，袁世凯、李莲英等人也都是嫌疑对象。那么，凶手到底是谁？他为什么要加害光绪皇帝？

爱新觉罗·载湉，清代第11位皇帝，年号光绪。

慈禧与光绪虽然母子相称，但光绪并不是慈禧亲生的。同治十三年十二月初五，慈禧太后亲生的儿子同治皇帝，因得天花突然去世。同治帝没有儿子，按照当时清朝祖制，皇帝无子嗣就要从同辈兄弟子嗣中挑选合适的继承人。大臣们提出的最佳方案，是由他的大伯父即道光长子

光绪父母

奕纬之孙溥伦作为他的嗣子，由其即位。但这样一来，慈禧就成为了太皇太后，想继续垂帘听政就没可能了。因此，她必须要在同治皇帝载淳的同辈中，物色出一个能够继续让她实行垂帘听政的傀儡皇帝。年仅四岁的

载湉成为了慈禧心中的合适人选，他就是后来的光绪帝。

关于慈禧选立载湉为帝的决定，光绪帝的老师翁同龢在参加了御前会议后作了如下记录："醇亲王闻此，惊惧交加，碰头痛哭，昏迷伏地，掖之不能起……"这句话的意思是醇亲王听完懿旨当时就哭昏在地了，想想都知道这是好事还是坏事了。但是，慈禧太后的谕旨谁也不敢违抗。无论醇亲王怎样悲痛，他都只好认命了！

光绪元年（1875年）正月二十日，四岁的载湉在太和殿登基即位，成了大清朝第11位皇帝。慈禧对光绪的要求非常严厉，光绪帝一入宫，慈禧就让他叫自己"亲爸爸"。这一男性称谓体现了慈禧对光绪的威严。光绪直到长大成人，乃至死前都始终称慈禧为"亲爸爸"。

由于光绪皇帝四岁就进宫，为了能够让年幼的他在宫内不寂寞，慈禧太后就买了一些国外的可以上弦的玩具给他。

在当时看来非常奇特的西洋玩具让小光绪充满了兴趣，他还经常和太监们拆开来研究，于是玩坏了一批又一批。当时，外国的玩具商甚至以此当成了重要的生意来源。

1887年，光绪皇帝17岁了，按照惯例，已经到了结婚成家的年龄。皇帝成年结婚，就意味着即将要亲理朝政。

这对一直战战兢兢地活在慈禧太后强权阴影下的光绪来说，看上去好像是一个获得自由新生活的开始。但他万万没有想到，这只是人生噩梦的开始。

光绪十五年（1889年）正月二十日，整个紫禁城都沉浸在皇帝大婚的喜庆气氛之中。19岁的光绪帝在这一天举行了大婚典礼。迎娶的一位皇后和两个妃子都是由慈禧太后做主选定的。慈禧为光绪选定的隆裕皇后叶赫那拉氏，是她弟弟桂祥的女儿，也就是慈禧的亲侄女。

按说皇帝大婚之后就该亲政了，慈禧太后也该安度晚年还政给光绪了。但是，她可还不想这样！大婚之后的光绪帝，的确是亲理朝政了。53岁的慈禧太后表面退居颐和园颐养天年，实际上却权势依旧。每隔一天，光绪都要到颐和园向慈禧汇报政务，凡是军政大事都要按照老佛爷的懿旨行事。暗地里，慈禧太后还会通过隆裕皇后及亲信太监李莲英等人，随时监视光绪帝的一举一动。

尽管处处受到限制，但年轻的光绪帝踌躇满怀，一心想当一个好皇帝，他希望能够挣脱枷锁，做出一番大事业！

把亲侄女许配给亲外甥，从表面上看是亲上加亲。但实际上慈禧的用意可不仅于此。

国家第一历史档案馆李国荣指出：这么选，就是安排一个宗亲的罗网，要把光绪束缚在里面，从伦理道德，从各个方面，他都无法跳出慈禧太后的手掌心。

光绪二十一年（1895年），甲午战争爆发。日本首先发动了侵略朝鲜的战争，而战争的最终目的是以朝鲜为踏板进而吞并中国。光绪帝出于对国家前途和自身统治地位的忧虑，极力主战。他想将修建颐和园的经费充作军费，全力备战。即将过60大寿的慈禧得知要停修颐和园，立刻勃然大怒！并说道："今日令吾不欢者，吾亦将令彼终身不欢。"一批顽固保守派的大臣也开始建议议和、反对出兵。

甲午战争中，由于政治上的腐败、指挥上的无能，朝廷最终战败，中国被迫签订丧权辱国的《马关条约》，一时间全国悲愤。光绪帝也从此陷入巨大的痛苦和耻辱之中。

《马关条约》签订后，全国涌现出了一批以康有为、梁启超为代表的爱国志士。他们汇聚京城，纷纷上书，在街上四处演讲、群情激昂。

意志消沉的光绪皇帝再度被感染了，他想要彻底改变国家，重新振兴大清；他开始召见康有为、梁启超等人，并深受维新派思想的感染，准备进行资本主义改革，希望通过戊戌变法来实现自己强国的梦想。

光绪二十四年（1898年）六月十一日，27岁的光绪帝开始实行变法，史称戊戌变法。变法期间，他发布了上百道新政御诏，除旧布新。变法内容涉及政治、经济、军事、文化等各个方面。

光绪帝是雄心勃勃、信心十足，想要大干一场，彻底将国家改头换面。年轻的他没有意识到，这次变法将会让他付出惨痛代价。

随着新政的推动，和维新派对光绪的鼓动，光绪帝开始试图通过维新变法加强自己作为一国之君的权力地位，实现中兴圣主的梦想。同时，一些不满慈禧太后擅权的守正之士、倾向变法图强的朝臣迅速向光绪靠拢，形成了光绪与慈禧相对抗的一股势力。

在这些人中还有一个不得不提的人物，珍妃。珍妃（1876—1900年），他他拉氏，满洲镶红旗人，进宫后只有她能得到光绪的宠爱。在光绪帝大力推行变法之初，珍妃就推荐自己的老师文廷式帮他出谋划策；在变法期间经常利用自己身边的太监给维新派传送消息。在遍布慈禧耳目的深宫中，她给予了光绪最大的支持和力量。

光绪的所作所为，加上珍妃的推波助澜，真正是犯了慈禧的大忌。慈禧太后最在乎的莫过于手中的权力，更不要说想和她争权的还是自己一手扶上来的儿皇帝，慈禧太后开始了对光绪帝的反击！

她一连下了三道懿旨对付光绪帝。第一道谕旨就是责令光绪帝解除了户部尚书、军机大臣翁同龢的一切职务。翁同龢是光绪的老师，也是皇帝身边最核心的成员。自打光绪四岁登基就由他传授学业，慈禧命光绪撵走翁同龢无异是让他砍掉自己的手臂。对于老师的离去，光绪帝难过之极，"提泪千行，竟日不食。"

慈禧下的第二道懿旨，是逼光绪下令，以后所有新近授任的二品以上官员，均要到慈禧太后那儿跪叩谢恩。这样一来，光绪身边的每一位亲信大臣都必须受到慈禧太后的完全控制。

第三道懿旨是强迫光绪下令任荣禄为直隶总督，由荣禄统辖北洋三军。荣禄是慈禧太后的忠实心腹，让他担任京津的卫戍司令，实际上就相当于慈禧已将京津地区直接控制在自己手中。这样，无论光绪帝和他的维新派怎么折腾，也不会对慈禧老佛爷造成实质性威胁。

在做完这三件事以后，慈禧太后便摆驾搬去了颐和园，每日读书、写字、看戏，静观事态的发展……

慈禧的三道懿旨无异于对光绪的当头三棒，打得他毫无防备。光绪知道自己已经无路可退，只能继续幻想着通过大力推进变法维新，造成某种既成事实，以求加强和巩固自己的地位。光绪一下革去了反对变法的一切"后党"的官职，并授予维新派代表人物谭嗣同、严复、刘光第、杨锐四人四卿衔，为军机处章京。

看来这光绪帝，要跟慈禧老佛爷杠上了。当初那个凡事都要向"新爸爸"请示的小皇帝，如今显然已经不把这太后老佛爷放在眼里了。

光绪二十四年七月，形势已经到了最严峻的时刻。慈禧下令直隶总督荣

光绪

禄频频调动军队。荣禄先派一部分兵力在北京长辛店一代驻防，以备京城内的紧急变故，又派另一部分兵到天津，威胁北京。当时京津一带盛传，北洋总督荣禄将会在九月份，皇帝与太后到天津阅兵时候发动政变，通过政变来废黜光绪帝。

光绪二十四年七月二十九日，光绪帝到颐和园给慈禧太后请安，谈话中发现慈禧的神色与平常有所不同，似乎有什么重大的事情正在背着他秘密进行。光绪帝回到宫中后，反复琢磨，觉得自己的处境不妙，不能坐以待毙，当晚就给新委任的军机大臣杨锐发了一道密诏。

这份密诏的具体内容是史学界争论的一个谜，但基本的大意是向维新派说：变法现在遇到很大困难，慈禧太后阻力很大，你们要想想办法！而康有为、梁启超等维新派核心人物读到密诏后想到了利用一个人扳倒慈禧太后，这个人就是袁世凯！

袁世凯，字慰亭，汉族，河南项城人。变法初期，与维新派交往密切。光绪二十一年七月强学会成立时，被列为创始人之一，而且捐资作为会金。变法运动达到高潮时，曾派人到北京与维新派联系，表示自己对变法事业的关切，赢得了维新志士的信任。更重要的是，袁世凯在天津小站编练的新军，已经成为清廷一支颇具实力的武装力量。

经维新派举荐，光绪二十四年八月初一、初二，光绪帝在颐和园两次召见袁世凯，破格提升他为候补侍郎，让他专办练兵事宜，希望以此使袁世凯感恩戴德，效忠皇帝。光绪帝把所有希望都寄托在了袁世凯身上。

八月初三深夜，谭嗣同只身前往袁世凯寓所法华寺，托以出兵相救的重任，请袁世凯出兵杀掉荣禄，并包围颐和园，对慈禧太后或囚或杀。袁世凯表面上满口答应，但在谭嗣同走后，他开始六神无主，坐立不安。他深知慈禧太后的手下不仅有荣禄，还有大量军队，绝不能轻举妄动。

就在袁世凯犹豫之际，慈禧太后突然从颐和园回宫，摆驾仪鸾殿，并下令开始搜捕维新派。谭嗣同等戊戌六君子随即被下令处决，康有为、梁启逃往日本。就这样，戊戌变法失败了。

光绪帝被彻底剥夺了权力，软禁于瀛台。珍妃也被慈禧太后打入冷宫，不准再与光绪帝见面。从此，光绪帝开始了他人生最黑暗、最痛苦的10年囚禁生活。

当慈禧从颐和园返回城内发动政变的那一刻，袁世凯还在家中权衡利弊、犹豫不决呢。

直到八月六日晚，当政变的消息传到袁世凯耳朵里时，他以为事情已经败露，为保全自己，赶紧向荣禄和盘托出了围园劫后的密谋。八月初七，慈禧通过荣禄知道了维新派要罢黜甚至杀死自己的计划，恼怒之极，并对事件性质的认定有了重大转变，因此下令大肆捕杀维新人士，致使事态严重扩大。

袁世凯的告密，大大加剧了慈禧太后对维新变法的激烈态度。得知自己生命受到了威胁，致使慈禧太后最终做出将光绪帝软禁的决定。

1900年，义和团运动迅猛发展，八国联军侵入北京。慈禧太后带着光绪帝仓皇逃离紫禁城。临走前，慈禧太后命太监崔玉贵将被打入冷宫的珍妃推入井中淹死。当时，珍妃年仅25岁。

珍妃离去的消息，使光绪帝彻底绝望，整天郁郁寡欢，身体一日不如一日，更让他心里怨恨之极的还有一个人，就是袁世凯。

光绪在纸上画了一只乌龟，在乌龟壳上书写"项城"二字。"项城"是当时人们对袁世凯的另一称呼。接着光绪对着画乱砍乱刺，临了还不解恨，又将这些写着袁世凯名字的画撕得粉碎。这是八国联军侵入北京，慈禧挟光绪逃亡山西避难时，县令吴勇亲眼目睹的。可见，光绪对袁世凯是深恶痛绝。

对于光绪帝的怨恨，袁世凯心知肚明，他自然不愿看到光绪帝重新执政，怕被秋后算账。因此，便有了光绪帝是袁世凯谋杀之说。

末代皇帝溥仪，在他的自传《我的前半生》一书中也这样写道：我听见一个叫李长安的老太监说起光绪之死的议案。照他说，光绪在死的前一天还是好好的，只是因为用了一剂药就坏了。后来才知道这剂药是袁世凯差人送来的。

袁世凯当时掌握着六个镇的新军，他的势力范围就在京津一代，他是否有能力进献毒药并谋害光绪帝呢？国家第一历史档案馆编研部主任李国荣指出：实际上，袁世凯身为外朝的官员，是很难进入皇宫。因为在当时清朝的皇宫里面，作为男人，除了皇帝就只有太监可以在宫里。大臣到宫里也只是临时的入朝，受到众多人的监视，晚上不能留在宫里，因此袁世凯想混入宫或是收买太监都是不切实际的。而且清宫皇帝的用药制度非常严格，开方、煎药都有严格规定。袁世凯不能随便进药，就算是进了药也要经过多道检验，想毒死皇帝绝非易事。

据档案记载，皇帝吃药，那可不是一件简单的事情。煎调御药，必须由太医院御医与太监在御药房一同相互监督。两服药合为一服药，因为药煎好以后，要分为两杯，一杯由主治御医先尝，后院判、内监也得分别尝试，确认没有问题；另一杯才能进奉皇帝服用。如果配制药品不依照原方，及未开明药名、品味、分量，或开而遗漏的，都将以"大不敬"论罪。

如果说皇宫外的官员没有机会对光绪帝下毒手，那皇宫内的太监应该更容易接近光绪帝。根据陪侍慈禧太后身边多年的德龄公主所写的《瀛台泣血记》所述，她认为大太监李莲英才是害死光绪的真凶。

德龄，满清贵族，正白旗人，又称德龄公主或德龄郡主。因为通晓外语和西方礼仪，1902年应招入宫，为慈禧担任翻译。出宫后开始用英文撰写回忆录和纪实文学作品，披露了许多清宫的生活、情景和晚清政局见闻。

德龄曾在书中有这样一段描写：李莲英无意中看见光绪日记中的某些内容，那些充满愤怒和仇恨的语言让他尤为震惊。其中一段大致如下："我知道现在自己病得很重，但是我觉得老佛爷一定会死在我之前，如果真有那么一天，我一定下令斩杀袁世凯和李莲英。"

据说李莲英看到这篇日记后吓坏了，连忙向慈禧请求，亲自去服侍光绪的饮食起居。此后没多久，光绪就卧床不起。是李莲英给光绪下了慢性毒药，希望在不知不觉中致光绪于死地。

光绪被幽禁在瀛台的时候，李莲英的确一直在他身边。但据清末太监信修明写的《老太监的回忆》一书中记载，其实李莲英和光绪帝的关系并不像传说的那样僵硬。据说当年慈禧带着光绪西逃的时候相当落魄，光绪帝更惨。有一次李莲英看见皇上抖身寒战，近前视之说："万岁爷冷吧！"光绪说："出宫时，仅穿一布衫，如何不冷。"李莲英急忙将身上的绸棉袄脱下，跪而进上说："不嫌奴才脏，请穿上。"说罢泪珠满面。光绪说："谙达你呢？"李莲英说："奴才冻死一万个有何可惜！"光绪在一路之上，一切都由李莲英伺候，能够安然抵达太原皆是李莲英的保护。及至光绪三十四年十月二十日之前夕，光绪病重，皇后来到病榻前，皇上命太监回避，有密旨两道：一杀袁世凯，二是特殊待遇李莲英。

从这些细节上来看，光绪帝跟李莲英的关系似乎没有那么僵，其实即使是李莲英毒死的光绪，也一定是受慈禧太后的指使。关于光绪帝的真正死因，也许可以从他被慈禧幽禁的最后几年入手寻找。

在光绪皇帝被幽禁的10年中，他的起居饮食、自由言行，时时刻刻都被监控。紫禁城的西侧，中南海瀛台，与水云榭岛、琼华岛分处太液池三海之中，象征东海三仙岛蓬莱、瀛洲、方丈。瀛台四面环水，只在北端架一板桥，通至岸上，板桥中间有一段桥板是活动的，光绪帝被囚禁在这里的时候，慈禧太后便命令人把板桥撤掉了，以免光绪帝走出瀛台岛。光绪帝怎么也没有想到这样一座象征长寿的仙境福地竟然成了他的监牢。每天只有上朝的时候，太监划船把光绪带离瀛台，在朝堂上光绪一言不发，俨然一副傀儡的样子。退朝以后再由太监把光绪送回瀛台。

光绪帝曾经对天感叹："我连汉献帝都不如！"他整日提心吊胆，心情压抑，身体状况越来越差。加上光绪年幼时就体弱多病，因此，有一些专家提出，光绪帝也有可能是病死的。

光绪三十三年（1907年）七月十六日，江苏名医杜钟骏为光绪帝诊病后，在其所著《德宗请脉记》中，记载了为光绪帝诊病经过以及光绪帝临终前的病状。他看过光绪帝的病症说：我此次进京，以为能治好皇上的病，博得微名。今天看来，徒劳无益，不求有功，只求无错。他在著述中认为光绪帝属于正常死亡。

光绪三十四年五月初十日《脉案》记载：调理多时，全无寸效。九月《脉案》记载：病状更加复杂多变，脏腑功能已经失调。十月十七日，三名御医会诊《脉案》记载：光绪帝的病情，极度虚弱，元气大伤，病情危重，出现心肺衰竭症状。十月二十日，光绪帝的《脉案》记载：夜里，光绪帝开始进入弥留状态，肢体发冷、白眼上翻、牙关紧闭、神志昏迷。二十一日《脉案》记载：光绪帝的脉搏似有似无，眼睛直视，张口捯气儿。傍晚，光绪帝死。

依照档案记载的光绪帝病情来看，光绪帝似乎的确是因为久病难治正常病死，但是2008年，在借助现代高科技的手段对光绪帝的遗物进行了检验分析后，人们发现他确实是中毒身亡，这又是怎么回事？

1938年，一群不明身份的武装人员野蛮地盗挖了埋葬着光绪帝及其皇后隆裕的"崇陵"，不仅墓葬中的文物大量流失，而且陵寝被严重破坏。1980年，经批准，清西陵文物管理处对"崇陵"地宫进行了清理。据参与清理专家称，光绪帝墓葬破坏非常严重。隆裕皇后棺椁的顶盖都被全部掀开了，由于宝顶渗水，棺椁内已经积满泥水。而光绪帝的棺椁破坏程度稍小，只是侧壁上被打开了一个洞，尸骨保存较为完整。

1980年光绪帝的墓葬清理完毕后，再次予以封闭，为今后研究所用。清西陵文物管理处的专家将光绪、隆裕的头发及部分尸骨和遗物带出，保存于库房之中，这才得以后来运用高科技手段再次进行化验分析。

2008年，对光绪一根头发的26段通过中字活化法进行检验，发现第10段头发上砷的含量是2404微克。这是什么意思呢？

国家第一历史档案馆李国荣说：正常人的头发，一个月就长一厘米。他们是拿了26厘米，分成26段，然后来检测，检测的结果发现这一缕头发中间，第10段，砷的含量高起来了，是2404。

砷这个东西，人们不太熟悉，但是它的氧化物——三氧化二砷就是砒霜！

李国荣还指出：考察尸骨及墓葬周围的环境，发现它们的砷含量都非常低，不可能成为光绪帝头发中砷的来源。检测光绪皇帝的遗骨及所穿衣服时，意外地发现了两个重要现象：一、内衣的砷含量远高于外衣；二、胃肠部位衣服的砷含量远远高于其他部位的衣服。由此专家们得出结论：光绪皇帝尸骨中的砷，来源于其体内。

尸检报告上说，光绪因急性砒霜中毒而死。据测算，仅光绪头发残渣和一件衣服中的含量就超过了200毫克，而一般人口服砒霜60毫克就会中毒身亡，看来光绪的死因可以确定了。

既然医案的记录与专家检测的结果不一致，那就不禁要怀疑这些保留下来的珍贵档案的可信度了。如果一个人可以在管制森严的皇宫中毒死一个皇帝，那他也极有可能篡改掉所有与之相关的档案记录。

　　能做到这一步的人大概也只有独裁擅权的慈禧太后一人了。恽毓鼎在《崇陵传信录》中记载：当慈禧得知"帝闻太后病，有喜色"时，立即怒容满面，咬牙切齿地说："我不能先尔死。"

　　当代国学大师启功回忆道：我曾祖遇到的、最值得一提的是这样一件事，他在任礼部尚书时正赶上西太后（慈禧）和光绪皇帝先后驾崩。作为主管礼仪、祭祀之事的最高官员，在西太后临终前要昼夜守候在她下榻的乐寿堂外。

　　就在宣布西太后临死前，我曾祖父看见一个太监端着一个盖碗从乐寿堂出来，出于职责，就问这个太监端的是什么，太监答道："是老佛爷赏给万岁爷的塌喇。""塌喇"，在满语中是酸奶的意思。

　　但送后不久，就由隆裕皇后的太监小德张（张兰德）向太医院正堂宣布光绪帝驾崩了。接着这边屋里也哭了起来，表明太后已死，整个乐寿堂跟着哭成一片，在我曾祖父参与主持下举行哀礼。

　　档案资料的叙述因为是源于朝廷主管礼仪祭祀最高官员的亲身经历，本应具有很高的可信性，但是有些疑点。

　　启功述说的乐寿堂在紫禁城东北，而慈禧实际上是在中南海西侧的仪鸾殿死去的。

　　另外，小德张当时是慈禧的太监，慈禧死后才成为隆裕的总管太监。而且他没理由跑到太医院正堂宣布光绪帝驾崩。也许是因为时间久远，传述中出现了词汇记忆的纰漏，因为这些传述只能作为一种佐证，却无法为光绪的死做出强有力的证据。

　　纵观光绪帝的一生，可以说是极其悲凉的一生。生活上的凄凉，政治上的失望，身体上饱受病痛折磨，富国强兵的梦想对于他始终只是水中月、镜中花。而他所极力维护的清王朝也在不久的将来终因病入膏肓而退出历史舞台。

　　虽然光绪皇帝的死因已经确定，但是真正的凶手究竟是谁，在这深宫之中究竟曾发生过怎样的斧声烛影？还有待人们进一步去挖掘探寻真相！

四岁的潜伏生涯

1927年，蒋介石、汪精卫相继叛变革命，对共产党人和革命群众展开了血腥屠杀。八七会议后的上海，满是特务、流氓，到处抓共产党。

在4岁的时候，李特特就成为一位小小的"地下工作者"，在白色恐怖下进行着她的"潜伏"工作……

1924年至1927年，中国共产党和国民党合作领导了反帝反封建的第一次国内革命。然而1927年7月，汪精卫公然背叛了孙中山所决定的国共合作政策和反帝反封建的革命纲领，他和蒋介石合流，改组了国民政府，并对共产党人和革命群众展开了血腥屠杀。共产党和各革命团体都不得不转入秘密的地下斗争。汪精卫背叛革命后，武汉陷入白色恐怖，八七会议后，中共中央被迫转移到上海。那时候的上海，到处都是特务、流氓，敌人在街头、工厂和各种娱乐场所都安排了许多特务，他们为了领赏，经常不分真假，到处抓共产党。此时，转入地下的共产党，工作非常危险和艰难，只能在敌人眼皮底下秘密进行。

李富春

　　李特特，这个名字一听就不一般，特特，必有特殊之处。她在4岁的时候，就是一位小小的地下工作者，在白色恐怖下进行着她的"潜伏"工作……

　　李特特的父亲就是李富春，曾任中华人民共和国国务院副总理；母亲蔡畅是中华人民共和国第一任全国妇联主席；蔡畅的哥哥，也就是李特特的舅舅蔡和森在革命早期是毛泽东的挚友，长期主办中共机关刊物《向导》；李特特的舅妈是向警予，被誉为中国妇女运动的先驱。李特特从小就出生在这样一个革命家庭。

蔡畅

　　李特特的母亲蔡畅和父亲李富春，早年都是党的地下工作者，解放前几乎连照片都很少。

　　1919年，李富春远渡重洋到法国勤工俭学，此时他19岁。也就是在同年，蔡畅和向警予在湖南共同组织"留法勤工俭学会"。作为组织者，蔡畅来到法国，那一年，她也19岁。

向警予

就这样，命运让本来素不相识的两个年轻人——蔡畅和李富春远渡重洋，在法国相识相恋，一同走上了革命道路。

而李特特就是出生在这样一个革命家庭，从小耳濡目染，所以在很小的时候就开始从事地下工作了。

可她毕竟是一个4岁的小女孩，对很多事情还很懵懂，把这么危险的工作交给她，其实也是事出无奈，她只是一个不懂事的孩子，会害怕、要保护，这一切对她来说似乎都太残忍了。

但是，在那个年代，即便这样的生活对她来说也是来之不易的，因为，她差一点就来不到这个世界了。

1923年，在法国勤工俭学的蔡畅和李富春结成革命伴侣，同在法国留学的邓小平成为了他们的证婚人。

在以李富春和蔡畅为原型的电影《相伴永远》中有这段故事的重现：三个人，一杯酒，就是蔡畅和李富春简单的结婚仪式。然而，婚后的蔡畅坚决不肯生孩子。可谁知，孩子却不期而至。蔡畅当时又气又恼，但是法国禁止堕胎，没办法，她只好用土办法，又跳又蹦又打，希望这个孩子可以没了。可是，就这么折腾，孩子还是倔强留下了。蔡畅的母亲得知此事后，非常生气，她斥责李富春，又质问女儿，为什么要这样。蔡畅告诉母亲，我要革命工作，不能要孩子。蔡畅的母亲说，不要担心，孩子生下来，我照顾。就这样，李特特的外婆把她从母亲蔡畅那里救了下来。

向警予

1924年春，蔡畅生下了一个女孩，与此同时，她在产床上要求法国医生为她做了节育手术。蔡畅抱着孩子，想到这是她的第一个孩子，也是最后一个，竟然还差点儿被她亲手扼杀掉，不由失声痛哭起来。

因为蔡畅的法文名字中有两个"T"字，所以外婆给外孙女起了个好听的名字——"李特特"。说起李特特的外婆，她不仅救了特特，更是一位传奇女性，在李特特的心中，外婆比妈妈还重要。

李特特的外婆葛健豪16岁结婚，生了三儿两女。但是，丈夫不务正业、游手好闲，葛健豪对他十分失望，只想将儿女培养成才。

丈夫为了钱竟然要将亲生女儿卖给别人做童养媳，葛健豪连夜让儿子带着14岁的蔡畅逃离家乡，不久她也到了长沙，走出了摆脱命运的第一步。

1919年前后，中国掀起了新民主主义革命浪潮，大批爱国人士走出国门，到西方寻求救国之路。这一年50岁的葛健豪跟着儿子蔡和森、女儿蔡畅，还有后来的儿媳妇向警予一起乘船去法国勤工俭学。

她是当时年龄最大，而且唯一缠着小脚的留学生。在法国勤工俭学时，她不仅支持儿女参加革命，而且靠着刺绣活儿为革命活动筹措经费。

后来，毛泽东曾叫她大家长，因为她先后带出了四个无产阶级革命家。葛健豪去世后，毛泽东在延安得知消息，还曾经

最右者为向警予，最后右一为蔡畅，最后右二为蔡和森

驻法支部第二次代表大会
合影，四排左五为李富春

亲笔写了挽联："老妇人，新妇道，儿英烈，女英雄"。

特特出生后，葛健豪一边做家务，一边学习法语，还要一边带孩子。

但是，在特特8个月的时候，蔡畅和李富春突然接到党组织的新安排。党组织派他们到莫斯科学习。

李富春夫妇希望老人带着孩子回国。于是1923年年底，58岁的葛健豪抱着8个月大的李特特，离开了生活5年的法国，登上了回国的邮轮。

这也是李特特第一次离开母亲，谁知这一别就是4年。

1925年8月初，蔡畅和李富春从苏联回到上海，他们与兄嫂短暂相聚后，便被派往广州工作，当时，蔡畅任中共两广区委妇委书记，李富春在国民革命军第二军中任职。两人迅速投入工作，蔡畅甚至没有时间回湖南老家看望一下母亲与女儿。直到1927年年初，国共两党关系紧张，2月底，蔡畅奉命调往中共湖北省委，她前往武汉，中途经过长沙，才有机会顺便回家看一看。

而此时，李特特已经和蔡畅分离4年了。可是，她的到来没有带来好消息。

这天，蔡畅拎着皮箱跨入家门，见到一群小孩，小孩里除了李特特还有蔡畅大姐的女儿刘昂、蔡畅哥哥蔡和森的儿子蔡博和女儿蔡妮，刘昂见到蔡畅就喊二姨，所有孩子一听也都跟着喊二姨。

等刘昂提醒李特特说别瞎叫，那是你妈妈的时候，蔡畅才反应过来小孩里哪个才是她的女儿，她一把抱住女儿痛哭起来。

蔡畅痛哭还有另外一个原因，因为她带回来一个坏消息和一个装有600块银元的白布包。

蔡畅的二哥蔡林蒸，在1925年6月的省港大罢工中担任纠察队长，不幸的是，他在这次罢工中被敌人杀害了。蔡畅带回来的这600元钱，是党组织给家属的抚慰金。

年幼的特特并不明白发生了什么，她只记得，第二天早上，再看到外婆葛健豪的时候，她头发全都花白了。她也不知道，危险和残酷离她很近很近，而且她必须要习惯这样的生活。

1927年7月，汪蒋合流，公开反共，改组国民政府，大批共产党被杀害。轰轰烈烈的大革命失败，共产党转入地下活动。党的八七会议后，中共中央机关由武汉转移到上海。此时，李富春在上海担任中共江苏省委宣传部长，蔡畅在上海总工会任女工部部长。当时的上海，到处都是特务，为了掩护工作，蔡畅夫妇住在四马路跑马厅附近一个弄堂里，李富春的对外公开身份是商人，蔡畅是商人太太。此时，蔡和森也被调回上海党中央机关，和蔡畅他们住在一起。组织上考虑，这个家里只有大人，没有老人和孩子容易引人怀疑。为了建立一个安全可靠的联络机关，组织上决定让葛健豪带着孩子来上海。

▌蔡和森

很快，葛健豪带着刘昂、蔡妮、蔡博和李特特，一同离开老家来到上海，住进了四马路跑马厅附近弄堂一个独门独院里。

从此，这个有老有小、有男有女的大家庭就成了党的秘密机关。

而这里在4岁的李特特看来，一家老老少少生活在这样一个幽静小院里，还有兄弟姊妹陪自己玩，而且，那个时候家里经常会来很多人，来来往往很是热闹。

李特特后来回忆："当时很多人在家里打麻将，然后在麻将桌上谈工作。"

可是，这样的好日子很快就没了。

一天夜里，睡梦中的特特被外婆推醒了，外婆告诉她，要搬家。特特非常不高兴，她看见外婆拿着许多纸在火盆里烧，外婆一边叮嘱她赶紧穿衣服，一边要她出去打盆水来。特特不明白，她问外婆为什么？外婆却说，让你做你就做，小伢子莫问那么多。水端来了，外婆将水倒进了燃烧的破盆里，然后将盆里的东西都倒进了马桶里。

从那以后，李特特一家人就搬了家。而这种搬家成了家常便饭。特特也不明白，为什么她们有的时候会住进很漂亮的楼房，有的时候又会住进破破烂烂的房子里。

更让4岁的特特不明白的是，外婆变得很奇怪。

特特发现，外婆每天都会晾衣服，除了日常总穿的衣服外，每次晾衣服的时候总会在其中混着一件红色的衣服或者是白色的衣服。

有的时候，外婆也会吩咐特特只将那件白衣服或者红衣服晾出去。外婆总是说要晒一晒，可是，特特从来没有见外婆洗过这两件衣服。每当特特问大人为什么的时候，她总是得不到答案。

其实，年幼的特特还没有意识到，在她每次挂衣服的时候，她已经是一名小小的地下工作者了，那两件衣服其实就是通知来联络的同志，这里是否安全，但当时只有4岁的特特，是不懂这些的。

西方情报界有句名言："不像间谍的人是最好的间谍。"

周恩来早在1928年为党的地下工作人员规定的工作准则，便是"尽量职业化、社会化"。

地下工作人员的着装和日常行动都要同社会上普通群众相近，既不要过于出众，也不能太穷酸。那些混在人堆中找不到的人，才是地下工作者的最好人选。当时，选择葛健豪一个老人和李特特一个小孩来做特殊工作，不容易引起怀疑。

葛健豪经常利用买菜的机会为党组织传递情报。每次传递情报她都会带着年幼的特特一起去。

刚开始，蔡畅坚决不同意母亲做这样的工作，认为这太危险。葛健豪却很坚持，认为一个小脚老太太拖着个小姑娘，不会有人怀疑的。

　　也就是从那时起，李特特开始了她惊心动魄的"潜伏"生活。年幼的她，不知道为什么会有人跟踪她们，也不知道大人口中的危险是什么。她只是知道，她的童年生活除了随处可见的恐惧外，就是母亲的严厉，在她眼里，母亲总是那么忙，那么严肃。

　　一个4岁的孩子理解不了大人的这些行为，特特总爱问妈妈为什么。蔡畅对特特说，有人问问题，必须要回答对，否则就可能被枪毙。

　　1929年年初，蔡和森带着女儿蔡妮去苏联念书，不久，唯一能给特特安慰的外婆也回了湖南老家，外婆之所以不能带她一起回湖南也是无奈，因为她必须留下掩护父母的地下工作。

　　家里一下就冷清了，特特要独自和妈妈生活在一起，妈妈却总对她说些很重要但有些可怕的事情，特特又伤心又恐惧，晚上总是从噩梦中惊醒。

　　特特对外婆的思念与日俱增，她只能靠看外婆的信获得关爱。但如今，李特特已经找不到外婆给她写的任何书信了。

　　外婆当年在给李特特表姐刘昂的一封家书中写道："日前接到8月27日信并最近的相片，瘦得很老得快，我们见了不但是急，恨不得飞到你那里，要你服些补药，使身体还原。"信中还让刘昂给她的姐、妹、弟带句好。

　　首先从这封信里能看出，葛健豪虽然是个小脚老太太，但识文断字。而且她能写一手规整的毛笔字，这个老人在当时有着非常进步的思想。

　　另外，也许是因为当时小特特才4岁，恐怕还不太会写字，外婆只能和大一点的孙女刘昂写信。但很显然，外婆对特特充满思念和记挂。

　　当时的上海滩，一派灯红酒绿的浮华景象，隔着几条巷子也能听到从百乐门传出的歌舞声，百货公司、歌舞厅、霓虹灯、广告牌，在上海有太多新奇与好玩的东西了。

　　那时，因为工作的需要，为了接头或者交换情报，蔡畅经常需要带着特特出入这些大的百货公司。那里好吃的、好玩的琳琅满目，把特特看得眼花缭乱，她对什么都好奇。但是，妈妈不许她看，更不许她停留。特特不明白，为什么妈妈要带她到这些好玩的地方来，却又不让她多看一眼。其实，她并不是很清楚，那时，她已经在协助妈妈做地下工作了，带着她就是一种掩护。但同时，她也和妈妈经历着同样的危险。

特特童年的记忆中，妈妈是陌生而难以接近的。妈妈很忙，也很少和她交流，有时什么都不让她问，有时却又让她做这做那。她不明白，却不敢问，也不能问。

她不知道，她做的正是一位地下工作者的工作。在李特特的记忆中，他们总是在搬家，有时住进了漂亮的洋房，妈妈打扮得像个阔太太；有时又会搬进又小又破的房子。这种居无定所的日子曾经给特特幼小的心里留下非常可怕的阴影。

有一段时间，蔡畅和李富春租住的地方又小又破。

当时，李富春担任江苏军委主席，蔡畅主持白区妇女工作，两个人都非常忙，特特很少能在家里看到爸爸。

每天早上，在她还没醒时，妈妈也已经走了，每天都会在桌上放上一根油条、一个烧饼和一杯水，然后就把特特反锁在狭小黑暗的阁楼上。一天里，特特的吃、喝、拉、撒都在屋里，她就盼着爸爸妈妈能早点回来，但是，经常是他们还没有回来，她已经睡着了。有时，她几天都和爸爸妈妈说不上一句话。那时她刚满5岁，她感觉每天的生活既孤单又恐惧，特别是天一黑，阁楼上的老鼠到处乱窜，特特非常害怕，只能用被子蒙住头，盼着妈妈快点回来。

就这样，特特几乎每晚都是带着眼泪睡去的。晚上很晚了，蔡畅回到家中，看到特特脸上的泪痕，心里非常难过，怎样才能让孩子过得快乐一点呢？

想来想去，蔡畅给特特弄来了一只小狗。特特高兴极了，自己终于有了一个小伙伴，对于一个孩子来说，这太快乐了。但是好景不长，一天，她的小狗突然被打狗队抓走了，蔡畅回家后，特特急忙把这件事情告诉妈妈，希望妈妈能把小狗救回来。但是，妈妈不仅没有给她救小狗，反而着急地收拾东西，带着她匆匆地走了。

此时的特特根本理解不了发生了什么，自己唯一的小伙伴就这么不见了。

如今李特特想起这件事情，依然很是伤心。事实上，正如蔡畅所担心的一样，打狗的确是敌人玩的一个把戏，幸亏蔡畅的机警让她们躲过了敌人的抓捕。

李特特就是这样每天都生活在危险中，但是，考虑到小孩目标小，不容易引起敌人怀疑，蔡畅还是让特特也参与到党的地下工作中。

所以，特特经常在上海的弄堂里"跳房子"，但其实是在帮妈妈放哨，如果一旦发现陌生人，她就要大声唱歌。还有一串橘子皮，是蔡畅为了给来接头的同志留暗号，每天都会让特特挂在门上，挂着了就表示家里很安全。早上挂，晚上收。特特想问为什么，但蔡畅只能回答她，小孩不该问的就不要问。

1931年，上海有不少党员被敌人抓走，他们有些对党在上海的中央机关情况和负责人情况都很清楚，上海的形势越来越紧张，许多地下工作者都不得不暂时隐蔽起来，组织上决定让蔡畅和李富春转移到苏区，为了行动方便，两人决定让外甥女刘昂先将特特暂时送回湖南老家。

谁知，刘昂带着特特刚走，一个噩耗就传来，蔡畅的哥哥蔡和森被蒋介石秘密杀害了。

1931年初，蔡和森从苏联回国参与中央领导工作，3月被派往广东工作，担任中共两广省委书记。同年6月出席香港海员会议，被叛徒出卖被捕，随即被港英当局引渡到广州。

敌人对他用尽酷刑，他依然坚贞不屈，最后恼羞成怒的敌人用钢钉钉住他的四肢，把他钉成一个大字，用尖刀刺穿他的胸膛。这样，蔡和森在广州英勇就义，年仅36岁。

刚刚经历了和女儿离别的蔡畅，突然就又遭受了哥哥遇害的打击，痛苦至极。

但是，她更多想到的是，远在湖南老家的母亲葛健豪。她知道已经有一个哥哥蔡林蒸牺牲了，年逾花甲的母亲再也经受不起老年丧子的打击了。

她立即给外甥女刘昂写了一封信，要她暂时不要将蔡和森牺牲的消息告诉外婆，并请她留在湖南老家照顾外婆。

上海的白色恐怖也日趋严重，蔡畅和李富春按照组织决定离开上海，奔赴苏区，而特特和妈妈又一次天各一方。特特虽然和妈妈暂时分离了，但是她又可以回到外婆身边了。

她和外婆已经分别两年多，这次祖孙相见，外婆发现年仅7岁的小特特成熟了许多。和外婆在湖南老家的日子，又温馨又安宁，特特终于结束了那种担惊受怕的生活。但很快，她又迎来了人生的新阶段。

　　当时蔡畅正在延安工作，她提出应该把从白区来的孩子和红军中的孩子集中起来，办个托儿所，这样可以把母亲们解放出来参加工作。

　　1938年6月，蔡畅同徐明清、成仿吾、丁玲等共同发起，成立了战时儿童保育会陕甘宁边区分会，蔡畅被选为名誉理事。但是，当时蔡畅的身体不好，组织便决定派她去苏联，到共产国际党校边学习边治病。与此同时，中央还分批将一些烈士遗孤和部分中央领导同志的子女送到苏联的伊万诺沃国际儿童院学习，而李特特正在此列。

　　但是，当李特特到达新疆时，蔡畅已经按组织的安排先走了。母女俩在苏联才见到面。此时，特特与妈妈分开已经7年，她已经是一位15岁的大姑娘了。

　　初到苏联的日子，特特体验到了前所未有的快乐，伊万诺沃国际儿童院环境优美，生活条件优越，那里教室、宿舍、餐厅一应俱全，学校实行十年一贯制义务教育。孩子们在这里按照年龄被编入不同班级，接受文化课和革命历史教育。

二排右一为蔡畅

　　历经苦难的孩子，终于过上了他们向往已久的幸福生活。特特感觉像生活在天堂里，除此之外，身处异国他乡的她，还可以经常见到妈妈，这对于她来说是更大的幸福。但是，特特却没体验到这更大的幸福。

在莫斯科，每到星期日，蔡畅都要到国际儿童院去看望那里的中国孩子，会给每个孩子都带去一份糖果。对于烈士的子女她会特别关心、爱护，她经常把孩子们拉在身边，给他们讲长征的故事，讲英雄与敌人战斗的故事。孩子都非常喜欢她，亲切地喊她"蔡妈妈"，围着"蔡妈妈"提各种各样的问题，蔡畅都会耐心地给他们解答。特特发现这个妈妈，和从前那个陌生的、严厉的妈妈是那么不同。特特看到妈妈每次来，小朋友们都喊着"蔡妈妈"，依偎在她身边和怀里，但是，每次妈妈来，对自己都没有什么特殊照顾，也没有更多亲切的表示，她感到很委屈。

一次，特特委屈地问妈妈："我现在就在你的身边，你都没表示？蔡畅搂着特特说："中国人的性格是暖水瓶，外边冷、里边热。"

特特又说："那我感受不到你的内部，接触的就是一个冰冷的壳！"蔡畅沉默了许久说："这就是长期的革命斗争磨炼出的性格，我是很多孩子的母亲，不可能只有你一个。"

1940年，特特要和妈妈再一次分别了，这早已成为习惯，这年3月，蔡畅因为工作需要，从莫斯科回到延安，把李特特留在了苏联的伊万诺沃国际儿童院。

但是，谁也没想到，很快，世界发生了翻天覆地的变化。一夜之间，特特的生活从天堂跌入了地狱。

1941年6月22日，德国撕毁《苏德互不侵犯条约》，出动190个师、3500万辆坦克、5000多架飞机，在从波罗的海到黑海的1800公里战线上，分三路对苏联突然发动突袭。7月3日，斯大林向苏联人民发表广播演说，号召全体苏联人民团结起来抵抗德国法西斯，苏联卫国战争爆发。10月，德军大举进犯莫斯科，飞机大炮打破了伊万诺沃儿童院的宁静。儿童院停课了，许多年龄

蔡畅

大一些的孩子也投入了战争工作，他们挖防空洞、做燃烧弹、学习护理知识。当苏联开始招募国际儿童院的大孩子参加军事训练作为后备军时，17岁的李特特毅然决定和男孩子们一起去学习扛枪打仗。

军训时，李特特每天要负重二三十公斤，滑雪行军一百多公里。军训结束后，李特特还光荣地获得了"马克西姆机关枪手"证书。

这意味着必要时她将被调往第一线参加战斗。

在苏联卫国战争期间，李特特护理伤员、修筑工事，苏军在莫斯科坚持了6个月后，开始转入全面反攻。就在此时，李特特染上了伤寒，连续半个多月高烧40度不退，幸亏治疗及时，她才脱离了危险。就这样，严寒、饥饿、繁重的体力劳动、残酷的战争，让这个年轻的姑娘变得更加坚强和勇敢。

1952年，李特特从莫斯科季米里亚捷夫农学院毕业回到祖国，见到了日思夜想的亲人。然而，她最想见的人却再也见不到了。

李特特一回国，最想见的就是一手把她带大的外婆。然而，她日思夜想的外婆已经在1943年去世，后来，特特才听说，直到外婆去世前，都不知道舅舅蔡和森牺牲的消息，外婆一直等着舅舅回来，直到生命的最后一刻。回国后，特特迫不及待地赶回湖南老家，给外婆扫墓，望着山坡上那苍凉的小土包，分别多年，特特与外婆已经是阴阳两隔。

李特特如今已经89岁高龄，至今她依然清晰地记得，在上海的弄堂里，一个小脚老太太是如何领着一个4岁的小姑娘给党组织送情报的。

除此之外，在李特特的心里还有一个最熟悉的陌生人，就是她的母亲蔡畅。但战争年代，有着特殊的社会环境，在李特特心里，母亲仍是伟大的，她为了革命，为了国家牺牲了很多。

李特特从苏联学成回国后，遵照父母的要求，自力更生，为新中国建设努力工作。直至1988年从中国农业科学院离休后，她仍担任中国扶贫基金会主席。

她不顾65岁高龄，遍访贫困地区，先后在西北和西南等缺水地区修建了1000多口水窖，她已经为贫困地区争取到了价值1600万元人民币的经济援助，帮助万人摆脱了贫困。

纳粹集中营里的朱德女儿朱敏

　　一辆从白俄罗斯明斯克城出发的闷罐列车到达了终点站——一座死亡之城，德国东普鲁士集中营。从车上下来的男男女女里面有个小女孩，是张中国面孔。

　　当时在她旁边的人也没人知道她是谁，但她身上有一支派克金笔，在笔帽上刻着两个字：朱德。

一辆从白俄罗斯明斯克城出发的闷罐列车到达了终点站——一座死亡之城，德国东普鲁士集中营。

从车上下来的男男女女里面有个小女孩，是张中国面孔，她不知道自己在哪儿，也不知道自己还能不能活着出去。这个中国女孩怎么会来到集中营呢，她是谁？

就算是当时在她旁边的人也没人知道她是谁，但她身上有一支钢笔隐藏着她的特殊身份。这是一支派克金笔，在笔帽上刻着两个字：朱德。

这个女孩正是八路军总司令朱德唯一的女儿，她的名字叫朱敏，钢笔是朱德两年前在延安送给自己女儿的，那时的父女俩正面临一场离别。

当时，时任八路军总司令的朱德正指挥八路军进行艰苦抗战。延安向苏联国际儿童院输送了40多名革命烈士和共产党领导人的后代。朱敏正是其中的一位。

1939年，聂荣臻、朱德、彭德怀、吕正操、罗瑞卿（右起）在八路军总部

关于要去莫斯科上学的事，朱德就是在这样的窑洞里和女儿谈的。他叫女儿坐在炕上，然后问她：你长大了想做什么？朱敏想都没想就回答父亲：爹爹，我要当八路，打鬼子。朱德听了自然很高兴了，但他其实是想让朱敏去上学，他和女儿解释：傻娃娃，我们得放眼以后的和平年代，仗迟早有一天会打完的，等我们胜利了，建设新中国就需要有文化、有知识的年青一代，所

以你要上学读书。

朱敏一听要离开父亲去莫斯科，有些不愿意。但她特别尊重父亲，听着父亲讲的和平蓝图，面对父亲期待的眼神，她实在不想让父亲失望，于是点头答应了。

朱德送女儿上学时给她提了三点要求：把精力全都要放在学习上；要注意锻炼身体，因为朱敏从小身体就不好；20岁前不许谈恋爱。

几天后，朱敏就被送上了一架苏联轰炸机飞往莫斯科。

以朱敏为原型的电视剧《血色童心》中有这段故事的重现：飞机上除了唯一的大人苏联机长师，与她同行的只有毛泽东的女儿娇娇和罗西北、王继飞。朱敏正念叨着自己的新名字，发现飞机已经起飞了，她连忙扒着窗户向外张望，她一边喊爹爹，一边一个劲儿地向窗外挥手，但很快父亲和送行人群的身影已经看不见了。多年后，朱敏回忆起那次离别，说："我深切地记得飞机在延安机场起飞时，我看见机翼下那一个个渐渐变成小黑点的亲人，我的心都缩了起来，他们好像会永远地从我的视线中消失，以后无论我是跌倒还是站立，我再也够不着他们的手，让他们牵我一把。这一天，我品尝了更加惆怅甚至带有恐惧的离别滋味。"

去莫斯科前，朱敏特别带上了父亲之前送她的钢笔，脑子里重复着一个名字——赤英。

这个名字是朱德为女儿到苏联起的新名字，他怕女儿会因为姓朱暴露了身份遭遇不测，"赤"和"朱"都是红色的意思，"赤英"就是"红色英雄"。这名字寄托了他对女儿的希望。

开始叫新名字的赤英，经过一路颠簸终于在1941年1月30日，到达苏联伊万诺沃第一国际儿童院。

"苏联伊万诺沃国际第一儿童院是苏联最大、条件最好的国际儿童院，这里的孩子来自40多个国家，几乎是革命领导人子女的第二故乡。赤英享受着儿童院的学习环境，到了这里每天能吃上三菜一汤，有老师教授知识，有同学一起玩耍，这所校园简直是童话里的世外桃源。"

赤英在国际儿童院学习刚半年，苏德战争突然打响了。1941年6月22日凌晨3点，苏联最高统帅斯大林和所有苏联人民都没想到，当他们还在睡梦中时，远在德国柏林的战争疯子希特勒精神十足地向部队下达了向苏联进攻的命令。

德国的飞机、大炮、坦克和他们的步兵密密麻麻地攻向苏联的西南边境。

战争突然爆发这一天，赤英并不在莫斯科，她正坐在一辆汽车上。赤英来到苏联才几个月，莫斯科寒冷的气候诱发了她幼年时的哮喘病，整天整夜地咳嗽。国际儿童院的医生为她精心医治也不见好转，于是儿童院安排她去苏联南部的白俄罗斯首都明斯克进行夏令营疗养。

6月22日上午，当一架架德军飞机突然从赤英头顶飞过时，正是她刚到达明斯克的第二天。头顶上的飞机把明斯克城瞬间炸成废墟，突如其来的战争把赤英她们吓坏了。和赤英在一起的还有夏令营的20个同学和唯一的安娜老师。年轻的安娜老师心中非常焦急，但她像老母鸡一样用手护着孩子们。她们不知道，德军正以北方、中央、南方3个集团军群向苏联境内发动突袭。其中中央集团军群的任务就是围歼白俄罗斯。

她们意外地走向了战争洪流的源头，在这遭遇了德军。一个肥胖的军官把赤英等21个孩子和安娜老师集中起来，排成两排，挨个进行审问。

安娜老师知道这些孩子身世特殊，倘若被德国鬼子发现，肯定要遭到迫害。她反复在孩子们耳边叮嘱，不要暴露自己的身份，此时，赤英被叫了进去。

胖军官用蹩脚的俄语问赤英："你是哪的人"。赤英已经把她的假身世想好了，于是开始用俄语编故事："我是中国人，父亲是老中医，我有哮喘。"说到哮喘，她还故意张开嘴大口喘气，然后继续讲："因为我身体不好，所以父亲送我来苏联治病。"故事还没讲完，胖军官怕赤英真有什么传染病传染给他，马上就挥手叫赤英赶紧出去，叫了下一个。

赤英安全过关，接下来就是赤英最好的朋友，一对小如姐妹——姐姐弗拉斯塔和妹妹米拉弗拉斯塔和米拉。她俩更会编故事，说自己的父亲炸死了，母亲又改嫁，他们成了孤儿，只好投奔苏联的亲戚。姐妹俩边讲边哭，胖军官很容易就相信了她们。

随后，德国鬼子把这群孩子押到明斯克孤儿院。赤英在孤儿院被囚禁近20个月。直到有一天，一张要去德国的囚徒名单上出现了赤英的名字。

希特勒对社会主义苏联的突袭攻势猛烈，到了1941年11月，德国的坦克方阵已经兵临莫斯科城下。就在莫斯科面临危难的时候，斯大林在红场上进行了一场历史意义重大的大阅兵，从红场检阅完的部队直接开往战场，与德军作战。

苏联红军在这场历史上著名的卫国战争中，凭借钢铁般的意志保卫家园，使战争形势发生戏剧性的逆转。

莫斯科会战终于在1942年4月，以苏联红军获得胜利而告终。7月下旬，斯大林格勒保卫战打响，苏德两军开始进入激烈巷战，苏联红军大将朱可夫临危受命，一个街区一栋建筑地坚守了整整180天。

斯大林格勒保卫战尚未结束，德军好像预料到他们失败的命运。电影《辛德勒的名单》中反映了当时的场景：德军除了疯狂掠夺金银珠宝运回德国，还列了名单，要所有在他们囚禁下的青壮年给他们做奴隶，就连明斯克孤儿院的小孩也不放过。凡是14岁以上的孩子都上了苦力名单。赤英、弗拉斯塔、米拉和另外3个女孩子在德国鬼子的皮鞭下被强行拉出孤儿院的大门，推进了那辆去往德国东普鲁士集中营的死亡列车。闷罐车厢只有非常小的窗户，几乎密不透风，有些体弱的人开始呕吐甚至晕死过去，她们在闷臭的车里站了一个星期，才等到终点站。她们不知道，到了德国东普鲁士集中营，才是灾难的开始。

德国法西斯在"二战"期间建了100多座集中营，东普鲁士集中营是其中一座，它并不像德国最大的奥斯维辛集中营那样，专门用来杀戮犹太人，而是一座兵工厂，要被囚禁的奴役在工厂干活，为德军生产弹药。

一进入集中营的大门是一片空旷的操场，干巴巴的泥土地，每天囚犯要在这里集合、点名，受德军的训话。操场旁边是一排连一排的木板房屋，叫作营房区。营房区是囚犯睡觉的地方，一层一层摞起来的铁床分为一格一格的，每人分一格，睡觉的空间只有这么小。从营房区出来隔着两道铁丝网和防守严密的大门，就是专门的工厂区，所谓工厂就是些简易工棚。整个集中营四周用高铁丝网密密匝匝地围起来，铁丝网的四个角还设有高台炮楼。出口和高台炮楼都有德军24小时把守，戒备森严。

几乎没人能逃得出去，有几次有体格好一点的男人趁晚上逃出了集中营，但没过几个小时，最多一天就被抓回来了。

因为集中营外面几十里地都是荒无人烟，德军每天都点名，逃走的人一旦被抓回来，德军就会杀一儆百，让所有人在冰天雪地里罚站一夜，再当众把他和帮助他逃走的所有人都活活吊死。

赤英是在1943年春被押送德国的，在进入东普鲁士集中营之前，每个人都要进行"消毒"——先是搜身，然后是淋浴。赤英身上的那只派克金笔，引起了德国看守的注意。

德国看守没收了钢笔，但幸亏他不认识"朱德"这两个中国字，赤英没有暴露身份，但父亲留给她唯一的纪念品被收走了，她心里难过极了。这时她想起内裤口袋上还缝着一枚列宁纪念章。

它是赤英在国际儿童院参加联欢会时，一个同学送她的，之后赤英就一直带在身上。此时她心里冒出一个强烈愿望，一定要想办法保住这枚纪念章。但淋浴的时候，赤英就要脱光衣服，面对这样的检查，她怎么把纪念章保住呢。

这个如今保存在朱敏丈夫刘铮老人家中的纪念章，是大红色的底儿，上面的图案是一个金灿灿的列宁头像，直径大概也就指甲盖大小，外面一层是有机玻璃。

就在淋浴队伍移动到门口时，赤英灵机一动，迅速将纪念章掏出来，放进了嘴里，就压在舌头下面。赤英咬紧牙关通过了一道道消毒程序，直到最后穿上衣服吐出纪念章，这才保住了这枚纪念章。

后来赤英用草叶把它包起来，藏在睡觉床铺下的铺板缝里，赤英就像是保住了心中最神圣的"领土"。

赤英在集中营的生活，每天就像例行公事，清早被刺耳的起床哨声叫醒，衣着单薄地站在操场雪地上听德军看守点名，然后去工厂区上工、吃饭、然后继续上工，晚上则住在营房区。

赤英在集中营里的日子很苦，但好在并不孤独她们却因此结为生死之交，6个从明斯克孤儿院一起来的好姐妹，包括弗拉斯塔、米拉弗拉斯塔和米拉姐妹，彼此陪伴，相依为命。集中营的夜晚很冷，偌大的营房里就有一只小火炉，她们6个姐妹就挤在一起睡，用彼此的身体互相取暖。

除了冷，还有饿。德军只给她们吃黑面包，小孩的定量是大人的一半，却还是每天要做12小时的活。有时几个女孩趁晚上偷偷跑到德军食堂，在泔水缸里捞些被丢弃的白面包或烂苹果。

自从赤英1941年离开延安，她已经有三个年头没有亲人的消息了。每天晚上，她在集中营的营房里，透过窗户看月亮的时候，会特别想家。

天上的月亮就和她在延安时看到的一样圆一样明亮，这轮月亮，好像能带她回到延安的窑洞一样，此时，她看着一望无际的夜空，觉得自由此刻离她那么近。

1940年，八路军总司令朱德在太行山上

她很想念父亲，她不知道祖国的亲人们到底过得怎么样，她也不知道隔着战火硝烟的国界，父亲知不知道她的遭遇，有没有人找过她，有没有人能来救她。

深陷囹圄的赤英并不知道正在她看月亮的时候，延安窑洞里，朱德正在提笔给她写信。

此时的朱德正在领导八路军进行抗日战争的艰苦、漫长的日子里，他根本不知道自己的女儿被关进了集中营，就连国际儿童院也没人知道赤英的去向。

朱总司令无限思念在异国他乡唯一的女儿，难得的工作闲暇，他提笔给女儿写信："朱敏女儿，我们身体都好……你在战争中应当一面服务，一面读书，脑力同体力都要同时并练为好，中日战争要比苏德战争更迟些结束，望你好好学习，将来回来作些建国事业为是。朱德 康克清 1943年10月25日 于延安"

全国抗战时期朱德使用过的八路军臂章

但这封信被战火阻隔了，它在中苏边境线停留了1个多月，最终以邮路中断、无法投递的理由原封不动地被退回到延安。拿着退信的朱

德心中充满无奈。旁边的妻子康克清甚至央求他通过延安的电台，直接给斯大林发电报。

朱德沉默了良久，耐心地劝说道："现在中国和苏联都在战争中，我怎么能为了自己的私事打扰苏联政府呢。还是等战争结束再说吧。"

而苏联那边也在寻找赤英，甚至斯大林给他手下发了一封急电，正是和赤英这些孩子有关。

1943年2月斯大林保卫战胜利后，经过一系列进攻战役，德军损失了400万左右的兵力。苏联最高领导层在决策大反攻的空隙，国际儿童院在战争中失踪的孩子名单被送到斯大林的桌子上，其中就有赤英和弗拉斯塔姐妹。

斯大林向正在指挥战斗的朱可夫发了一个急电，说在收复南方失地城市时，注意查找国际儿童院失散的孩子，特别是朱德总司令的女儿。朱可夫接到电报，便向部队下达命令："解放一个城市，寻找一个城市。"

苏联红军开始了收复失地、乘胜反攻的战斗，这场战役打了一年多，到1944年，直到苏联红军解放了最后一个城市，也没有找到赤英的影子。斯大林自然想不到，赤英早就不在苏联本土了，但他觉得没找到并不意味着遇难，就专门请人转告朱德，一定想办法找到他的女儿。

谁也想不到的是，此时在德国东普鲁士集中营的赤英，正被推进了一间手术室里。

1995年有一部风靡全国的电影叫《红樱桃》，是少数以中国人为主人公记录"二战"的影片。这部电影里的中国女孩"楚楚"被德军抓进集中营，德军医生给她文了身，在她整个背部文了纳粹标志和一只秃鹰。手术过程让这个女孩痛不欲生。这段女孩全身赤裸被残暴的德军医生压在手术台上文身的镜头，使观众触目惊心。而很多人不知道，这个名叫"楚楚"的女孩，其原型正是朱敏。

这部电影的导演也很特殊，他是叶挺将军的孙子叶大鹰。这部电影为我们再现了朱敏在集中营里发生的故事，比如这个手术室的情节，就是根据朱敏的亲身经历改编的。

集中营里的手术室四面的墙都是冰冷的白色，只有一个窗户能透点光，橱柜上有许多药瓶子，桌子上几把手术刀。德国鬼子曾经在这里研究过得特殊病的病人，把他们当小白鼠，反复试验，直到这个病人最终被折磨断气为止。

赤英是被昏迷着送到这间手术室里的，她醒来的时候，发现自己到了一个从来没来过的地方。突然，房间的门开了。一个穿着白大褂的人走了进来，高个子，戴着金丝边眼镜，看起来是德国狱医。

德国人毫无表情地戴上口罩，问赤英从哪来的，赤英回答中国，德国人听了发出轻蔑的笑声，然后他开始摆弄起手术刀。赤英躺着不敢动，她只用眼睛盯着狱医，不知道他究竟想干什么。

赤英怎么会到手术室里来呢，而赤英究竟被这个德国狱医做了什么手术？她真的被文身了吗？

"编导人员在拍摄电影的过程中曾和朱敏沟通过，并解释剧本的主要内容是真实的，也会有艺术加工的地方，比如纳粹标记的文身为虚构部分，朱敏表示同意。"

电影里文身的剧情其实是虚构的，她并没有被文身，但确实真的被做过手术，因为她突然患上一种疾病。

有一天，赤英发现自己右边的脖子上起了个大肿块，脓血从肿块破裂的地方往外渗。但因为疼痛感可以忍受，赤英用破手绢随便一包，以为脓血流干净就好了。但没想到这病让她发起高烧，突然有一天早晨，刚起床的她就晕了过去。

被压在手术台上的赤英，刚闻到了一股酒精味，突然就感觉脖子上一震，这个德国狱医开始对她的脖子做起了手术，一股撕心裂肺的疼痛直到赤英的神经末梢，她浑身不由自主地像被抽了一样弹了起来。她拼命哭叫、挣扎，立刻晕了过去，昏迷之中，她猛然又被一股剧痛惊醒，她的头被德国魔鬼用大手死死按住，她小小身体再怎么挣扎也无济于事。她经历几次昏迷几次惊醒，如同死过好几次，一遍遍从鬼门关出出进进。

原来，这个凶残的德国狱医没用一点麻药，在赤英清醒的时候，直接拿手术刀对着赤英的脖子一刀一刀地割脖子上的肿块，直到最后一块肿块被他割下来才罢手。

再次醒来的赤英，已经躺在姐妹的怀抱中。姐妹们告诉她得的是淋巴结核，幸亏监工头跟医生说既然不是大病，开了刀就让这人马上回去干活，赤英这才捡回了一条命。

这次惨绝人寰的手术在赤英的脖子上留下一道长3厘米的疤痕，这是集中营给她身体和心灵上留下的，再也抹不去、忘不掉的伤痕。

赤英对德军的态度一天天从惧怕演变成仇恨，她开始和伙伴们琢磨该如何反抗。她们每天只有一件事，就是到工厂装子弹。子弹是德军打仗用的，她们想从子弹上下手。

她们的工作就是从大篮筐里拿出子弹，用油纸包好，放进纸盒，攒够了24个纸盒再放进木箱里。德军只放心孩子做这些单调简单的工作，但她们每天要装12个小时。

她们听说这个子弹如果受潮了，就会变成哑弹，等德国鬼子把子弹运到前线，根本打不响。她们就想，能不能往弹壳上洒水呢？

但她们不能带水进工棚，工棚里也没有水管，没有杯子，最后是米拉想出了一个妙招。孩子们都个子小，被大筐子一遮挡，监工走远一点就看不见她们了，所以她们趁监工一走远，就往子弹上吐口水。

几个女孩坚持吐了好一阵子，每天下工的时候，吐得嘴里都干苦干苦的，嗓子直冒烟，但大家出来看见对方干裂的嘴唇，都会意地笑了。后来前线退回来好多不合格的子弹，德军一直以为是制造车间的问题。

反攻德国的苏联红军势如破竹，就像当年德国进攻苏联一样，也打了一场闪电战，迅速向希特勒的最后堡垒柏林进攻。自从1945年新年刚过，赤英和伙伴们好几次都听见了集中营附近有时断时续的枪炮声。她们盼望着苏军快点打过来，盼着枪炮声再近一点，再响一点。

真正自由的到来是一个出奇安静的早上。1945年1月30日早上，所有人一觉起来，发现集中营的起床哨声根本没响，天色已经大亮，大家惊慌失措地互相张望，都往窗外看，竟然发现外面一个德国人都没有，集中营所有的大门也都敞开着，有人大喊："德国鬼子跑啦，我们自由了！"

自由来得如此突然，赤英和姐妹们紧紧拥抱起来，激动得流出泪水。她们后来往东边苏联的方向跑了好几个月。但有一次半夜遇到一场大火，赤英和她的好姐妹跑散了。直到1982年，朱敏才在莫斯科与弗拉斯塔、米拉姐妹重逢，当时失散的姐妹一分手就是整整40年，她们后来是遇到苏联红军获救的。赤英也是被一个陌生的苏联红军送到难民收容所，才有机会重回莫斯科，找到她的父亲朱德。

收容所里的一位苏联中尉很热心地帮助难民找亲人。他的真诚和可信打动了赤英，她终于在守了自己身世5年之后，第一次透露了朱德的名字。

赤英说："我以前说的都是假身份，其实我是中国八路军总司令朱德的女儿。"苏联中尉又惊又喜，他利用和苏联联系方便的条件一层层往上报告，终于报告到斯大林的办公室。

由蒋介石签发的八路军总司令朱德的委任状

斯大林立即下发了一道急令："立即护送朱德将军的女儿到莫斯科。"赤英终于结束了她颠沛流离的生活，在1945年8月，重回莫斯科。

重回国际儿童院的赤英开始想办法联系父亲，帮助她的人是毛岸英。1945年12月，毛岸英启程回国，回国前有个工作人员问他，认不认识一个叫赤英的中国女孩，这个女孩正在找他的父亲。毛岸英当时不知道赤英是谁，但他回到延安问了父亲毛泽东。

朱德元帅

毛泽东听了兴奋地回答："我知道赤英这个名字，她可是我们朱总司令的千金啊，快把这个喜讯告诉朱爹爹。朱德此时听说女儿还活着很高兴，立即拿起纸笔给女儿写信。

父女俩终于通过书信的方式获得了重逢。经历九死一生的赤英终于找到了她的父亲，终于可以叫回自己的本名：朱敏。

1947年，继续在苏联第40中学读书的朱敏参加伊万诺沃区苏维埃地方选举。1950年，朱敏暑假回国探望父亲，父女团聚。1952年，朱敏毕业于莫斯科列宁师范学院主修教育专业。1953年，朱敏回国，任北京师范大学教育系和俄语系老师，直至1986年退休，仍不放弃教育事业，担任北京军地专修学院院长。

朱敏一生都不忘父亲的教诲："我们国家现在非常需要建设人才，培养人才的工作，是一项非常伟大的事业。做一名合格的人民教师，是爹爹对你的期望。"

侵华谍枭土肥原贤二：
从特务到将军的死亡升迁路

1928年6月4日清晨5时23分，当张作霖的专列行至奉天皇姑屯火车站京奉线与南满线铁路交会处时，一声巨大的爆炸声响起，张作霖被暗杀了！

刺杀、策划事变、侵略。土肥原贤二野心勃勃地计划着阴谋……

溥仪

冯玉祥

静园，位于天津日租界的一个独立小院。1931年，这里却注定没法平静，从主人入住的第一天开始，上门的客人就络绎不绝，客人的身份还很特殊，都是日本官员。

因为这静园的主人不是别人，正是爱新觉罗·溥仪。

静园二楼最里面一间，被风水先生称赞最为聚气，溥仪马上手一挥，吩咐侍从，为了更聚气，挂上厚厚的窗帘，作为书房使用。这末代皇帝，每天就在这小黑屋里接见着一拨拨日本官员。

1931年11月3日，一个日本人来到静园的这间书房，他这次来是为了溥仪梦寐以求的复辟。能复辟的关键，是一个半月前，发生在距离天津689公里外的沈阳，一场蓄谋已久的进攻。

1931年9月18日，日本关东军驻沈阳独立守备队，炸毁了柳条湖附近的南满铁路的一段铁轨，污蔑为中国军队故意破坏。当晚10点20分，日本关东军用重炮猛烈轰击中国军队驻地，并发动进攻，次日清晨日本军队占领了沈阳城，而日本侵略的更大的目标是东三省，也就是日本人所说的满洲。

穿着中式长衫，去静园"帮"溥仪复辟的日本人，叫土肥原贤二，时任日本驻沈阳特务机关长。他也是所谓"保护"过溥仪的"日本友人"。1924年11月5日，冯玉祥发动北京政变，溥仪被赶出紫禁城，当时溥仪曾寻求去英国大使馆避难，却遭到拒绝。土肥原贤二亲自把溥仪接到天津日租界保护起来，他这一举动深得溥仪好感。

当时溥仪是一个被赶出家门的人，突然有人特别

热情地待见他，自是会产生一种特殊
情感。

　　溥仪在《我的前半生》中这样描述
土肥原贤二，"他那年四十八岁，眼睛
附近的肌肉现出了松弛的迹象，鼻子底
下有一撮小胡子，脸上自始至终带着温
和恭顺的笑意。这种笑意给人的唯一
感觉，就是这个人说出来的话，不会有
一句是靠不住的。"用今天的话说，这
人做人办事都特别靠谱。

1924年11月，冯玉祥发动
北京政变，图为溥仪等人
被赶出紫禁城

　　土肥原贤二，1883年8月8日出生于日本冈山县一个军
人世家，其父想子承父业，于是土肥原贤二14岁开始，先
在东京中央幼年学校学习。1904年10月，他以优异成绩毕
业于日本陆军士官学校第16期步兵科，在同期同学中以第
一名的成绩结束了学业。不久便参加了日俄战争。战后，土
肥原贤二考取了专门培养日本高级军官的陆军大学。1912
年从陆军大学毕业，第二年在北京坂西利八郎公馆任辅佐
官，开始了他在中国的特务生涯。

　　做间谍首先要过的就是语言关，不得不说土肥原是
具备间谍特质的，据说他到北京一年多，就能与中国人交
谈。他不仅会汉语，而且会英语、德语、俄语甚至蒙古语，
堪称日本公使馆的语言专家。

　　而此时这个语言专家，其实是特务头子的土肥原贤
二站在了溥仪面前，任务就是带溥仪离开天津。目的
地，东北。更确切地说是新京——日本人设立的伪满洲
国首都，也就是今天的吉林长春。

土肥原贤二

　　土肥原贤二挟带溥仪到东北干了什么，我们都很
清楚——复辟伪满洲国。更清楚的事实是，土肥原一定
要从中得到好处，而且，必须是明面上的。

　　康德元年（1934年）3月1日，溥仪颁布即位诏书，

1934年3月1日溥仪颁布的
即位诏书

其中对于日本，也可以说是对于土肥原贤二，溥仪是这样说的："赖友邦之仗义　其始凶残肆虐　安忍阻兵　无辜吁天　莫能自振　而日本帝国　冒群疑而不避　犯众咎而弗辞　事等解悬　功同援溺。"

这就是说日本人各类仗义，在溥仪被迫害、不能成事的情况下，不惧犯众怒伸出援手，溥仪还把这作为救落水的人。可见他对土肥原帮自己复辟是很感谢的。

可对土肥原贤二来讲，光感谢是不够的，不能为日本所用，这就只是封表扬信而已，所以，这诏书还有这样的话："当与日本帝国，协力同心，以期永固。"

1932年伪满洲国建立，让土肥原贤二也由一个特务机关长，也就是一个大佐级别的官职，一跃晋升为陆军少将。

但这让土肥原贤二有点意外，办好差事，升个职有什么可奇怪的？原因在于，哄骗溥仪到满洲，是土肥原贤二一次先斩后奏的行动。

可以想见，土肥原的行动绝不是为了溥仪，那么是为了急日本军部所急？其实也不是，这场闹剧，只是为了掩盖另外一次先斩后奏的行动——不得已而为之。

1931年9月19日，日本内阁乱了套。日本政府召开紧急内阁会议。会议的内容是在中国东北发生了一场日本高层"没人知道"的战争——九一八事变的责任问题。

这是一份由日本防卫厅战史室编纂的，关于1931年9月19日确定的"不将事态进一步扩大"的方针的文件。标题是政府及陆军中央部的不扩大方针。时间是19日早上7点。整份文件一开始，就是土肥原递交的一份关于昨天事件的电报。说是中国军队破坏南满铁路，袭击我守备

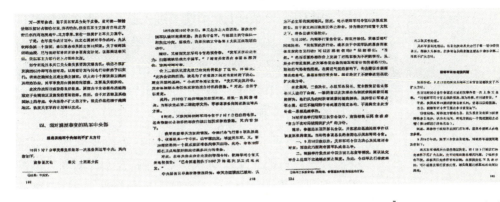

九一八事变后，日本防卫厅战史室编纂的关于"不将事态进一步扩大"的方针的文件

军。所以不得已发生冲突。简单几句话便把责任推给中国军队。

那么对于这次行动，内阁报以什么态度呢？小矶军务局长说："关东军此次行动，完全是根据本身任务采取的适合时机的措施。"对此，全体予以肯定。

到了10点钟，内阁的紧急会议还在继续，参谋本部又有了不一样的看法，"参谋本部非常失望。阁议决定了不使事态扩大的方针"。到了14点的时候，会议确定了"努力不使时局较现状扩大的方针"。并把这次会议的内容发电文给关东军。

看这措辞，似乎日本高层不愿意发动侵华战争。这怎么可能，只是他们的压力很大而已。日本人明白，如果关东军悍然占领满洲，一定会受到国际舆论的谴责，不仅关东军，连日本军部、内阁甚至天皇都会一同陷入被动境地。

关东军必然不能贸然用武力占领满洲全境，然而发动九一八事变后，又不能放任东北不管，究竟该如何处理满洲问题，成了日本军部和关东军的难题。

要迅速上位，就必须敢想敢干，急上峰所急，土肥原贤二知道自己必须赌一把，于是，他找上了溥仪。

土肥原贤二的升迁路似乎有惊无险，但其实此时已经48岁的他，在同学中却是升迁最慢的，而阻碍他升迁的源头，就是中国东北。

1913年，30岁的土肥原贤二进入日本驻北京的特务机关坂西公馆，在这里工作的5年中，学到了不少作间谍的本领。当时土肥原是少佐级别的军衔，算是个有些实力的间谍了。但是，1919年在俄国尼古拉耶夫斯克，也就是我们简称的尼港，土肥原遇到了麻烦。

1917年，俄国十月革命取得胜利，苏维埃政府决定将沙俄曾经侵占的黑龙江航权归还中国。但日本对新生苏维埃政权进行干涉，派遣近千名陆军进驻尼港。

当时，除了日本军队，尼港还驻扎着日军支持下的白俄军队。一句话，当地形势极为复杂！

驻守在领事馆的日军突然向苏联红军游击队驻地发起进攻，红军奋力反击，将日军打回领事馆内。但是由于日本领事馆防御坚固，红军游击队没有重型火器，久攻不下。

没有重型武器，打不过日本怎么办？苏联红军想起了也在尼港的中国海军。

为了控制黑龙江航权，中国政府海军部决定建立吉黑江防舰队。海军部决定调拨第二舰队的"江亨""利捷""利绥"三艘炮舰和"利川"武装拖船组成北上舰队前往支援，9月上旬到达黑龙江的必经之路，尼港。

陈世英

当时任中国海军舰长的是陈世英，福建福州人，毕业于江南水师学堂。早在1911年武昌起义时，任"海容"舰枪炮大副的陈世英指挥炮击刘家庙，打响了海军投向共和的第一炮。而现在他是"江亨"舰长，同时为江防舰队分舰队领队长。

1919年11月，苏联红军的一名政委亲自找陈世英，登舰访问，要求借炮轰击日军。当时的中国海军都是闽系，很多都是北洋海军的后人，甲午之仇刻骨铭心。陈世英对日本人也是恨之入骨，二话没说将"江亨"舰边炮一尊，"利川"舰格林炮一尊，炮弹21发借给游击队。

在日本领事馆被攻破后，日本兵四处逃窜，陈世英下令将他们全部缴械，丢进冰窖，一个钟头就把日本人冻成冰棍了。

冻死就算了呗，可陈世英没想到，有个日本军人在冻死前留下了痕迹，刻了一行字，当然不是到此一游，而是提到了中国、军队、大炮、抓捕。

其实那留字的日本军人，当时应该也冻得迷迷糊糊的，话并没有留全，不过就这胡言乱语似的字迹却被日军后续部队发现了。

这里提到的中国、大炮正应了日军的推测——苏联红军没有大炮，这炮会不会是从中国借的呢？可陈世英一方面抵死不承认，一方面在黑龙江上时刻和日军舰队炮口对峙，毫不示弱。日军见中国舰队准备充分，不敢贸然动手，只能封锁江口长达半年之久。

耗着也不是办法，不久中日双方商妥各派代表5人组成调查组，去现场调查。日本派出了"中国通"，37岁的土肥原贤二为调查组代表，中国方面则派了"东洋通"沈鸿烈为代表来应对。当时沈鸿烈38岁，可把和他年龄相差不大的土肥原贤二整惨了。

沈鸿烈

沈鸿烈，曾任青岛市市长。1900年府考中秀才。1904年，入武备学堂，后参加湖北新军。1905年春，公费赴日本海军学校留学，同年加入中国同盟会。1911年夏毕业回国，后为东北海军的创建者之一。

土肥原一直盯着沈鸿烈，想尽办法，软硬兼施，要从他口中获得中国海军暗助俄人的证据。土肥原请沈鸿烈喝酒，希望借酒吐真言，好找资料。可他没想到沈鸿烈的酒量比他还好得多。喝了吐，吐了又喝，却什么也得不到，土肥原只能另想办法！

土肥原是怎么得到情报的呢？他和一些中国人一

土肥原贤二（右）在调查日本领事馆被炸情况

个一个地聊天，说，也没有什么事，也不是一定要你提供情报给我。我只是很关心你，这打仗的时候你居然没有死，那你是怎么活下来的。在轻松和循循善诱的聊天中，土肥原摸到了门道。

土肥原盯上了重炮，苏联红军没有，那这炮是哪儿来的？随即，土肥原要求对中国炮舰进行实地调查，但沈鸿烈坚持当时全舰官兵都已登陆，决无开炮之理。土肥原哪里能作罢，认准了就要上舰船检查，沈鸿烈一脸无奈，手一挥，上去吧，上去吧！

土肥原贤二兴高采烈地登了舰，可是他没有看到舰炮！再查看舰队的航海日志，也没发现当时有在舰上工作的情况。土肥原犯了难，难道中国舰队真的没有借炮？

土肥原狡猾，那沈鸿烈也是老江湖。沈鸿烈刚到达庙街，第一件事儿就是消灭一切可能被日本人抓住的把柄。

当时刘世英拆了两艘舰船上各一门炮给苏联红军，这会儿把炮要回来装上，显然不赶趟儿，怎么办？也简单，把另一门炮推海里去，什么炮都没了，让你查去吧。第二步的工作就比较烦琐了，舰船上但凡认字的一起动笔，把航海日志推翻重写。

当土肥原这狐狸遇上了沈鸿烈这猎人，任他狡猾，也没招儿。实在找不到证据的土肥原不得不因查无实据而停止军事行动。

可土肥原怎么能善罢甘休呢，他提出条件，罢免陈世英永不录用，沈鸿烈欣然同意，一场危机平息了。陈世英这个名字确实再也没有在中国海军出现过，因为他改用自己的字——季良，继续在海军服役。

在尼港首次任务失败之后，回到中国的土肥原每天游游逛逛，没事还练练书法，足见他当时真的很闲。他偶尔回国任职，却从未担任过正式负责的班长、课长、部长等职务，做事儿有点漫不经心，恍恍惚惚的。

同为关东军的今井武夫在战后曾这样形容过土肥原贤二：一天土肥原去拜访朋友，总觉着所穿老式分腿衬裙很别扭，还是朋友的夫人告诉他，他把两条腿都穿到一面去了。

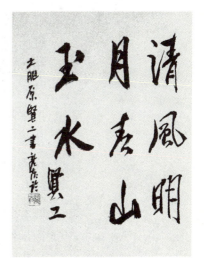

土肥原贤二写的中文

这样的笑话，土肥原还闹了不少，他在日本参谋本部和中国大陆之间调动数次，1927年，原本似乎对什么都大大咧咧的土肥原，突然就着了急。

原来，作为陆军大学毕业的土肥原贤二用了15年才达到大佐军衔，而同为陆大毕业的石原莞尔和东条英机远比他情形好得多。日本人对陆军大学毕业的学生，有个形象的说法，叫"十年人事"，即只要不犯错误，从陆军大学毕业后，一般在10年内官阶便可升至大佐。

土肥原贤二因为在中国待得时间太长，用了15年，才达到大佐这个军衔，看着别人不断升迁，着急上火是肯定的。而迫使土肥原急于升迁的还有另外一个原因——日本要开始大规模裁军。

1921年华盛顿会议后，日本的军费要从7.3亿日元，到1930年裁减到5亿日元以下，裁减额达40%。军人们强烈不满，这事让日本国内闹翻了天。自从明治维新以来，日本一直奉行军事优先的原则，培养了大批职业军人。对于职业军人来说，除了军事以外他们没有其他特长，裁军等于砸他们的饭碗。

土肥原贤二自然也着急上火。他似乎马上就要从最骄傲的职业军人变成失业者。已经45岁的土肥原拿中国东北开始了他的政治赌博。

1928年3月，土肥原应聘出任奉系军阀首领张作霖的顾问，他的主要任务是控制奉军，搜集奉军情报。这也开始了土肥原满洲计划的第一步。

1928年4月5日，新军阀蒋介石对以张作霖为首的北方旧军阀举行"第二次北伐"。土肥原担心，如果北伐联军接近北平，战乱很有可能会波及"满洲"，为此他要求张作霖回到奉天，但张作霖不愿离开北平。至此，土肥原开始与关东军高级参谋河本大作密谋。1928年6月4日清晨5时23分，当张作霖的专列行至奉天皇姑屯火车站京奉线与南满线铁路交会处时，一声巨大的爆炸声响起，张作霖就这样被暗杀了。

土肥原贤二这场局赌赢了。从刺杀张作霖，到策划九一八事变并把溥仪带到满洲来，中国东北的一步步沦陷都在土肥原的计划之内。

土肥原于1936年3月从长期工作的中国回到久别的东京，担任留守第1师团长。1937年3月，钦命任宇都宫第14师团长。

这时，土肥原贤二的军衔晋升为中将。出身军人家庭的土肥原贤二，从小耳濡目染就想成为一个将军。这正合武将土肥原的心愿，与搞谋略相比，土肥原更喜欢他现在的身份，一个手握兵权的军人。

"远东来说局势的变化和国防的迫在眉睫"动员大会活动宣传单

1937年7月7日，日军进攻宛平城和卢沟桥，这也是日军全面侵华的开端。待在东京有一年之久的土肥原接到了他的新任务，到中国华北战场。临行前，土肥原还召开了名为"远东来说局势的变化和国防的迫在眉睫"动员大会。

这时，土肥原第一次以谍报人员之外的身份，以军人的身份到真正拼杀的战场上去执行任务。

1937年7月，日本宇都宫第14师团接到动员令，7月下旬，准备工作完结，列队出发。8月20日，土肥原贤二率2万人的部队在塘沽登陆，参与北平永定河的作战。日军迅速攻克保定后，土肥原率部沿平汉铁路一线进犯，一路杀向石家庄、邢台、邯郸、滋县，直抵黄河渡口。

土肥原贤二因进军迅速，被日本报纸称为华北战场上的一颗明星。接下来1938年的"兰封之战"让人们记住了土肥原贤二，也记住了他所带领的第14师团，但也正是兰封一战让蒋介石对他恨之入骨，1946年蒋介石向远东国际法庭提交的日本战犯名单中，土肥原贤二是第一个！

1938年4月台儿庄大捷后，一向畏日如虎、处处退让的蒋介石被一时的胜利冲昏头脑，错误判断形势，把20多万中央军调到徐州战场，企图借李宗仁等胜利的余威，和日军在徐州决战。而同时，日军也瞅准了时机，认为中国军队在徐州地区的大量集结，正好是消灭中国军队主力的好机会。日军迅速集结10多个师团30多万人向徐州地区夹击。

1938年5月15日，日军在徐州的包围圈马上要形成时，蒋介石发现自己的主力部队有被包围在徐州的危险，决定放弃徐州，所有的部队开始撤退，将陇海铁路作为主要通道，部队向郑州方向撤退部队。就在此时，土肥原贤二上场了。

土肥原突然率领2万人的兵力，从山东鲁西南、菏泽地区，挺进中国军队防线背后，直接插向兰封。而在土肥原周围是十倍于日军的中国军队。为了保卫这条陇海线，中国军队6个军12万人组成了东兵团、西兵团、北兵团三方面来包围土肥原这2万人。

12万人对2万人，就是吃也能把土肥原吃掉！此时的土肥原想到，如果把东西向的交通主脉陇海铁路切断，中国主力军向西撤退的道路将被切断，这样中国主力军将不得不面对和日军在中原决战的境地，所以他下定决心孤军深入。

土肥原贤二集中了他师团的所有兵力，向驻守兰封桂永清部队发起攻击，果然桂永清没有想到，自己这个方向上遭到如此巨大的压力，一下子就被压退了，土肥原贤二的部队进占兰封城。

这次，土肥原也是在赌，因为他的行动也是没有得到书面授权的，只得到一个电话的通知，他便发起了进攻。但是他非常自信，貌似有十足把握。

可是，当时的局势转变就在瞬间。

蒋介石匆匆飞往郑州第一战区指挥部，亲自指挥战役。但是他的指挥也没能挽回兰封的失陷，因为他的爱将，驻守兰封的桂永清不给力。

桂永清作为蒋介石的高材生，曾被蒋介石送到德国学习，被称为德国将军。桂永清手下军队是的蒋嫡系第27军，装备精良，甚至有一个德式战车营的支援，这是连日军的师团也未必有的。但桂永清只守了不到一天，兰封就失守了。日军步兵还没有冲锋，桂永清所部就开始全线溃退，败退的军队已经完全失去控制，桂永清也跟着逃命去了。

桂永清是何应钦的亲戚，兰封的失守让整个战役失败，桂永清却没受到蒋介石严厉的处分，后来反而官运亨通升任海军总司令。连蒋介石自己也不得不承认兰封战役是"战争史上的千古笑柄"。

对于自己的对手，土肥原贤二这间谍可没少下工夫、做功课，他在作战前就对下面的将领说，桂永清此人好大喜功，肯定一心想着怎样把自己消灭，却不会想到自己会朝他来进行突围。土肥原在兰封一战可谓胜得轻巧。

1938年底，土肥原贤二成功策反了汪精卫，促成汪精卫与日本人的完全合作。12月28日，汪精卫公开发表卖国求荣的电报，投降日本当了汉奸。1940年3月，汪精卫伪政权在南京成立。

土肥原终于大功告成，也完成了他在中国近30年的特务使命，这次诱降是他对中国谋略工作的谢幕表演。不久后，土肥原贤二回国述职，这次他的身份再一次转变。

土肥原贤二回国以后，当上了陆军士官学校的校长。1940年11月2日，《大阪每日新闻》对此作了报道。文章中用明显的字体标明，"土肥原贤二中将"，此时的土肥原还只是中将军阶。副标题是"新陆军士官学校长"。从间谍到作战指挥的将领，直到成为一个国家军事学校校长，土肥原不得不说是八面玲珑。

回到母校当校长，土肥原的心情可想而知，据说当时他还立马派人把学校门口的几个大字用金粉涂刷了一遍，以表喜庆。

整篇文章，可以看成土肥原的一份简历，一份升迁记录表，也可以看成土肥原的一份侵华史清单。从满洲策划变动，到建立伪满洲国，再到徐州会战。这些在中国犯下的罪行，成了他升迁的踏脚石。

"二战"时期，世界新闻界曾称土肥原贤二为"满洲的劳伦斯"，但这显然不合适，土肥原比托马斯·爱德华·劳伦斯上校在阿拉伯所作的要残忍得多。但是日本人称他性格温厚，不拘小节，没有私欲。

土肥原在1931年不过是一个陆军大佐，但是因为他侵略中国有功，到1941年晋升为陆军大将。随着土肥原贤二达到了他人生中军阶的最高处时，他的职位升迁仍在继续。

1945年8月24日，东部军司令官田中静壹自杀。后继人选问题经首脑部研究，拟请土肥原贤二出任，并征求梅津美治郎总参谋长意见。

转任东部军司令官是左迁，意思就是降职，可土肥原贤二表示：如果大家认为我胜任，地位之高低，个人之荣辱，不是当前应该考虑的。

事情到这还没完。1945年9月12日，第一总军司令官杉山元自杀，这个空缺也只能由当前资历最深的土肥原贤二替补。这一决定立即传到海外，美国为之震惊。次日，麦克阿瑟发出逮捕令，9月23日由横滨刑事所拘留土肥原贤二。据说当时，土肥原贤二从容不迫地到大臣室告别，准备去做候补第一号战犯。

在历时两年的审判中，被称为"满洲劳伦斯"的土肥原贤二直到最后都未出庭进行申辩。土肥原贤二有自己的打算，他算计好了，如果本人没有出庭申诉，那么中国检察官团就不能充分提出证据加以质讯。

在《东京审判》这部记录片中，人们可以看到土肥原当时的态度：被告席排成两行，坐在下面靠角落尽端的被告土肥原贤二，从面颊的凹处不时现出神

1940年11月2日《大阪每日新闻》关于土肥原贤二的报导

任陆军士官学校校长的土肥原贤二

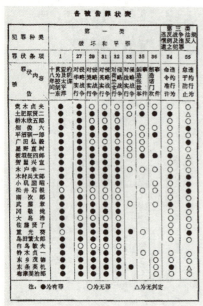

《远东国际军事法庭判决书》主要战犯罪状表

经质的抽动，担心地凝视着审理的动向。每当替自己作证的证人受到检察官的厉声质讯时，土肥原的两只大耳就不断地抽动，并将视线转向检察官方面。精通华语、身着合体华服，俨如达官贵人般的土肥原，头部大半光秃，鼻下浓浓的短须已经变白。在被告认罪确认中，土肥原贤二静静地拿起耳麦，用日语说道：我无罪。

狡猾的土肥原贤二以为沉默可以逃脱法律的审判，但是，中国检察官也有办法，除了证人证词，在板垣征四郎申诉罪行时，变相对土肥原的罪行进行审判。

《远东国际军事法庭判决书》中对主要战犯的罪状表，横排排列的是罪状内容，而表格中的黑点则表明有罪。土肥原贤二的黑点是所有战犯中最多的！

直到1948年11月12日，远东国际军事法庭宣判才宣判包括土肥原贤二在内的7人被判绞刑，16人被判处无期徒刑，1名被判处20年徒刑，1名被判处7年徒刑。大川周明因精神异常免予起诉。永野修身和松冈洋右则分别于1947年1月5日和1946年6月27日病死。1948年12月24日，7名战犯被处决。土肥原贤二成为第一个被送上绞刑架的战犯。

九一八事变：一块手表引发的战争

1931年9月，吉林洮南"大兴"当铺的绝当物品里，突然新增了一块闪闪发光的手表。这种手表是日本天皇颁发给日本陆军士官学校、宪兵学校、海军学校优秀毕业生的奖品。

日本人的东西怎么会突然出现在中国人的当铺里？这块表的背后又隐藏着怎样的故事？

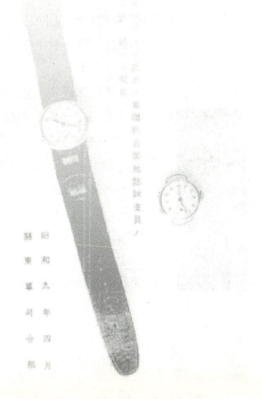

1931年9月，吉林洮南"大兴"当铺的绝当物品里，突然新增了一块闪闪发光的手表。

这在当时的中国可是稀罕物，关东军司令部的调查说明，这种手表是日本天皇颁发给日本陆军士官学校、宪兵学校、海军学校优秀毕业生的奖品。日本市面上没有，中国市面上更没有。

日本人的东西怎么会突然出现在中国人的当铺里？而且标价30块大洋，这可不是一个小数目啊，在20世纪30年代的北京，一块大洋可以买6斤上好的猪肉，40个猪肉饺子，两碗小米粥，外加一盘白糖。

一块手表要价30块，绝对是个奢侈品！当初收了这块表的"大兴"当铺掌柜琢磨着，恐怕这表短时间内无人问津。但事情的发展总是令人大跌眼镜，这手表很快就被人买走了。

买表的人，偏偏还不是个有钱人，而是挑着担子，走街串巷，靠卖针线、纽扣、肥皂、洋火等日用品的卖货郎。

小小卖货郎要表干嘛？而且出手还如此阔绰，莫非，这卖货郎有古怪？

这卖货郎确实不是一般人，他甚至不是中国人，而是时任沈阳特务机关长的土肥原贤二。

作为在中国从事间谍活动的日本第三代特务头子，土肥原在中国生活长达30年之久，精通中文，熟读中国古典文化精髓《三国演义》《水浒传》，算得上是中国通。但这似乎并没有给他的事业带来任何好处，反而阻碍了他的晋升。

土肥原贤二毕业于日本陆军大学，在当时，日本人对陆军大学毕业的精英有个形象的说法，叫"十年人

土肥原贤二

事"，即只要不犯错误，一般10年内可升至大佐。土肥原贤二因为在中国待得时间太长，长期在日本参谋本部和中国大陆之间调动，影响了升迁，所以他用了15年才升至大佐，职位相当于中国陆军上校。

土肥原贤二的职称虽然是评上了，但他似乎并不满足，希望自己能为日本谋取更大的利益，换取更高的职位，于是他将目光投向了中国东北这块热土，并物色好了日本在东北的代理人——张作霖。

1928年3月，土肥原贤二应聘出任奉系军阀首领张作霖的顾问，他借助关东军的势力，巩固了张作霖在东北的地位，并为张作霖提供军火、经济上的支持。

日本人的银子、枪支可不是那么容易拿的，日本人的心思，张作霖懂。他们希望张作霖知恩图报，满足日本人对东北的领土要求，但张作霖让土肥原贤二失望了。

借直奉战争之际占领了北京，随即控制北洋政府的张作霖，此时已羽翼巨丰。他并没有土肥原贤二预期的那样，做日本人的走卒，而是力图摆脱日本人的控制，还拒绝了日本人提出中日合资修建一条从吉林至朝鲜会宁的铁路的要求。

张作霖在土肥原贤二眼中成了白眼狼，土肥原贤二无法容忍张作霖的忘恩负义、过河拆桥，他决定严惩张作霖。

1928年6月4日清晨，奉天皇姑屯火车站，一声巨大的爆炸声响起，奉系军阀张作霖被炸身亡。按照土肥原贤二的设想，张作霖一死，群龙无首，东北局势必定混乱，日本趁这个机会，以维持奉天治安等借口发动军事政变，简直是天赐良机。令土肥原贤二没想到的是，自己没等来东北发生混乱，等来的却是张学良扯起的青天白日旗。

皇姑屯事件未能达到预期效果，土肥原贤二被打入冷宫，调回日本降职转任高田第三十步兵联队联队长。谁知这土肥原贤二心态好啊，官职虽一落千丈，但他该干嘛干嘛，远在日本却时时刻刻关注着中国的局势，等待重出江湖的机会。

1931年8月，土肥原贤二被调任日军沈阳特务机关长，他正式复出了。

没错，土肥原贤二复出后的第一次亮相，就和上文提及的这块手表有关。他摇身变成了卖货郎，掩人耳目，只为买走这块手表。

中村震太郎（左）和官井杉延太郎

土肥原贤二大费周章跑到兴安区买走手表，是因为这块手表能判断一个人的生死。

生死未卜的人是中村震太郎，日本陆军大尉，曾在苏联贝加尔地区长期充当军事间谍。

1931年6月，他奉日本陆军参谋本部第二部部长建川美次之命，随日本士官井杉延太郎及一名蒙古向导、俄国翻译前往中国东北兴安地区，中村震太郎此行目的非一般的间谍行动，它关乎着日本帝国一个狂妄的计划。

《日本田中内阁侵略满蒙之积极政策》，就是很多人都听说过的《田中奏折》的翻印本，翻印者为了唤醒民众自助救亡，特意在封面印上了一个大大的红色惊叹号和八个字，"生死关头、不可不看"。

这份奏折全文共6706字，分5大章和1个附件，从军事行动、经济、铁路、金融、机构设置等诸方面，对侵略中国的行动作了详细安排部署。

《日本田中内阁侵略满蒙之积极政策》

中国人第一次看到这份奏章，是在1929年12月的南京《时事日报》上。这么要命的东西，怎么会堂皇地登在中国报纸上呢？

第一个拿到这份奏折的中国人，据说是台湾苗栗县人蔡智堪，他奉张学良之命，冒着生命危险，化装成修补书籍的工人，潜入日本皇宫天皇御书库，将很薄的碳酸纸铺在原件上，用铅笔描写完成，随后在《时事日报》上发表。

《日帝国主义侵略满蒙的阴谋——田中义一的密奏》也记录了《田中奏折》的内容，"如欲征服中国必先征服满蒙；如欲征服世界，必先征服中国……"口气好大啊，中村震太郎等人要前往的兴安地区,地理位置正处在《田中奏折》所提到的"满蒙"上,而且是"满蒙心腹地带"。

兴安是满语,是丘陵的意思,它是大兴安岭南麓,也是先蒙的北麓,得天独厚的地形使之成为大兴安岭南北的分界线,其地势险要,三面环山,物产丰富,山高林密。

蔡智堪

当时很少有人知道,在这茂密森林里,有一支部队正在休养生息,一支部队要不被人发现,这就不得不说是有人刻意要低调了,而这人,就是张学良。

1928年,东北易帜后,奉军改称东北军,张学良对军队进行缩编,对外宣称裁了军,其实暗中将一群见过世面、骁勇善战的老兵带到现在吉林省西部与内蒙大兴安岭一带屯垦,屯垦部队称兴安屯垦军,这支能打仗的部队编制相当于一个旅,并在索伦、葛根庙、察尔森设有三个边防团。屯垦军的力量不可小视,日本人想要占领东北,屯垦军将是最大的障碍,中村震太郎此行的任务正是刺探屯垦区的军事、政治情报,为日本进兵东北做最后准备。

1931年6月6日,中村震太郎一行从齐齐哈尔出发,经昂昂溪,西行至海拉尔,这一路走来,畅通无阻,但是当他们到达东北屯垦军驻扎地附近,很快就遇到了难题。

那时的索伦、葛根庙、察尔森三个边防团早就被划为军事禁区,不对外国人开放。

为了刺探军情,中村震太郎抓耳挠腮,算计良久,终于想出了一计。

军事有禁区,科学无禁区,更无国界。于是乎,中村震太郎将自己打扮成东京农业学会的土壤调查专家,前来东北做农业考察。为了扮演好农业专家,他携带齐全了设备,望远镜、测绘杆、图板、照相机。

除了这些,他还带了老棉服。6月份,初夏的东北,天气转暖，已经不需要穿棉袄棉裤。但中村震太郎一行不单单穿上了棉袄棉裤，还在外面固执地套上了西装、皮夹克。

奇装异服内肯定藏着什么玄机，但甭管中村震太郎打的什么算盘，这不合时宜的装扮让他们一行人太显眼了。

1931年6月25日早晨，中村震太郎4人骑马抵达葛根庙苏鄂公爷府附近，刚好遇上正在操练的中国东北屯垦军第3团3连，中村震太郎4人不合季节又不伦不类的装束、所骑马匹蹄子上所裹的棉布都引起了屯垦军士兵的怀疑。屯垦军士兵对中村震太郎4人进行盘问，中村震太郎称自己是农业专家，来到屯垦区进行土壤考察。

日本人进入军事禁区，甭管什么身份，这都不是一件小事，他们很有可能是间谍！屯垦军士兵决定将中村震太郎一行扣留在团部，可搜身和抓人总要有证据的，更何况对象是拿着"东京黎明学会会员中村震太郎"的名片，自称是"东京农业学会"派到中国东北进行农业调查的"日本技术人员"。

那就不说是抓，人却得留下。理由嘛，"前面山路崎岖，恐有土匪出没，你们在团部暂住一夜，明天派兵送你们"。

东北屯垦军士兵当然并非真为中村震太郎等人的安危着想，这只是一个缓兵之计。东北屯垦军士兵要为一个人的到来赢得时间，中村震太郎等人也看出来了，他们决定不领这个情。

中村震太郎4人被扣留在屯垦军3团团部的办公室里，那是一间又矮又小的土房子，办公室里只有一个长桌，一台手摇电话机，当然，这电话中村震太郎用不了。在土房子外，屯垦军3团暗中布置了监视哨。

突然，窗户内的灯灭了，没过多久，哨兵们借着月光看见一个接一个的人影从窗户里爬了出来。

接下来发生的一切就在意料之中了，中村震太郎等人逃跑未遂，又被抓回了屯垦军3团办公室。

屯垦军3团士兵当然要问了，"你心里没鬼，你跑什么跑？肯定有问题，搜！"这一搜不要紧，好家伙，搜出来了南部式自动手枪一把、三八式马枪一支、军用望远镜一架、测绘杆、图板、标杆等。

可中村震太郎也有话说，我们是科学家，遇到危险怎么办？自然要带枪了。可见，仅凭现有证据，还不能证实屯垦军3团士兵对中村震太郎一行间谍身份的猜测。好在，屯垦军3团士兵苦苦等待的那个人回来了。

等的人就是中国东北屯垦军第3团团长关玉衡，张学良在东北讲武堂的同窗好友，满族镶黄旗人。中村震太郎一行闯入屯垦军第3团军事范围时，33岁的关玉衡正率兵前往突泉剿匪。

得知3团士兵抓获可疑的日本间谍后，关玉衡二话没说，骑上马就往团部营地赶。

马背上的关玉衡，一路上半句闲话没有，其实，他已经意识到这八成真是日本间谍，但他恐怕没有料到，接下来的事态发展，会一步步将自己推至风口浪尖。

关玉衡

在屯垦军3团团部办公室，关玉衡细细打量着眼前的中村震太郎，他虽然是五短身材，但体格强壮，下盘很扎实，隐隐像是习武之人。

猛然间，关玉衡突然抓住中村太郎的右手，看了看这手，关玉衡心里有了底。

干过活儿的人都知道，手常用的部位就会长茧，中村震太郎的右手的虎口处，就有一层厚得能用刀削的茧巴，这样的手，一看就知道经常使用枪械，再看看搜缴上来的物品，中村震太郎这个农业土壤专家身份肯定是个马甲。

然而，仅凭这些，是不能给中村震太郎定罪的，因为还缺少确凿的证据证明他是间谍。

这关玉衡也不是一般人，17岁参军，到27岁跟随张作霖任警备处长，身经数十战从未负伤，被张作霖认为是员"福将"，对战事和敌人的观察都有其独到之处。张作霖曾

中国东北屯垦军第3团军营

多次夸奖关玉衡是第一聪明细心的人。

既然细心，关玉衡当然也发现了中村震太郎一行的怪异装束，他下意识地想去摸中村震太郎的衣服，结果，手还没碰到，中村震太郎就跟疯了一样，一拳打向关玉衡。

中村震太郎"此地无银三百两"的一拳，恰恰印证了关玉衡的猜测。关玉衡二话不说，撕开中村震太郎的棉服夹层，虽然早有心理准备，但关玉衡看着眼前里面的纸片，仍然大惊失色。

从中村震太郎棉服夹层中搜出来的东西，是《洮南、昂昂溪、扎兰屯西方地区兵要地志资料》。现藏于日本防卫研究所战史室，封面印有"返还史料"字样，应该是1945年日本战败后未及销毁的资料，被美军所获，之后又返还的。

在这份报告里，有一张旅行经过一览表，表格详细记录了经过的地点，例如，洮南、经过当天时间、天气。此外，还有一份侦察地水井调查表，调查表上还绘制了水井分布图与水井的深浅程度。

日军要是有了这东西，空军轰炸，井水投毒可都有了指南了，就这还有脸说是科学家，必须得拉下马。证据确凿，明明白白中村震太郎4人是日本间谍，他们此行目的就是刺探兴安屯垦军军事布置。

但是，如何处置中村震太郎等人呢？关玉衡感觉这4个人太扎手了。证据确凿，关玉衡还在担心什么呢？

1931年5月，日军利用侨居在长春附近万宝山的朝鲜

《洮南、昂昂溪、扎兰屯西方地区兵要地志资料》

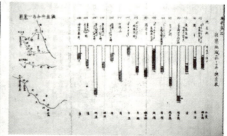

人与当地农民因租地挖渠引起的冲突，以保护朝鲜人为由，开枪镇压中国农民，打伤多人。日本事后反而颠倒事实，在朝鲜大肆宣传华人排斥朝鲜人，在朝鲜煽动了一场骇人的暴动排华运动，日本政府叫嚣着要对中国人武力制裁，驻东北的关东军更是整装待发，进入临战状态。

日本对中国的武力进攻，如箭在弦，一触即发，中村震太郎一行此时出现在兴安屯垦区，意图再明显不过。放了他们，不光等于放虎归山，屯垦军的底细将全被日本人掌握，更何况，日本人不但不会认错，反而会倒打一耙，说中国军队无故殴打帝国军官！

可不放中村震太郎一行，日本人在东北享有治外法权，一旦走漏风声，日本人很容易要回中村震太郎，而且，后果同样不堪设想。

其实，关玉衡纠结的放与不放的问题，直接原因，来自他的顶头上司张学良。

香港同泽出版社于1996年出版的《张学良文集》第488页，记录了1931年9月6日，张学良发给东北政委会代主席臧式毅和东北边防公署参谋长荣臻的电报内容。

电报中称："现在日方对我外交渐趋积极，应付一切，极宜力求稳慎，对于日人无论其如何寻事，我方务须万方容忍，不可与之反抗，致酿事端。"

张学良的意思很明确，中国东北军不要给日本人提供借口发动战争的可乘之机，实际上张学良不好意思在电报中明说的是"惹不起，躲得起"。

可中村震太郎现在直接撞上了关玉衡的枪口，躲也躲不起了？关玉衡沉默良久，突然拍板决定，提取中村震太郎等人口供后，秘密处决！

其实关玉衡想得很清楚，无论是杀还是放，都会引发关东军挑起事端，那么，杀中村震太郎等人是肯定了，问题是怎么杀才能掩人耳目。

杀之前，关玉衡还必须让中村震太郎做一件事，就是为口供签字画押，中村震太郎这只秋后的蚂蚱，似乎已经察觉到自己的死期将近，他居然想抢屯垦军第3团士兵的配枪，双方厮打了起来。正是这一场厮打，埋下一个隐患。

还记得被土肥原贤二买走的手表吗？在厮打过程中，中村震太郎手腕上的"三道梁"手表被扯了下来，掉落在地上，碰巧被进来送饭的、屯垦军第3团司务长李德宝顺手牵羊。遗憾的是，这个细节居然没人发现。

1931年6月26日午夜，在察尔森后山，中村震太郎等4人被秘密处决。关于处决的方法，有很多种说法，有枪毙后被埋了的说法，还有烧了、扔河里的说法，反正甭管怎样，对于关玉衡来说，中村震太郎似乎已经消失得无影无踪了。

关玉衡秘密处决中村震太郎后，立即向北平东北军司令长张学良做了汇报。

张学良知道后，又急又怨，急的是这个事情自己拿不出好的应付方法；怨的是关玉衡的鲁莽。此时的张学良方寸大乱，如果中村事件一旦被日方利用，极易成为关东军发动战争的借口。

1930年9月20日，张学良接受蒋介石邀请，带领着他的十几万东北军主力入关调停中原大战，此时东北可谓是国防空虚。张学良唯一能想到的办法就是让关玉衡"妥善灭迹，做好保密"。关玉衡接到密令后，立即下达命令："中村一事，任何人不得对外泄密，否则军法论处。"

而被李德宝捡走的那块"三道梁"手表，却捅出了大娄子，被很多历史学者称为划开中华民族最深伤口的利器。

1931年8月，在齐齐哈尔的朝日旅馆中，利用艺妓身份做掩护的日本间谍植松菊子正利用美色，企图从铁路建筑工头王翼先嘴里探听出有关东北屯垦军的消息。这位没有多少文化，又爱显摆的中国修路包工头为显示自己见多识广，居然讲出了中村震太郎被枪决的事。

就这样，王翼先赢得了男人在女人面前的面子，却卖掉了自己的国家。植松菊子很快将听到的情报上报给关东军奉天特务机关长土肥原贤二。

土肥原贤二明白，要证实中村震太郎真的已死，还要人证、物证才行，事情发展到这一步，在日本军部享有"可抵一个精锐的装甲师团"称呼的川岛芳子闪亮登场了，她要为土肥原贤二的出场打前站。

川岛芳子一贯以中性服装装扮自己，这次破例穿上中式旗袍，东方女性的曲线美一览无遗。

这位前清格格如此打扮，只是因为此次面对的对手——李德宝，是一个吃喝嫖赌抽五毒俱全的好色之徒。她费心地捯饬，就是为了投其所好，另外，为了万无一失，川岛芳子还随身携带了大量鸦片，从沈阳赶往齐齐哈尔。

川岛芳子与李德宝的第一次见面是在齐齐哈尔的朝日旅馆，李德宝听说朝日旅馆新来了一个漂亮的朝鲜姑娘，还带来了便宜的鸦片，这个既吸毒又好色的大色鬼一听就HOLD不住了，撒丫子就往旅馆跑。

接下来发生的一切川岛芳子就轻车熟路了，李德宝哪里是川岛芳子的对手，没两句话之间，这大烟鬼就像个说书先生一般，把关玉衡秘密处死中村震太郎的经过，当话本一样讲了出来，临了还双手奉上了当票一张，只为求得一亲芳泽和鸦片伺候。

川岛芳子（左）

川岛芳子一看，正是"三道梁"军用手表的当票。当票已拿到手，李德宝再无利用价值，他也永远地闭上了眼。

完成任务后的川岛芳子火速回到沈阳，土肥原贤二望着眼前的当票，喜出望外，紧接着，"三道梁"军用手表被赎出，土肥原贤二认定中村震太郎确实已被处死，接下来，他要炒作！

8月的沈阳城内，因中村震太郎失踪的事情而闹得沸沸扬扬，日本浪人到处滋事寻衅，土肥原贤二更借助媒体的力量，在《盛京时报》《朝鲜日报》和《泰东时报》上报道中村震太郎失踪的消息。8月17日，日本陆军总部发表了一份所谓《关于中村大尉一行遇难声明》，在这份声明中，日本第一次承认了中村震太郎已被张学良部队处死的消息。

活要见人，死要见尸。土肥原贤二在没有找到中村震太郎尸骨的前提下，就言之凿凿认定中村震太郎已死，而日本媒体更是不约而同隐讳了中村震太郎等4人的间谍罪行。

土肥原贤二与日本媒体默契地只说结果，不提起因，是因为他们都清楚一点，此刻日本国内日子并不好过，日本人必须要抓住这次中村震太郎失踪事件，改变日本国内局面。

1929年开始的世界经济危机，对日本已经很有冲击，日本国内民众对日本经济危机十分不满意，日本需要通过采取对外的战略或者对外的侵略来转移民众的视线，制造东北这样的一系列事件，是日本非常重要的一种转移手段，也是日本长期以来贯彻大陆政策侵略战争的继续和必然。1931年，苏联正搞第一个五年计划，很难在国外使用武力，美国正处理国内经济危机，英国也无力东顾，而中国东北军主力已入关，关外兵力空虚，蒋介石忙于剿共，必然不敢出兵抵抗关东军，此时在日本人眼中正是占领满蒙的最佳时机。

土肥原贤二的炒作奏效了，不明就里的东北日本侨民和日本国内百姓很快就被煽动起来，有人扬言要为中村震太郎报仇，要关玉衡杀人偿命，此刻的沈阳城就像一个炸药桶，随时都有爆炸的可能，可就在这关口，少帅张学良却不在沈阳。

1931年5月，张学良由英籍顾问威廉·亨利·端纳陪同前往南京，参加国民大会，此时的他才31岁，但已被蒋介石任命为全国海陆空军副总司令，成了仅次于蒋介石的中国第二号军事强人和政治巨头。

也许天意如此，在准备回沈阳时，张学良却在北平忽然身患伤寒，高烧多日，只得住院治疗，正是这场平常得再不能平常的感冒，让张学良从此再也没有回过故乡沈阳，这恐怕连张学良本人也没有想到。

日本人的企图，远在北京养病的张学良十分清楚，他明白，此刻必须要给这炸药桶降降温。

1931年9月4日，张学良给留守沈阳的官员发去了一封电报，这份电报收录于《张学良文集》中，电报中称，"接汤尔和电，言日方对中村事件表示极严重，谓我方有意推诿，日陆军方面异常愤慨等语。已复以此真相实在不甚悉，并非故意推诿，现正在调查中，如责任确在我方，定予负责者以严重之处置。"

首先，张学良表明了事实不清，还在调查，并非日本人所说的有意推诿，而且为了说服日本人，张学良做出了一个不愿但又不能不做的决定，就是这里"如责任确在我方，定予负责者以严重之处置"。

张学良在电报里还有这样的话："如日方对此案有何举证，极所乐闻，以为调查之参考等语。究竟此案真相如何，并与日方交涉之经过，希速详复为盼。"

让日本人举证，除了手表，李德宝已经死了，日本人已经没有证据，他们此时也已经不顾所谓证据了。

此时的关玉衡已处风口浪尖，女友劝他出国躲躲风头，关玉衡却说："我是关东男儿，死而何惧！"

张学良电报发出不久，东北军宪兵司令部就派士兵奔赴兴安屯垦区拿办关玉衡，并将其关进了沈阳的监狱。一群日本浪人一听这个消息，闯进了沈阳监狱，扬言要亲自惩戒关玉衡，为中村震太郎等人报仇。

可当这些所谓日本浪人闯进沈阳监狱的时候，他们傻眼了，关玉衡消失了。

原来，为防止关玉衡被日本人暗杀，东北军宪兵司令部对外宣称将关玉衡关进了监狱，实则将其保护在了东北军宪兵司令部副司令李香甫家。与此同时，张学良派东北军谈判代表汤尔和等人去东京探听虚实。汤尔和回国后，随即与日本总领事林久治郎进行了谈判。

让张学良和关玉衡万万没料到的是，就在谈判过程中，一场预谋已久的侵略爆发了。

1931年9月18日夜10时20分，日本关东军独立守备队驻柳条湖分遣队河本末守中尉，以巡视北大营为名，率七八名部下，在东北军沈阳北大营南800米的柳条沟铁路轨上，点燃了预先安放在铁轨下的炸药，"隆"的一声巨响，一团火焰冲天而起，划破了夜空。九一八事变爆发了。

后来，很多人都会问，如果中村震太郎没有戴"三道梁"手表，如果"三道梁"手表掉落后没有被李德宝捡走，或者干脆说，关玉衡处死中村震太郎这间谍真的滴水不漏，那么，九一八事变是否会发生，中国的历史会不会发生改变？

弱国无外交。在预谋已久的侵略面前，所谓"三道梁"手表只是个借口而已。

　　九一八事变激起了全国人民的抗日怒潮。各地人民纷纷要求抗日，反对国民党政府的不抵抗主义。1931年9月20日，关玉衡化妆成绅士，躲过日本人的搜捕，逃出沈阳，此后一直在东北领导义勇军抗战，征战关东14年。

死守南京：唐生智的悲情决战

1937年12月12日上午，侵华日军对南京中华门及其南面的雨花台高地展开疯狂进攻。一天之后，攻入南京的侵华日军展开了震惊世界的南京大屠杀。

到底是谁在负责南京的城防？为什么在南京驻守的国民党军队竟在一天之内神秘消失？这一天之中到底发生了什么？

1937年12月12日上午9点左右，侵华日军在陆地和空中火力的配合下，对南京中华门及其南面的雨花台高地展开疯狂进攻。

而守卫这两个阵地的是国民党军少数几支德械师之一——装备精良的第88师，之前几天，他们已经打退了敌军一次又一次进攻狂潮。尽管此时雨花台阵地陷入了激烈的争夺战，但中华门仍然牢牢控制在国民党军手中。

然而就在一天之后的12月13日，在这个城楼的背面，侵华日军展开了震惊世界的南京大屠杀。到底是谁在负责南京的城防？为什么还在南京驻守的国民党军队竟在一天之内神秘消失？在这一天之中到底发生了什么？

12月12日正午，雨花台主阵地完全失守。不久，日军便突入了中华门。原来，日军耍了个花招。在侵占雨花台时，他们没有包围守军阵地，而是留出一条路，让守军可以退入中华门；同时，他们派一支300余人的机动部队一路紧追守军。当守军从中华门退入南京城时，因城门关闭不及，被尾随的日军突击攻入城内。城内守军奉命反攻中华门，并与日军激战，但没能夺回阵地。日军主力纷纷跟上，从中华门蜂拥入城。

南京城此时第一次出现了难以填上的缺口。城防破了，也就是说，守城战就要变成巷战了。

从战术上说，

中华门

南京属于兵法中的"绝地"。绝地也就是容易被包围、无路可退的地形。南京的挹江门一侧靠着长江，三面都是陆地，周围交通网十分发达。如果敌人沿着水路交通线前进，很容易就能形成陆、海、空立体包围圈。而此时，南京城的东、西、南三面都已经被日军合围。12月12日，日军第9旅团已经过江，朝江北的浦口狂奔。过不了一两天，一旦浦口失守，连北边的出口也会被堵死，南京就真的成"饺子"，想撤也没办法了。

《国民政府公报》及其上刊登的国民政府令

　　所以，12月12日就成了非常关键的一天。当日下午5点，南京卫戍司令长下达了全线撤退的命令。

　　在这样的紧急时刻下达撤退令，可以预想即将到来的是什么！那么，这位下达撤退令的南京卫戍司令长官是谁呢？

　　《国民政府公报》，是由国民政府印刷刊行，每周三和周六发行，用于刊登政府公布的命令、法律、法规等内容的刊物。在期号为"渝字第一号"（即国民政府迁到重庆以后所发行的第一期）的《国民政府公报》第十页，有这样一条简短的命令："《国民政府令》二十六年（1937年）11月24日""特派唐生智兼南京卫戍司令长官。此令。"

　　卫戍司令，是担负一定地区或重要城市的警卫和守备任务的军事官职。不过，在侵华日军即将进犯南京的紧要关头，南京卫戍司令唐生智要做的，可不只是做好警卫工作这么简单。

　　唐生智，字孟潇，1890年生于湖南东安。1914年保定军校第一期步科毕业后回到湖南，投身军队，由排长一直做到师长。1926年6月，被广州国民政府委任为第8军军长兼北伐军前敌总指挥，正式参加北伐，率第8军攻克武昌。1928年，蒋桂战争和蒋冯战争中，蒋介石任唐生智为讨逆军第五路总指挥，赴前线指挥作战，扭转

唐生智

了战局。1929年，唐生智通电反蒋，但被蒋介石打败，流亡海外。九一八事变后，广东地方实力派和蒋介石握手言和，唐生智得以回国，担任军事委员会委员兼军事参议院院长。1935年，他被授予陆军上将军衔。

对于守卫一国之都南京这样极其重要的战役，蒋介石之所以选择让唐生智负责，和一个月前的一次会议有重要关联。

1937年11月16日，蒋介石召集在南京的高级将领开会，参加的有何应钦、唐生智、白崇禧、徐永昌和刚从前线赶来的顾祝同等人，这次会议主要商讨如何保卫南京问题。在座的高级将领谁也不敢表态，会场气氛十分沉寂，此时唐生智忽然站起来，用极其严肃的态度说："天下兴亡，匹夫有责，当此国家民族存亡之际，我唐某身为将领，愿承担保卫南京之责。"

在座的其他国民党将领们之所以都不敢表态，其实主要有三大原因。第一点，是地形。南京属于兵法中的"绝地"，容易被包围、无路可退。

第二点，就是兵员不足。国民党军在淞沪会战中损失太大。大部分军队还在华北抵抗，在南边能够调动的军队，在淞沪抗战时就已经调过来了，因此需要大量招募新兵。能够参加南京保卫战的有国民党的13个师，其中有7个师都刚刚从淞沪战场上退下来，还包括蒋介石从四川、广东、云南陆续调来的军队共计15万人。据当时在南京保卫战中担任参谋的谭道平统计，在全部守军中，刚入伍的新兵占38%。训练新兵的时间不够，造成了守军中能直接同敌人厮杀的战斗兵只有9万人。像这样的部队，如果不经过充分整训，一上来就投入战场，很可能吃不消。

第三点，中国的军事实力较弱，不能总打硬碰硬的消耗战。七七事变前夕，中日两国的国力和军事实力的差距是相当惊人的。日本的工业总产值为60亿美元，中国仅13.6亿美元；日本产钢铁580万吨，中国只能生产4万吨；日本产石油169万吨，中国则只产1.31万吨。在军事方面，日本有2700架作战飞机，中国只有305架；日本有舰艇200余艘，中国只有66艘。在陆军方面，日军兵力38万，虽然少于中国的210万，但像坦克、汽车、大口径火炮等现代陆军武器，日军装备精良，中国却完全无法自己生产。为了打赢日本，必须把中国现有的资源用在刀刃上。与其拿疲惫的军队防守南京，让他们冒被敌人全部消灭的危险，还不如及时撤出休整，为以后的长期抗战做准备。

其实，唐生智并非不知道南京是不可守的，此时局势也很紧迫，没有充足的时间布置，民众工作和军队工作都没有基础，但是，守南京主要的目的还是可以多争取一些时间，使撤下来的部队得到休整和准备。

1937年7月20日，唐生智在最高国防会议上更加明确了自己的态度："按照现在的状况、最低限度地说，我国军事实力较弱，所以抗战须持久。凡一重要城池，非流血不放弃，但以大兵力白白牺牲则不可，如长城、上海战争，可为殷鉴；我军队兵员不足集中甚缓，且铁道受敌机轰炸妨碍，所以大本营幕僚，须注意弱国之作战，故全国动员最为重要，即以持久战消耗敌人为目的，以此决心应付此局面，一切事体，考虑现实状况。"

唐生智所说的现实状况是：进犯南京的侵华日军，兵力约有10万人。而参加南京保卫战的守军，有15万人之多。从兵力上，国民党军队是有优势的。即使装备和训练上稍次了点，但凭借城墙和防线的掩护，总不至于实力悬殊太大。要知道，上海既没有像南京那样坚固的城墙，侵华日军还有海军支援的优势，种种劣势的情况下，中国军队还从8月坚守到了11月。

从南京保卫战的军力对比来看，唐生智当然有死守的本钱。

为了背水一战，断绝一切侥幸心理，作好死守的准备，他不但调走了南京大多数的运输船，还命令驻浦口的第1军禁止任何部队从南京北渡。为了鼓舞士气、安定民心，唐生智还通过新闻媒体向大家打气。一时间，无论是南京市民，还是唐生智自己都相信，南京卫戍司令部旗下的军队，已经下定了战斗到最后一刻，与南京城共存亡的决心。12月初，长官部的幕僚，都深深地感到使命的沉重，抱着一死报国的决心，提前写好了遗嘱。大家都做好了与城共存亡的打算。

在任命唐生智为南京卫戍司令的同时，11月14日，已经侵占了上海的侵华日军，向上海西面的国民党军阵地进行全面进犯。16日，蒋介石下令放弃第一道防线。在日军步步逼近的情况下，17日，蒋介石决定迁都重庆。

在14天后的1937年12月1日，侵华日军"大本营"下达了第8号大陆令，上面写道："华中方面军司令官须与海军协同，攻占敌国首都南京。"

"大本营"，是甲午战争到太平洋战争期间日本陆海军的最高统帅机关，能够以"大本营"命令形式发布敕命的，是直属于天皇的最高司令部。而这里的华中方面司令官，便是狂热的军国主义分子、日本陆军大将松井石根。

侵华日军"大本营"下达了
第8号大陆令

松井石根，1878年出生于日本名古屋。1897年、1904年先后毕业于日本陆军军官学校和陆军大学。从1907年被派任驻中国武官开始，松井石根经常在中国活动，刺探军事情报，培植亲日势力，成为日本军界有名的"中国通"。1933年，晋升为陆军大将。1935年退役，被编入预备役部队。1937年8月17日，从预备役复出，被天皇委任为上海派遣军司令。同年11月7日，日本军部把上海派遣军和另一支侵略上海的军队第10军一起，拼凑了华中方面军。松井石根担任华中方面军司令官。

日军"大本营"之所以认为进犯南京的时机已经成熟，是因为在11月下旬，松井石根纠集侵华日军，突破了有东方"马奇诺"之称的四条防线，进犯到了南京的边上。面对松井石根的进犯，唐生智没有做好防御的准备吗？

其实，唐生智在接下防守南京的任务后，便开始在南京城内外察看地形。经过两天的实地调研，唐生智以南京城墙为中心，布置了两条防线，用于纵深防御。

第一条是外围防线，包括乌龙山、栖霞山、青龙山、淳化镇、牛首山、大胜关的弧形线。它们位于南京城外围，主要分布在山地上，守军可以借助地形优势阻击敌人。这条防线和南京城离得并不算很近，当守军需要撤退时，将有充足的空间组织下一条防线。而下一条防线，就是复廓防线，以南京城墙为内廓，在紫金山、麒麟门、雨花台、下关、幕府山要塞炮台一线为外廓，形成城内城外的复合结构，互相支持。无论是从城内派兵支援外廓的战斗，还是从外廓撤入城内，理论上都比较便利。

唐生智是这样计划的：先在外围打，外围防线守不住了，就进外廓。外廓不行了，就退到内廓。内廓还顶不住，就在城里打巷战。

而在整个城防布局当中，雨花台、紫金山、幕府山等地方的防守格外关键。因为它们地势较高，离南京城又特别近，一旦被松井石根占领，几乎整个南京城都会进入敌军炮火射程之内。在这些关键地方，唐生智选择了最精锐的德械师部队防守。

除此之外，对于参战的其他部队，唐生智也作了安排。不过，其中有一些部队是从淞沪战场上退下来的，在指定城防计划的时候，它们还在从上海到南京的途中行进。如果松井石根步步追击，干扰行军路线，在南京保卫战打响前，这些军队能不能完成唐生智的部署，到达各自的防区，将是有问题的。

在外围防线以外，还有防御设施给唐生智的部署提供保障，它就是之前提到的有东方"马奇诺"之称的四条防线，由德国顾问法肯豪森主持修筑，分布在从上海到南京的通路上。

它们分别是：苏州至福山之间的"吴福线"，无锡至江阴的"锡澄线"，乍浦经嘉善到苏州之间的"乍嘉线"和海盐经嘉兴至吴江之间的"海嘉线"。

防线工事用钢筋混凝土的结构修筑，掩体内装配有两重门，外面是一公分厚的钢板门，里面是木防毒门。在工事外部，多利用河流作为天然壕沟，阻碍敌人进攻。因为这些防线相当坚固，当时被人形象地称为东方的"马奇诺"。

而松井石根的主要进攻方向是北面的吴福线和锡澄线。11月8日，唐生智的国民党军队从上海战场分批后撤，退守吴福线。16日，又决定放弃吴福线，向锡澄线转移。到了23日，连锡澄线也宣告失守，无锡、江阴相继失陷。

而到日军"大本营"发出第8号大陆令的两天前，也就是11月29日，常州沦陷，南京管辖的丹阳和金坛暴露在敌人眼前。这就意味着，松井石根的部队已经进犯到南京的边上了。西方的正牌"马奇诺"好歹还能抵抗德军，要绕到背后才能攻下来，而为什么东方"马奇诺"就这样被轻松地突破了？

台湾"国史馆"存放着一份1937年12月24日的战报，是南京保卫战结束后，唐生智和南京卫戍司令长官罗卓英、刘兴一起向蒋介石递交的。在战报中，唐生智说明了真正的原因。

"新补士兵过多，上下之间多不认识。因之各级掌握难于确实，尤以战机危迫，战况剧烈时，一退不易复进，一溃不可收拾。此可痛之事实，亦失败之总因也。"

此意指在南京战斗中中国军队的抵抗力不强，是因为新兵太多。既然新兵数量过多是造成南京与上海之间的坚固防线很快就被攻破的原因，南京的防守也无法坚持很久。身为当时国民党政府最高统帅的蒋介石，理应认识到这一点，及时准备撤退。

那么，在松井石根即将按照日军"大本营""大陆令"的指示，率军全面进犯南京的关头，蒋介石却一直没有改变战略，继续要求死守。12月6日，蒋介石在发的另一封电报里一语道破了天机。

这封电报的收件人名单很长。"徐州李司令长官"，是第五战区司令长官李宗仁；"新乡程司令长官"，是代理第一战区司令长官程潜；"汾阳阎司令长官"，是第二战区

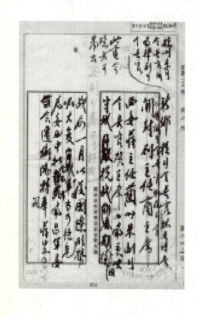

1937年12月6日蒋介石发给唐生智等人的电报

司令长官阎锡山。此外，这封电报还发给了韩复榘、卫立煌、商震、蒋鼎文、朱绍良等各大战区的军政要员。

这封电报的内容，是向他们解释死守南京的意义：

"南京决守城抗战，图挽战局，一月以后，国际形势必大变，中国当可转危为安。"

这时的蒋介石已经有了一个明确的期限：不是没有期限的"死守"，只要你唐生智给我好好坚持一个月就行。

蒋介石寄希望于国际社会对日本的侵略行为进行干涉，在中日之间进行斡旋。他期待英国、美国、苏联等大国能发挥作用。而在这些国家当中，他认为成功的可能性最大的，就是德国的调停。

1936年，已经成为法西斯国家的纳粹德国，和

日本签订了《反共产国际协定》，和日本在反苏反共上结为盟友。但为了继续掠夺中国的资源，打垮中国的经济，德国又不愿意让中国因为战争受到太大破坏。因此，德国大使奥斯卡·保罗·陶德曼（Oskar Paul Trautmann）向蒋介石拍着胸脯表示，他可以调停中日战争。蒋介石也正是看中了陶德曼的特殊身份，对他一度寄予厚望。

11月初，陶德曼向蒋介石转达了日本外务省的几项停战条件，包括承认内蒙"自治"、共同反共、停止抗日等。蒋介石当然无法全盘接受这样的条件。1937年12月2日，蒋介石向陶德曼表示，他虽然不能全盘接受日本的要求，但同意把它们当作谈判的基础。

在那之后，蒋介石等待着陶德曼的消息，对调停前景充满信心。在他看来，唯一的变数，就是南京能不能坚持到展开和谈的那一天。不过，即使有谈判基础，面对着日益逼近南京城的侵华日军，蒋介石也知道，自己不能再在城里待下去了。

而且，在12月初，中国国民党用于南京保卫战的空军战机已经损失殆尽，制空权眼看就要落在侵华日军手里，蒋介石认为他这个时候不乘飞机飞走，过几天再想飞，就会充满变数。6日晚上，蒋介石在唐生智的公馆召集少将以上的守城将领开会，对大家做了最后一次训话，要各位继续死守。唐生智也表示，他誓与南京共存亡。

就在第二天，松井石根的轰炸机便往设立在百子亭唐公馆的南京卫戍区司令部投下炸弹，炸毁了办公室里五六公尺的地方。玻璃震得粉碎，桌上物品在空中乱飞。接着，日军飞机又接连地飞来附近侦察。工作人员立刻报告唐生智，请求他为安全起见，转移办公地点。

唐生智说："为国作战就不要怕死，我不能为日本的几颗炸弹搬离这里，如嫌办公狭窄，你们可以迁移到铁道部地下室去办公。但两位副司令和我都要留在原地，继续指挥战斗。"

然而一天后，日军飞机再次盘旋到唐生智司令部上空，甚至整个南京城。不过，令唐生智没有料到的是，这次飞机投下的不是炸弹，而是纷纷扬扬的纸片。

这些纸片上写的都是日文，落款是"大日本军总司令官松井石根"。在正文中，松井石根宣称："日本军对负隅顽抗的人将格杀勿论，……然而，贵军如果继续抵抗的话，南京将无法免于战火，千年的文化精髓将会毁于一旦。"

从这里，可以看出松井石根的逻辑：要么你投降，要么继续打，但是打输了我就要屠杀，"格杀勿论"。答复期限是"十二月十日中午"。

既然是通过飞机散发的，收到这份劝降书的人当然不止是唐生智。可以想象，在南京城的士兵和市民中间，都流传着松井石根要唐生智投降的消息。这时，松井石根的进攻也暂时停止了。大家都在屏着呼吸等待着：12月10日很快就要到了，不知唐生智会做出什么样的决定。

12月10日，松井石根派人从凌晨3点开始就到指定的地点等候。一直到日上三竿，仍然没有看到举着白旗出来的人。松井石根这时终于知道，他完全低估了唐生智抵抗到底的决心。他在当天日记里写道："我真为敌军的顽固不化感到可惜。攻打是不得已的事。"

正午一点，松井石根命令对南京城发动新一轮的疯狂进攻。

其实，对于松井石根的劝降书，唐生智在9日晚上就已经作出了回答。他发布了一道命令，重申了死守南京的战略，指出："各部队应以与阵地共存亡之决心，尽力固守，决不许轻弃寸地，摇动全军。"

他重申，各军船只一律由运输司令部保管，严禁私自乘船渡江，违者法办。而运输司令部保管这些船只的方法，就是统统向江北转移。

《东方杂志》

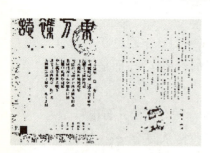

做足了背水一战破釜沉舟准备的唐生智，面对松井石根12月10日新一轮的进攻狂潮，命令守军开炮回击。从这一天起，南京保卫战进入了最激烈的阶段。

当时影响力最大的综合性杂志《东方杂志》报道了南京保卫战的激烈程度：

"至十日午后一时三十分，日军遂在南京四周实行总攻击。日军猛力进攻，我军拼死抵御，血战之烈，为中日战事发生以来所未有。唐生智将军坐坦克车，亲自督战，驱驰炮火中，一时京人称之为'首都的疯子'。"

唐生智为了落实死守南京的誓言，冒着炮火巡视前线，一时间被南京人称为首都疯子。在唐生智的激励下，士兵作战也十分勇猛。《东方杂志》用了"血战之烈，为中日战事发生以来所未有"的字眼，当时的紧张场面可想而知。

除了亲自前往前线督战外，唐生智还把南京卫戍司令部的两位副司令分别派往光华门和中华门，让他们亲自坐镇指挥。

松井石根在南京大屠杀期间阵中日记，1985年5月由日本学者田中正明重新整理出版的版本原件现存于美国密歇根大学。这本书在发行的时候，《中央公论》社的《历史与人物》杂志总编辑横山惠一对日记原稿作了考订，竟发现日记中有900多处被田中正明篡改、粉饰或删除。今天在中日两国之间来之不易的友好关系迅猛发展的时刻，田中正明等极少数人妄图否定铁证如山的南京大屠杀，大搞翻案活动，为军国主义招魂，不仅遭到了全中国人民及海外侨胞的强烈抗议，而且遭到了广大日本人民包括正直的史学界人士的坚决反对。

然而这些刻意的修改多见于在松井石根侵占南京后，对屠杀人数的缩减、混淆时间概念与否认南京大屠杀历史史实几个方面。当然，在这本日记里面也有极其珍贵的未修改部分。12月10日这一天是这样记载的：

"守城士兵的抵抗极其顽强。因为我军炮兵也无济于事，估计攻城需要两三天时间。"

连松井石根自己也不得不承认，"守城士兵的抵抗极其顽强"，可见当日守城战斗处于何等激烈的状态。

不料，11日正午时候，参谋长气喘吁吁地找到唐生智，告诉他，有一个十万火急的电话，请务必接听。

接通电话后，唐生智发现，电话线的那头不是前线将领，而是他的上级——第三战区副司令长官顾祝同。按照蒋介石的计划，南京作战受第三战区管辖，蒋介石亲自担任战区司令，而一般事务都由副司令顾祝同出面处理。

所以，顾祝同要么不对唐生智下命令；要是下，就一定是十万火急，那么这命令背后，必定有蒋介石的意思。

顾祝同："委员长已下令要南京守军撤退，你赶快到浦口来，我现在要胡宗南在浦口等你。"

唐生智："前线如此紧急，被突破的地方很多，如何撤退？"

顾祝同："你今晚务必撤退过江。"

唐生智："有许多事情应该与各部队长交待清楚，才能撤退，不然，以后责任，由谁来负？"

顾祝同："你留个参谋长交待一下就行了，今晚赶快过江吧。"

唐生智："那不行，至迟也要明晚才能撤退，我不能只顾一人的死活，不顾军队。"

顾祝同："敌人已到六合，情况非常紧急。"

唐生智："今晚要我过江是不行的。"

顾祝同的电话，把唐生智彻底搞糊涂了。之前蒋介石一直说要死守，所以自己一点也没有要撤的心理准备。到了晚上，唐生智又收到蒋介石亲自发来的电报——而且是连发两封——内容都是一样的——撤退！

不过，尽管唐生智11日中午就接到了撤退通知，却到12日下午5点才下达撤退令。从这种延迟来看，他还是想继续死守的。促使他最后下定决心传达撤退命令的，是12月12日急转直下的战斗形势。

台湾"国史馆"存放着1937年12月16日，在南京保卫战结束三天以后，南京卫戍司令长官唐生智和副司令长官罗卓英、刘兴向蒋介石呈报的一份战报。这份和前面介绍过的12月24日战报不同，24日的战报内容较为详细，而16日的文件只是一份初步的简报。

简报的内容是抄在抬头为"国民政府军事委员会办公厅机要室来电纸"的信笺上的。因为电报发送速度比寄信快，但费用较高，所以唐生智选择通过这种手段先发一份简明的报告，再系统地撰写正式战报。

"申中山门城垣被敌轰塌三处，紫金山东部火光四起，据报敌一部由采石矶渡江进犯，江浦、乌龙山江面，发现敌舰三艘，徐军阵地亦被突破数幢，已退守乌龙山，附近情势益急。"

申时，就是15点到17点之间。中山门和紫金山，都在南京的东面。防守的形势就显得更加严峻。如果这种情况继续下去,守城战就要变成巷战,战况将会十分惨烈。

12月12日,从拂晓起,敌人的飞机、大炮即密集地向各城门轰炸,坚固的城墙被炸得石块乱飞,四周的房屋倒塌着,城墙洞开,城里的士兵可以看到城外的敌人。30余架敌机盘旋天空。到正午12点,第88师雨花台的主要阵地全被敌军占领;唐生智调动第154师去增援阻击正在中华门进入的敌人,同时,雨花门及中山门城垣有好些地方给敌人炮毁,敌军乘隙钻进,万千国民党士兵自发地迎了上去,用自己的身躯阻遏敌人的长驱直入。

当日下午5点,在极度危急中,唐生智师长以上各将领在唐公馆开会,这是南京卫戍战中的最后一次会议。

会议一开始唐生智便宣布:"南京现已十分危急,少数敌人已经冲入城内,在各位看来,是否有把握继续守卫?"大家面面相觑,空气冷寂到使人寒颤。

唐生智不得已向大家公布了蒋介石的电文:"如情势不能久守时,可相机撤退,以策后图。"并表示:"战争不是在今日结束,而是在明日继续;战争不是在南京卫戍战中结止,而是在南京以外的地区无限地延展,请大家记住今日的耻辱,为今日的仇恨报复!各部队应指出统率的长官,如其因为部队脱离掌握,无法指挥时,可以同我一起过江。"

此时的唐生智比谁都明白,松井石根带领的侵华日军已经有能力从水路封锁这座城市。如果日本陆军占领北边的浦口,完成了东西南北四面的合围,撤退就更加困难了。

1937年12月16日,南京卫戍司令长官唐生智和副司令长官罗卓英、刘兴向蒋介石呈报的战报记载:"十七时召集各军长会议,决定分头突围,当晚实施,另电呈报。"这里的分头突围是什么意思呢?

根据唐生智出示的书面撤退令,除了司令部直属部队和第36师要渡江以外,其他部队都必须从正面突围。正面突围,意味着直接冲出侵华日军的封锁线,危险性是不用说的。而渡江撤退,就可以避免遭遇敌军。

但是,渡江需要用船。为了表示破釜沉舟的决心,唐生智此前已经命令撤走下关到浦口间的大多数运输船。因为蒋介石下令撤退得过于突然,到这时，能够找到的只有几艘小火轮和为数不多的民船。这些单薄的运力，在短短一个晚上，也就只能运送两个师，根本无法运送大部队。

正因为这样，对于唐生智来说，带领部属撤离南京的难度，绝不亚于之前的每一场战斗。"散会后，返铁道部，交通阻隔，已不能入。原定偕宋军长渡江计划，不克实现。职等于是夜九时渡江徒步至六合。"

文中提到的宋军长，就是第78军军长宋希濂，他同时兼任第36师师长。按照撤退令的部署，司令部直属部队要会同第36师一起渡江撤退。根据唐生智的记载，他走到铁道部的时候，发现交通拥堵，已经没法找宋希濂按预定计划行动了。所以，直到晚上9点，唐生智才艰难地出挹江门渡江。

此时部队在接到命令后应该已经开始实施撤退，却发生了交通拥堵。原来，大多数部队根本没有像书面命令的安排那样，从正面突围。相反，他们争着往挹江门跑，以为那里有船能保他们渡江。

严格遵守安排、正面突围出城的部队只有两支，一共2.6万人。其他的部队，都是要冲挤挹江门的。据考证，实际上从挹江门撤退的士兵有大约10万。在短短一个晚上的时间里，10万大军都要通过挹江门撤走，道路肯定拥堵。

但是，明明已经说好了，只安排小部分部队渡江，为什么十万大军却都一拥而上？这是因为，唐生智在下达书面命令之后，又做了口头的补充命令。

根据唐生智在战报中的记载，他口头允许其他部队在有轮渡时过江，向江北集结。但在撤退过程中，其他部队根本不知道有多少轮渡。正是这一命令，造成了撤退的混乱场面。当唐生智终于冲出拥堵，来到挹江门时，却发现刚刚路上的混乱，不过这仅仅才是个开始。

一边是只能送两个师渡江的运力，一边是等着过河的10万大军，人多船少，因为拥挤而发生了不少事故。第36师士兵方振东回忆道："没有船了再撤啊。你再上船，他再上船，到了江中人多，挤歪了船就翻了。这样子死好多人啊。又不是打死的。都自己在那儿翻船翻死的。就是在那儿乱的没有人指挥了。"

尽管船上很挤，有翻船的危险，但能上船的人还是比较幸运的。很快，不少人就发现，江边连船也没有了。

南京大屠杀纪念馆收藏着一份时任教导总队排长李慕超的回忆录手稿。根据唐生智的指示，李慕超的部队担负着断后任务。为了掩护大部队撤退，李慕超等人在12日晚上仍然在坚守阵地，吸引敌军火力。

李慕超回忆录手稿

所以，到了将近黎明，他们才撤往江边。天快亮了，李慕超却发现，"下关的情况，更加紊乱，群龙无首，欲渡无船，人人面面相觑，望江兴叹"。

要知道，到了13日上午，侵华日军就要大规模进城了，但江边还有大批军人滞留，而且连船都没有。他们决定自己找木料、扎木排。当终于做完准备，划船到江中时，李慕超看到了这样的景象：

"这时已日上三竿，满江尽是人头浮动，有军人，也有民众；渡江工具，有水缸、木盆，也有竹床、木板，凡是可以浮起的工具，几乎都用上了。"

在宽阔的长江水面上，连临时仓促扎起来的木筏也不一定能吃得消。用水缸、木盆当成船只过江，遇上些风吹浪打的，到底有多危险，是不用想也能知道的。但在那时，江上风浪带来的危险还算是小的。一个更大的威胁正在朝他们逼近。

这个威胁，就是正在长江横行的侵华日本舰艇。他们见到中国船就打，连竹筏、水缸、木盆都不放过。一位幸存者——87师518团士兵李文秀回忆当时的情况：

"下关叫日本人炮击打死三万多。江里2.8万多……东北角就有一个八卦洲。八卦洲都是沙滩，沙滩北边还有江，北边不能走大船、小船啦。结果日本人跑进来5个船，剿这个八卦洲。八卦洲死3万多。"

这些数字，揭示了当时从挹江门撤退的官兵九死一生的处境。而那些来不及从挹江门渡江的官兵，其中有不少人也成为侵华日军大屠杀的对象。

唐生智后来回忆说，这是他一生中最黑暗的夜晚。12月13日，南京沦陷。在日军攻进南京城的时候，那些留在城里的人，完全无法保护自己。他们是孩子、老人、妇女和放下武器的士兵。他们此时只有听天由命。

唐生智在他的回忆录里对撤退的过程记叙得异常简略。因此无从知道他在离开南京的时候到底有些什么感想。他的回忆录里不但没有写出心理活动，连到底是怎么离开的、沿途看到什么、听到什么，都没有记载。

这种耐人寻味的现象，似乎可以证明，那恰恰是因为这种记忆过于惨痛，所以他不愿再次提起。正如他自己所说的，这是他一生中最黑暗的夜晚。不过，在一份档案里，仍然可以找到唐生智心情的一些蛛丝马迹。

唐生智12月24日给蒋介石的战报，开头写道："职等奉令卫戍南京，即不能为持久之守备，又不克为从容之撤退，以致失我首都，丧我士卒，比以待罪之身来鄂晋谒，反承温慰，并觉惶悚。"

唐生智提到自己的失误，称自己为"待罪之身"，自责的情绪是很强烈的。不过，本来是做好被处罚甚至被杀头准备的唐生智，却被蒋介石用温和的语气慰问。预想和实际之间这样大的反差，反而让唐生智感到"惶悚"。

蒋介石之所以没有处分唐生智，是因为他明白，南京大撤退时发生的悲剧不是唐生智一个人的错。要知道，作出死守南京决策的人，在11日连下三次命令要求唐生智撤退的人，不是别人，正是蒋介石自己。蒋介石虽然没有处分唐生智，但后来也一直没有再重用过他。

唐生智的义子王仁守回忆了唐生智老年时的一段故事。有一天，唐生智半躺在沙发上静静地抽烟，王仁守和唐生智的其他亲友一起围坐在旁边。忽然，唐生智问："你们当中有南京一带的人吗？"有人点头之后，唐生智又不停地抽烟，一句话也没有说。

过了一会儿，他喝了一口茶，目光凝视窗外说："南京撤退后，在滁州会上，我踢翻了桌子。"接着，他时而沉默，时而自言自语地说话。最后，唐生智猛地站了起来，大声说："好了，责任我负！后来委员长来电撤退，说由他负责！"讲了这句话以后，室内一片寂静。

唐生智摇了摇头，挥了挥手。大家明白这位老人的意思，纷纷告辞，留下唐生智一个人对着窗外，陷入无尽的回忆里。

1970年，在长沙的湖南医学院，已经被诊断为肠癌晚期的唐生智，在几个儿子的照顾下度过了生命的最后一程。他一句话也没说，右手指着南京的方向，轻轻地闭上了眼睛。

一个美国女人眼中的南京大屠杀

1937年，在中国南京，发生了震惊世界的大屠杀。一个美国女人当时就在南京。在那段惨绝人寰的日子里，这个女人都经历了什么？她的死为何在中国引起了巨大的反响？这个女人到底与中国、与南京有着怎样的故事？

1941年5月14日，在美国印第安纳州的一间普通公寓里，一个美国女人用布条堵住门窗的缝隙，然后打开煤气，静静地躺在床上自杀了。而在桌子上，人们发现了一封字迹潦草的遗书。

"我在中国的传道以未成功而告终，与其精神错乱而痛苦，不如死去更轻松。"

这个女人没有双亲，没有家庭，她在密执安州的弟弟把她的遗体运回了一个叫雪柏的小镇，简单地进行了安葬。在当时的美国只有很少人知道曾经有过这样一个女人，更很少有人问起，她为何如此痛苦，甚至选择结束了自己的生命。

但在中国，她的死引起的关注远远超过美国。美国基督教传教会把她的死讯带到中国的时候，人们纷纷自发集会，组织悼念活动，甚至当时已经转移到重庆的国民政府也表示了沉痛哀悼，还授予她一枚精致的银质奖章，代表了政府最高的敬意。

1937年，在中国南京，发生了震惊世界的大屠杀，这个美国女人当时就在南京。在那段惨绝人寰的日子里，这个女人都经历了什么？她的死为何在中国引起了如此巨大的反响？这个女人到底与中国、与南京有着怎样的故事？

这个女人，名叫明妮·魏特琳。1886年，魏特琳出生在美国伊利诺伊州的西科尔小镇上。1912年，26岁的魏特琳以优异的大学毕业成绩加入海外基督教传教士联合会，并被派往中国传教。能到这个遥远而又古老的国家传教，让年轻的魏特琳感到十分兴奋。

魏特琳来到中国以后，对古老的中国文明充满了

明妮·魏特琳

好奇，她甚至根据她的姓（Vantrin）的谐音给自己取了中文名字——华群。但同时，魏特琳也深深地为中国落后的妇女教育担忧，她很同情这些不识字的中国女人，想要为她们做点自己力所能及的事。

1919年，魏特琳应金陵女子文理学院聘请，来到南京。金陵女子文理学院，原名金陵女子大学。魏特琳在学校里负责教务工作。来到南京后，魏特琳十分喜欢这个城市，她刚到金陵女子文理学院时就曾写信给纽约友人说："你不知道来南京这儿有多好！"当时的南京是国民政府首都，风光秀丽、景色宜人，一派繁华景象。魏特琳喜欢园艺，她在金陵文理学院栽了许多玫瑰和菊花，也常去中山陵的花房，还喜欢在明孝陵附近的小径中散步，春天的时候，那里经常会弥漫着桃李花香。

魏特琳对待工作更是兢兢业业，她一心扑在金陵女子文理学院的教学上，与学校的老师和学生结下了深厚情谊。可让魏特琳万万没有想到的是，这座她心爱的城市，后来迎来了一场巨大灾难。

在金陵女子文理学院任职期间，魏特琳向在华的外籍人士募捐，建成了新校舍。她还倡议学校招收附近的贫困孩子，并在中国开创了学生教学实习制度。1937年七七事变后，侵华日军开始大举入侵中国华北地区。金陵女子文理学院的入学日期也因此推迟。北方的战火，让魏特琳隐约地感到中日之间这场战争不会轻易结束。8月12日，魏特琳决定开始动笔写日记，记录每天发生的事情。

魏特琳当时认为，南京是中国的首都，战火一时还到不了这里。在8月12日第一篇日记

南京失守后，国民政府迁往重庆，沿海机关、学校、企业大规模内迁

中，魏特琳记录着，金陵女子文理学院准备在下一周安排进行入学考试。可让她没想到的是，第二天，报纸上就报道了上海爆发战争的消息，日军离南京越来越近了。

8月15日，南京上空出现了日本飞机。这些飞机每天要在南京城轰炸十几次，魏特琳没想到日本人来得这么快，她和学校的老师们开始组织工人和学生挖掘防空洞用来避难。那时，相隔不远的上海已经成了绞肉机，中国军队以每天拼光一个师的代价进行着拼死抵抗。南京城的情况越来越危急，金陵女子文理学院大部分师生开始向后方撤退。

金陵女子文理学院和美国使馆几次劝说魏特琳离开，但都被她拒绝了。她认为，自己有责任保护金陵女子文理学校，保护这座古老而美丽的都城。

魏特琳与其他三名自愿留下来的教师组成了留守委员会，由魏特琳担任金陵文理女子学院代理校长。

南京大屠杀遇难者同胞纪念馆里保存着由日本军部发给魏特琳的在南京的通行证，上面写着：通行许可证，支那派遣军总司令部。氏名一栏写的是魏特琳的英文名字。现居住所，金陵女子大学（即金陵女子文理学院）校园内。"南京到上海（往复）"，也就是说，她可以拿着这个通行证自由出入南京和上海。

原来，就在12月初，战况越来越危急，驻南京的美国大使馆给仍滞留南京的美国人发出了最后通告。通告也送到了魏特琳手中。

通告上要求，魏特琳必须在三项选择中选一项，并签上自己的姓名：1. 现在就走；2. 过些时候再走；3. 在任何情况下都不走。魏特琳坚决地选择了第三项，在任何情况下都不走。

在那一天的日记中，她写道："这也是我的使命，就像在危险之中，男人们不应弃船而去，女人也不应丢弃她们的孩子一样！"

就这样，魏特琳留在了南京城，此时，她已经顾不得考虑自己的安危，开始抓紧一切时间，利用所有条件，为保护难民做准备。

魏特琳认为，金陵女子文理学院地处使馆区，结构也十分牢固，作为难民收容所是再合适不过的了。日军空袭南京后，这里开始收容女人和孩子。像中央医院、气象台这些单位也向魏特琳提出过征用校舍的请求，但为了保护难民，魏特琳都拒绝了。日军空袭的次数越来越多，人们纷纷涌进难民区，许多小孩子也跟着家人住了进来。魏特琳十分怜爱这些孩子，还会尽力给他们找一些糖和奶粉吃。

在小孩子们的眼里，魏特琳的形象是高大威严的，更是温和慈爱的。在金陵女子文理学院避难的这段日子，也成了许多孩子永生难忘的记忆。

这些孩子里，有一个小姑娘叫熊秀芳。如今她已成为白发苍苍的老人。1937年，她只有12岁。日军空袭南京城，熊秀芳家赖以生存的杂货铺在轰炸中被夷为平地，一家人的生活从此失去了着落。熊秀芳当时就躲在金陵女子文理学院里避难。

南京城的爆炸和杀戮像电影一样留在这个12岁小女孩儿的记忆中。在她的印象里，有时随着爆炸声，校园里还会散落很多油纸，这些纸上写着一些她看不懂的字。

熊秀芳看到的这些油纸是传单，传单上面用中文写着"南京政府灭亡"，还写着"前线党军之抵抗，群龙无首，宜急速投降日军，以谋生命之安全。"就是说，南京政府已经亡了，大家快投降日本人，这样可以换一条生路。

南京政府当然没有亡，事实上，留守南京的国民党军队仍在顽强抵抗。12月初，南京卫戍司令宣布军队撤离，但仍有许多下级军官拒绝服从命令，大量士兵与大炮仍留在安全区。

日军的空袭越来越猛烈。城内许多有钱人早已离开，原本穷困的人只能四处奔走。不知道从什么时候开始，坊间开始流传这样一则消息，金陵女子学院的校舍是美国人的，日军的飞机不会轰炸那里，那里有位华小姐专门接纳难民。

熊秀芳回忆当时情况说：躲到华小姐那块保护我们。一个告诉一个，你传我我传你，又不要钱到里头逃难，女人，男人不行。躲着，就住在那儿，它不丢炸弹了，安全。

熊秀芳口中的这个华小姐就是华群，也就是魏特琳的中文名字。当时金陵女子文理学院只负责接受女人和孩子，男人想要避难，可以躲在附近安全区内。据熊秀芳回忆，每当轰炸来临，金陵女子文理学院的草坪上总是会铺上一面巨大的美国国旗。

来校园中避难的人们，许多都没有见过魏特琳，也不知道她到底叫什么，但她们都知道在这里非常安全。但这安全，却也维持得那么短暂。

魏特琳当时认为，美国作为非交战国的第三方，会在战争时受到交战双方国的保护和尊重。她认为只要在金陵女子文理学院里铺上美国国旗，日本人就会明白这里是美国人的地方，就不会为难学校里面的难民。然而，后来的事实证明，她想错了。

1937年12月13日，日军的重炮彻夜轰击着城门。由于担心出事，那天晚上魏特琳和留守的教师没有一个人是脱了衣服睡觉的。事实上，魏特琳一夜都没怎么睡。在半睡半醒的状态下，她感到日军似乎在追逐撤退的中国士兵，并向他们射击。凌晨5点过后，魏特琳起床来到学校前门，看门人对她说，刚刚有大批撤退的士兵从门前经过，有些人还向他要了一些老百姓的衣服。在日记中，魏特琳写道："我们对今后几天的命运毫无把握。大家都疲倦到了极点。几乎在所有场合，我们都发出低沉疲倦的呻吟——周身的疲惫。"

这一天，南京沦陷了，金陵女子文理学院成了老百姓保命的地方，许多难民涌向这里。魏特琳劝说男人们去安全区别的地方，一再向他们解释，这里只可以收容他们的妻子和孩子。南京沦陷后，熊秀芳紧张地躲在学校里，亲眼目睹了发生在金陵女子文理学院里面恐怖的一幕幕。

12月14日这天晚上，熊秀芳刚入睡，就被一阵急促的脚步声吵醒了。她后来回忆道：她（魏特琳）事前就告诉我们了，你们该做什么就做什么，日本人来了，他问你们话，你们又不懂，你们不要吱声。"有七个日本人吧，她陪着他们，看着我们这些人，每层楼都看看，跟着她来，跟着她去。"

魏特琳这两天不停地应付来检查的日本兵，刚开始，只要魏特琳说，这里是美国人的学校，日本兵进来转转就离开了，但后来，日本兵彻底无视这一切，甚至有日本兵闯进学校，试图扯掉挂在学校里的美国国旗。

看着难民们慌乱的表情，魏特琳不住地叹息，她觉得曾经那个充满希望和活力的首都南京，此时已成了一个可悲而破碎的空壳，街上空无一人，所有的房子一片黑暗，充满了恐怖。

"1937年12月16日　星期四　今天，世上所有的罪行，都能够在这座城市里找到，昨天，三十名语言学校的女学生被抓走，其中一位女孩仅十二

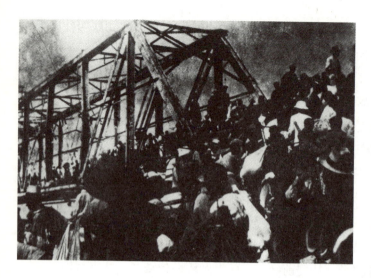
战争引起的难民潮

岁，今晚，一辆载有八到十名女子的车从我们这经过，我不知道今天有多少无辜、勤劳的农民和工人被杀害。我们让所有四十岁以上的妇女回家，与他们的丈夫和儿子在一起。仅仅让他们的女儿和儿媳留下。今夜，我们要照看四千多名妇女和儿童，不知道在这种压力下，我们还能坚持多久，这是一种无以名状的恐怖。"

魏特琳在日记中还写道：这一天是她人生中最黑暗的一天。

日军进入南京城后，进行了惨无人道的屠杀。中国居民不分老幼，或者被枪杀，或者被活埋。长江被染成了酱汤色，好像一条黑带。南京城充满了呻吟，到处可见血泊、尸体和痉挛的手脚。整个城市像哑剧般的寂静。此时的南京城已成了人间地狱，几乎每天都有几百人甚至上千人来到金陵女子文理学院门前，希望魏特琳能够收留他们。金陵女子文理学院里的难民越来越多，一些老年男子也被同意住在中央楼的教工食堂里。

对难民们的管理，成了魏特琳此时棘手的问题，尤其是这么多难民每天吃什么，成了魏特琳最急需解决的问题。

魏特琳和一些留在南京的外国人，在安全区搭起了粥棚子。粥棚是用竹竿建的，棚内支一口大锅，用来煨稀饭。这些粥都不要钱，吃不上饭的人，就拿着碗和钵子，在粥棚这儿排队等候，一人一次，一次可以盛一勺。

在金陵女子文理学院里，吃饭也都是免费的。但一些家境稍微好点的人，会自己带米到学校吃。然而熊秀芳算是后一种，为了不给学校增加负担，自己带的米吃完之后，熊秀芳一家不得不想办法回家拿米。

难民所里流动性很大，有些人牵挂家人、房子，看外面不那么紧张，就进进出出的。这次熊秀芳临出学校前，魏特琳拉着她百般叮嘱，遇到日本人，就听他们的话，不要反抗，见机会再逃走，千万注意安全。

魏特琳的心里十分痛苦，她实在不忍心让这么小的孩子冒着风险回家拿米，但她没办法，学校里的粮食实在有限。这是熊秀芳第一次离开魏特琳的身边，她和父亲刚走到校园外不远的街道上，眼前的景象却令她一步都迈不开。街道上遍地是遇难者的尸体，很多尸体的面目被猫狗啃了。

熊秀芳被吓得哇哇大哭，父亲让她闭上眼睛，两人艰难地跨过一具具尸体，直到他们听到一个男孩子的声音。

熊秀芳和父亲遇到了一个剃平顶头的中国小男孩，小男孩乐呵呵地对父女俩说："我要去羊公井，我回家看我奶奶去，奶奶在家看门。"

男孩的声音很好听，熊秀芳偷偷睁开了眼睛，男孩十五六岁的样子，熊秀芳很想对男孩子说点什么，还没等

日军活埋中国南京的平民

张嘴，身后传来的脚步声和听不懂的语言令她立刻僵在原地。熊秀芳立刻意识到，那是日本人。

"人家告诉我们的，日本人喊你你就去，把帽子脱掉向他行行礼，这个（娃子）他就跑，啪嚓一枪，准得很把这娃打死了。""我

问我家老子，我说那个娃呢，（父亲说）给日本人杀掉了。"

一起走的小男孩被日本兵打死了，熊秀芳记住了魏特琳的话，站在了那里不敢动，看着还在嘻嘻哈哈的日本人一步步远去，熊秀芳已经被吓得不住地颤抖。

当熊秀芳和父亲取了米回到金陵女子文理学院，她哭着把刚才的经历讲给魏特琳听，魏特琳把熊秀芳搂在怀里，抚摸着她的头，对她说："好孩子，你是勇敢的，你带回来的米能救这里的姐姐们。"

自日军进城以来，魏特琳就没有好好休息过，收容妇女和儿童的金陵女子文理学院成了日军的目标，每天都会有日本兵到这里抓人。魏特琳经常坐到12点钟才睡，几乎每天晚上都是和衣而眠。她努力守护着金陵女子文理学院的1万多名妇孺，却左支右绌，防不胜防。

1937年12月17日，星期五傍晚，日本兵又来了。两个日本兵在学校的中央大楼前砸门，坚称楼内有中国兵，要求把门打开。魏特琳则称身边没有钥匙，并指着挂在院子里的美国国旗对日本兵说："这里是美国学校，你们没有权力进来。"魏特琳以为，这面美国国旗能够让日本人明白，这里是美国人的地方，能阻止他们行凶。

没想到的是，一个日本兵举手就掴了魏特琳一个耳光。

楼里虽然没有中国兵，但有中国姑娘，还有些尚未藏好的为伤残军人缝制的棉衣。被收容在学校里的女难民很多都住在这栋楼里，她们利用闲暇时间，为中国军人赶制了许多入冬用的棉衣。这些军衣可绝不能让日本兵看见！见日本兵要硬闯，魏特琳只好带他们从侧门进去，去了几个储备物品的房间。好在日本兵搜索得并不仔细。就在魏特琳准备松口气时，另两个日本兵绑着三个金陵女子文理学院的工友向校门走去。魏特琳赶紧跟上前去，一直跟到了学校大门口，她这才发现，几乎所有的金陵女子文理学院员工都已经跪在了那儿。

幸亏国际委员会的人及时赶到，日本兵这才走了。就在日本兵离开的时候，魏特琳发现，在学校的侧门，一群哭泣的女人被推搡着带上了日本人的车。

魏特琳怎么也没想到，这一切竟然是日本兵的诡计！他们假装搜查中国兵，把金陵女子文理学院所有负责人都骗到学校门口，其余的日本兵则潜进楼内挑选姑娘。这一次，被他们偷着抓走了12个中国妇女。

在那一天的日记中，魏特琳写道："我永远也不会忘记这一情景：人们跪在路旁，枯叶瑟瑟地响着，风在低声呜咽，被抓走的妇女们发出凄惨的叫声。"

日本兵越来越蛮横，任何国家的旗帜都不在乎了。他们想方设法到金陵女子文理学院抓姑娘，把这当成娱乐，称为摸彩。魏特琳很苦恼，要想个办法才行。

魏特琳决定去日本使馆控诉。去之前，她先来到美国使馆，气愤地把这几天日本兵在金陵女子文理学院的所作所为说给使馆负责人听，负责人听了，立刻给魏特琳写了两封介绍信。负责人告诉魏特琳，去日本大使馆找一个叫田中的参事，这事他能管。

当时，日本大使馆的日常事务就由田中负责。见到田中后，魏特琳要求他与日本军方联系，管好他们的士兵。她还要求田中以日本使馆的名义写一份禁止日本兵进入金陵女子文理学院的公告，并写封信证明学院里没有中国兵。

魏特琳本以为这个日本参事会为难她，可让她意外的是，田中痛快地答应了。这让魏特琳很高兴。她像拿护身符一样，期待着这些字条能给可怜的姑娘们带去平安。

但事情没那么简单。

到了学校，魏特琳把告示印了十好几份，贴在校园各个出口和学校里醒目的地方。那封田中写的证明信，魏特琳更是时时刻刻揣在怀中。

然而让魏特琳感到绝望的是，日本士兵完全不在意这些告示，日本使馆阻拦不住日本兵，日本军方似乎也没有教育和惩罚他们的士兵。日本人还是成群结队地往金陵女子文理学院闯。魏特琳开始意识到，跟那些日本兵咒骂撕扯要比跟他们讲道理管用得多。从那以后，只要有日本人出现，魏特琳就立刻出现在现场，对着日本兵大叫："滚出去，这里是美国人的学校！"大多数时候，这样的话对阻止日本兵还是管用的，但也有些日本兵不理会魏特琳的话，他们还会凶狠地盯着她，对她挥舞着带血的刺刀。

当时的金陵女子文理学院里只有魏特琳一个外国人，她只好整天在校园里来回奔走，就在这样的悲痛和反抗中，魏特琳与安全区里的难民迎来了新的一年。

1938年元旦，魏特琳在日记中写道：1月31日，星期一如果爆竹有驱散邪魔、给新年带来昌盛力量的话，那么来年肯定是幸福欢乐、丰衣足食的一年。天还没有亮，人们就开始放爆竹，不是零星的，而是响成一片，约持续了一个上午。这是一个阴郁、满是泥泞的日子。我感到非常遗憾，因为，中国的新年应该是一个阳光明媚的日子，然而人们不再说"新年好"，而是说"祝你平安"。

大规模的屠杀后，新的一年，日本人开始对南京城内进行管理，他们仿佛要把每一个南京城的中国人都记录在案。

1938年1月1日，日军在南京成立自治政府，自治政府成立后，日本人开始对在南京的中国难民进行户籍登记，宣称要用和平的方式治理南京城，并要求安全区在1月28日前解散。

所谓户籍登记，其实就是确定人员身份，方便日本军统治。它最直接的用途就是区别普通百姓和中国士兵，找出藏在百姓中的游击队战士和滞留在南京城内的国民党军人。

难民登记的时候，要接受身份检查，一些手上或肩膀上有老茧的人，就会被当作中国士兵抓走，然后杀害。许多干过农活的无辜百姓，都因为这个原因被抓走。金陵女子文理学院，当时被日军当成了登记点。操场中间放个小桌，一个日本兵在这里拿着笔记录，两个日本兵在队伍里来回走动，寻找可疑的人。

登记时，日本军官都通过翻译喊话，表示如果有"中国士兵"冒领了安居证被发现，下场会很悲惨。但是如果主动站出来，就会送他们回家。有不少士兵相信了这话站出来，就被日军带走了。登记持续了整整一天，焦虑和不安充斥着整个校园。

在这里登记的，主要是学校周边的男性居民。他们被日本兵组织起来，排好队等待检查。检查合格了，才可以领取良民证。这些登记的男人们，有的面容紧张，紧盯着前面负责登记的日本兵，有的则不知所措地张望。

在领安居证之前，要经过严格检查。一般10人左右的日本士兵会分列站成两排，这些男人们就从他们中间通过，日本兵会仔细检查他们的手掌、肩膀和额头，还会命令他们脱掉外衣。日本兵偶尔也会要求男人们说出自己的身份，回答清楚的人就没事，如果讲得慢了，都被视为形迹可疑，被带出登记队列，等着被送到郊外枪杀。

实际上，在登记队伍的另一边，还站着一群妇女。这些女人就是金陵女子学院的女难民。她们的神情和那些男人们一样紧张和不安，这些登记的男人们万万不会想到，后来，正是这些柔弱的女人救了他们的性命。

登记第一天的晚上，一个浑身湿漉漉的男人跑回金陵女子文理学院，请求魏特琳把他藏起来。魏特琳很惊讶，问他发生了什么事。

原来这个人是南京卫戍队的士兵，南京保卫战之后没有及时撤出，留在了城内。早上他也在学院这里登记，后来被骗承认了士兵身份。谁知，日本人把这些军人拉倒江边全部杀掉，他因为侥幸跳到江里才捡回一条性命。

听了他的讲述，魏特琳十分气愤，也为那些被杀的士兵感到惋惜。她决定，一定要想办法保护这些男人，不然这么下去，登记又变成了新一轮的屠杀。

整个登记工作要进行一周，实际上，魏特琳原本并不希望把金陵女子文理学院作为登记场所，她还找日本军方协商过这件事，看能不能换一个登记点。这里收容的都是妇女和孩子，让这么多男人在这里进进出出，显然很不方便。更何况，现在的问题是，这些日本兵整天待在这里，很有可能带来新的强奸和杀戮。

但现在，魏特琳不这么想了，她开始考虑怎么能救这些男人。刚才那个逃回来的士兵和魏特琳说起了这样一件事。他说，在别的登记点，那些身份不明的人，如果有家属来认领，说清楚身份，他们就会被放走。这引起了维特琳的注意。对呀，只要能证明那些人的身份不是士兵就可以救他们了。我们这些人，可以当他们的家属。

金陵女子学院的女难民

金陵女子文理学院这么多女难民，都可以成为家属，可以救这些男人！

当晚，魏特琳把女人们召集起来，给她们讲了这个逃回来的男人的故事。她对女难民们说，这些士兵曾经拼了性命保护过南京城，保护过我们。那些不是士兵的人们更是无辜的，他们是我们的同胞、兄弟，我们要去救他们。魏特琳把自己想好的方法告诉了大家，希望女人们明天能够冒充登记人的家属，证明他们的身份。女人们都点头同意魏特琳的话，她们想到自己这段日子以来受到的屈辱，对日本兵十分憎恨，一听到日本人又要杀人了，更是气愤极了。她们对魏特琳说，一定按照她说的去做，要把这些中国人救下来。

其实，魏特琳心里是很打鼓的，她不知道自己这个办法是不是太冒险了。但是，如果不冒这个险，明天那些被怀疑的人一定会被杀死。不能见死不救！魏特琳反复琢磨这件事，一夜未睡。最后，她决定，还是试试看。

第二天早上，魏特琳得到日本兵通知，当天将有2000人来登记。她鼓励女人们，今天要仗义相助。在难民营的熊秀芳对这件事记得很清楚，她回忆说："华小姐讲，她说今天啊，日本兵要拉两千人来，全是你们中国人，你们好心的人啊，把他们认一个，就能救一个下来，有的人老太，哎呀你是我儿子，就把他拉下来，救下来一个，后来那个女的讲，哎呀你是小孩子的爸爸哎，就把他救下来。"

说完这些话，魏特琳心里暗自祈祷，希望这个救人计划能够顺利。

上午，登记刚开始不久，就有二十几个男人被单列出来，成为被怀疑的对象。魏特琳的心怦怦直跳，早上告诉女难民的话她们有没有听懂呢？就算听懂了，她们会不会站出来呢？会不会有危险？

正在魏特琳担心的时候，一个女人走出人群，她指着单列出来的男人中的一个，对翻译说，这个人是我的丈夫，他一直都是在家里干农活的，不是当兵的。

这个翻译是国民党军队下等士兵，被俘虏后因为懂得些日语，被日本人招揽去做了翻译。他赶紧把这个女人的话翻译给日本兵，日本兵将信将疑地看了看她，竟然就放人了。魏特琳深深地松了口气。

整个一上午，女人们都陆续挺身而出。"这个人是这个女人家的，只是做小生意的；那个男的是这个女人的儿子，平时只在家中的田里干农活。"

翻译不停地忙活。魏特琳在旁边打着圆场，日本兵后来干脆拉出一个有嫌疑的男人问，这个人是谁家的，有人认识吗？

魏特琳本以为今天会顺利过去，但没想到，下午来了一个人，让她的心又悬了起来。

下午，负责金陵女子文理学院登记点的日本军官来了，他面无表情地看着登记队伍前移。他发现，一旦有可疑的男人被带出队伍，另一边就会有女人出来认亲。这个军官很疑惑，刚想问问怎么回事，又有个女人来认亲了。翻译向军官解释，这个女人是这个男人的母亲。军官仔细打量了一下女难民，严声呵斥道："你在撒谎！"

此时魏特琳就在不远处，听见他们的对话，立刻冲了上去。

魏特琳故作平静地对日本军官说，"这个女人确实已经很老了，只是长像显得年轻。"她又拿出自己的记录本，假装指给军官看："你看，她的资料在这，不会错的。"看到魏特琳来了，女难民开始假装哭闹，还不时地用脏手往自己脸上抹。军官挥挥手，示意他们赶紧走。之后，这个军官也没有再为难其他被救下的人，他可能是担心，再碰到哪个疯癫的女人，把自己的军装弄脏了。

等日本兵走后，魏特琳鼓励那个女人说，你救下了一个和你一样无辜、善良的同胞，这真让人骄傲。看着姐姐们勇敢地救人，熊秀芳也鼓起勇气认了个父亲，这让她后来高兴了好几天。

整整一天，魏特琳的神经都是紧绷的，但她的内心充满了喜悦和感动。在日记中，魏特琳写道："……我将永远不会忘记妇女们，有多忧虑地看着男士们在办理登记手续，并且有多勇敢地为他们的丈夫和儿子求情。"据历史资料统计，当天在金陵女子文理学院登记的2000人，全都领到了良民证！

在南京的艰难日子里，魏特琳每天都坚持把所见所闻记录下来，通过邮件或朋友转带，送出中国。她希望这些文字可以发表，引起国际舆论对南京的关注。

繁重的工作和恐怖的环境给魏特琳的身心造成了巨大伤害。1940年4月14日，她写下了最后一篇日记。日记的内容是这样的："1940年4月14日星期天 我快要筋疲力尽了，以前虽然工作进展缓慢，但还能有步骤地制定工作计划，而现在连这些也做不到了，双手也不听使唤。"

几天后，魏特琳病倒了。实际上，从1938年冬天开始，她就常感到自己容易倦怠，体力不支了，但她仍不肯接受别人的劝告回美国。她想再救人，再帮助难民们。可是她确实太累了，已经没有力气继续工作。

1940年5月14日，魏特琳离开南京，乘"亚洲皇后号"回到美国治病。在南京大屠杀最黑暗的日子里，魏特琳没有流露过一丝放弃或绝望的情绪。那些泯灭人性的虐杀、强奸和屠戮渐渐成了记忆，在以后的日子里不断发酵，渐渐压垮了她的神经。她甚至开始责备自己，为什么没有在中国多留些时日，那样就可以帮助更多人。5月底，魏特琳被诊断出患有严重的抑郁症。1941年5月14日，也正是魏特琳离开中国一周年的日子，在一间公寓中，她打开了厨房的煤气开关，结束了自己的生命。魏特琳去世后，朋友们在她的枕边发现了一张沾满泪水的照片，那就是在金陵女子文理学院避难孤儿的合影。

魏特琳去世的时候只有55岁，在这短暂55年里，魏特琳有28年时间都在中国，她把自己一半的生命都献给了这个国家！她全身心地投入到了金陵女子文理学院的教学和之后的难民救助中。在去世前不久，她曾对友人这样说："假若能再生一次，我还是要为中国人服务，中国是我的家。"

1941年，一个孤独的女人被安葬在密歇根州雪柏镇的一座公墓里。墓碑上面刻着中国古典式房屋的图案。屋体的英文写着"明妮·魏特琳，观音菩萨，到中国去的传教士"。而房屋顶部醒目的位置，则用中文隶书写着四个字——"金陵永生"。正是这四个汉字，饱含了中国人对魏特琳的感激和敬意，也饱含了魏特琳对南京、对中国的悲悯和眷恋。

是谁拍下了南京大屠杀

1937年12月，南京。侵华日军对30万中国平民和战俘进行了长达6个星期的大规模屠杀。

是谁拍摄下了记录南京大屠杀的胶片？又是谁将这些胶片惊险地带出南京？在这些胶片的背后，又隐藏着怎样一段故事？

1937年12月，南京。侵华日军对30万中国平民和战俘进行了长达6个星期的大规模屠杀，历史上称之为南京大屠杀。

记录了南京大屠杀的胶片，至少经手了两个人，经过艰难的辗转，在南京大屠杀发生10年后才得以公布于众。

拍摄了南京大屠杀的人，是约翰·马吉，美国人，一名基督教传教士。1884年10月10日出生在美国宾州匹兹堡的一个律师家庭。这个家族在当地势力不小，而且和政界有密切关系，家族里曾出过一位市长、一位美国国会议员。

在耶鲁大学毕业的马吉完全有从政的先天优势，但他似乎对权力的争夺没有兴趣，认为人性的善良才是最值得追求的。22岁的他选择了神学，就读于麻省剑桥圣公会神学院。毕业后，进入美国圣公会。

1912年，他以美国圣公会派驻中国牧师的身份来到南京。在南京下关挹江门外的道胜堂传教布道，一干就是26年。1937年12月3日，侵华日军即将侵占南京的消息传到了南京，马吉和他的秘书欧内斯特·福斯特接到了美国大使馆给他们的最后警告。

马吉和福斯特有三个选择，一是马上自行撤离，二是乘坐美国军舰撤离。但他俩选择了第三项：留在南京城内。

原来就在这天上午，马吉和福斯特刚刚参加了一场中英文化协会的聚会，这次会议上他们发现留下来的外国人比他们想象得多，而且这些外国人要建立安全区和急救医院的设想，得到了南京市长马超俊的支持。

福斯特在这一天的日记中写道："马吉和我决定选

约翰·马吉

最后一项，我们觉得应有尽量多的外籍人士合作，以保证安全区计划的顺利实施，这是提供给我们工作人员和信徒的唯一办法。而且，我们留下的决定也能鼓励护士和卫生员们忠于职守。"

福斯特在信中提到了两个他和马吉想留下的原因：一是要建立安全区，二是要鼓励医护人员工作。

决定留下建立安全区的外国人大概有20多人，他们组成了一个国际救济机构，定名为"南京安全区国际委员会"。这个国际委员会的主席是德国西门子洋行的商人约翰·拉贝。

约翰·马吉，也是该委员会委员，还是"国际红十字会南京分会"的主席。这个组织和国际委员会紧密合作，人员也基本是重复的，主要负责安全区内的医疗和急救。

委员们要建立的安全区，也叫中立区，就是在战争最危急的时候，外国人利用自己来自中立国的特殊身份，在一片区域内收留难民。所以，委员们根据自己的工作地点或住宅，在南京地图上画了一个圆。

安全区最初设置了20座建筑，后来还有增加，基本上都集中在南京市中心。其中包括金陵大学、金陵女子文理学院、最高法院、拉贝公寓，等等。马吉和福斯特共同管两个公寓，珞珈路17号和25号公寓。基本是一个外国人就要负责一处，安全区面积共计3.86平方公里。

安全区规划好了，国际委员会在南京城里贴出《告南京市民书》的公告，上面写道："这个区域以内的人民，当然比他处的人民安全得多啦，因此，市民可以请进来吧。"

但不久之后他们发现，这个占地面积已达到南京城八分之一的安全区，远远不能支撑他们一开始美好的设想，他们把日本侵略军想得太文明了。

1937年12月13日，南京沦陷。日军轰炸机在南京上空狂轰滥炸，荷枪实弹的日军破城而入，城墙被打开了一个个突破口，中华西门、和平门、挹江门陆续失守。日军从南京城南部地区攻进城后，又从市郊冲进市内。整座城市瞬间陷入炮火中，而此时，约翰·马吉正在主持一场礼拜仪式。布道才进行一半，电话突然响了，马吉意识到情况紧急，他拿起了电话。

要知道布道时是绝对不允许接电话的，马吉从来没有这样做过。这个电话是国际委员会总部打来的，要求他迅速赶到总部参加紧急会议。于是他把礼拜仪式交给了助手，自己匆忙赶去总部。

但事实上委员会没有开会，因为他们根本没办法坐下来开会，而是赶紧分头去顾自己的安全区了。马吉此时内心最着急的是看哪家医院能安排急救，他立刻和福斯特开车巡视南京城，他俩被路上看到的景象震惊了。

南京城已经不是他们熟悉的那个城市，轰炸的飞机、横飞的炮弹，把街道、民房、桥梁都炸得毁的毁，塌的塌，只剩下一片废墟。满街都是血肉模糊的尸体，他们不知道尸体中会不会有他们认识的中国朋友，曾经生活20多年的第二故乡，现在如同人间地狱一般。

马吉迅速收起悲伤的情绪，他现在最要紧的就是找一家医院安排急救，他知道按照国际法的规定，医院是不允许被轰炸的。但是，他马上就发现自己的这个想法有些天真了。

被日军屠杀的中国人的尸体

马吉和福斯特来到了中央医院，发现这里已经是一片狼藉，空无一人的房子里基础的医疗设备已经被炸毁，听说医生和护士也已经撤离了。他们又赶到南京卫生事务所，情况也是一样，设备被炸坏，就连药品也被抢走了。

接着他们又去看设立在外交部的军医院，马吉本来想把军医院设立为急救医院，但他刚到，就被门口守卫的日本人一把拦住了。

马吉在1937年12月写给妻子的信中描述了这个把他拦住的日本人："我们在门口遇到了一个怒气冲冲的军官，在这以前我们从未见过这种人，他说话声音听起来像狗吠。如果我是可燃品的话，他的那副模样就像要把我烧掉。"

把他们拦住的这个日本军官告诉马吉，医院已经被日本人占领，让马吉滚得远远的。马吉感到非常愤怒，他决定直接去日军司令部谈判。

"司令部在中央饭店，我见到了一位个子矮小、头长得尖尖的、留着小胡子的人，我通过翻译告诉他现在有很多伤员，我希望他能同意我在外交部军医院救助伤员。……但他说我必须等，我们失望地走了。"

医院被占领、急救陷入无限期的等待，马吉从来没经历过这种事，正是从这一天起，从来没记过日记的马吉拿起了纸笔，写信给远在美国的妻子，信里没有多少家常，全是对日军暴行的记录。

信全是拿以前的那种英文打字机打的，但在这一段话后马吉手写了两个词："moral endeavor"，即道义上的努力。马吉把他所做的看成是人道救助，在他眼里，无论是和平还是战争，人都应该有基本的道德底线。

但这次谈判无效之后，马吉不仅看到外交部，紧接着军政部和铁道部的军医院也全被日军占领。更恐怖的是，侵华日军不仅不救人，甚至将他们的枪口对准了无辜百姓。

马吉和其他外国人原以为，侵华日军占领南京城后轰炸和破坏就将停止，但他们不知道，一场惨绝人寰的大屠杀才刚刚开始。

侵华日军进城后肆无忌惮地在南京杀人、纵火、抢劫甚至强奸。他们丝毫不把安全区放在眼里，以搜查军人为由，从安全区里拉走1000多名男子集体屠杀，有时多达5000人，被屠杀的人中大多是无辜平民。南京任何一个池塘、山坡，或是空地，都变成了尸骨满地的刑场。而此时的南京城和整个世界之间隔着一道密不透风的墙，被战火笼罩的南京城，没有电话，也没有报纸和广播。日军不愿让自己的暴行败露，进行了严格的新闻封锁，不允许任何外籍人士摄影、摄像，对入城和出城的人员加以严格控制，大多数提前撤离的记者再也不允许入城。

南京此时就像是一座被世界遗忘的孤岛，侵华日军在这样的情况下给自己摆拍了一组影像，向世界演了一场南京一派和平的虚伪戏剧。

日军进城后为自己举行了一次入城式，装模作样宣传南京在自己的统治下一派和平。画面里日本兵给一个小孩糖果吃，和南京的农民坐在一起。

国际委员会的委员们此时意识到，也许只有他们留在了南京，并且能真实记录下南京到底发生了些什么。约翰·拉贝、福斯特、米尔斯，几乎所有委员都开始写日记、写信，想办法要把真相记录下来。

而约翰·马吉和别的委员不一样，他清楚地知道自己不只能写信，还有一台摄影机。

马吉当时使用的是一台贝尔牌16毫米摄影机，体积非常小，是一台手持型家用摄影机。它本来是教堂里用来拍礼拜仪式的，可以想象在当时那个年代，它是多么的稀有。

1937年12月16日，也就是侵华日军进入南京的第4天，马吉在他的公寓二层，悄悄把摄影机拿出来，进行记录南京大屠杀的第一次试拍。

马吉找了一个窗户角，然后把摄影机架在这个角上，用最快速度瞄好角度，马上将身体藏在窗户侧面。因为马吉知道一旦窗外的日本兵发现他在拍照，一颗子弹就能要了他的命。

虽然摄影机马吉已经使用过很多次了，但这一次，他特别紧张。他一只手扶着摄影机，另一只手轻轻地摁下了拍摄键。

短短几秒，没有声音，没有颜色。但他当时能拍到的，就是被战争摧毁成一片废墟的南京。

用房子做掩护，透过窗户拍摄，马吉用这种方法试拍成功，但他开始思考这种方法的问题，躲在窗户后面赶上什么才能拍什么，又耽误时间，但他又不能出去直接拍日军杀人的场面。

正当他琢磨着还有什么别的办法时，他突然听见公寓附近有枪声，好像是从另一个方向传来的，他想起一楼有冲那个方向的窗户，立马拿着摄像机下了楼，这次他拍到了十分惊险的画面。

马吉透过窗户能看见日本兵和一群中国百姓，就站在不远处。这群日本士兵正在从安全区里把中国男人抓出来，在他们中间来回走动，驱赶他们排成队列。这些中国男人因为被日本人怀疑当过兵，将要被带走集体杀掉。一个妇女正跪在地上向日本兵求情，哀求他们放掉自己的丈夫和儿子，但她的哀求无济于事。日本人还是将她的亲人带走了。

此时在窗户后面拍摄的马吉又紧张又愤怒又着急，几种情绪混杂在一起，便忍不住开始全身发抖，以至于他的镜头也跟着晃起来。

马吉坚持把这个事件拍完，但也就在这个时候，他猛然意识到自己可能错过了救人的最佳时期。他立刻收好摄像机，朝那片空地飞奔过去。

等马吉赶到，发现他拍的那些中国人已经被日本士兵带走了，走得无影无踪。

12月19日，马吉再次给妻子写信，他的第一句话就说："12月19日 星期天，过去一个星期的恐怖是我从未经历过的。我做梦也没有想到过日本兵是如此的野蛮。这是屠杀、强奸的一周。日本兵不仅屠杀他们能找到的所有的俘虏，而且大量杀害了不同年龄的平民百姓。"

马吉在这天回忆了他过去几天做的事情，写下的文字足足有三页半，大多都和救人有关。

"街上到处都是找女人的日本兵。欧内斯特和我，或是我们两人中的一个，必须随时待在和注意圣保罗堂信徒和随着我们来的其他难民的屋子和舒尔彻·潘丁的房子。"

他说的房子就是他负责的那两栋公寓，两个公寓里面已经住了200多个难民，连卫生间和过道也住满了。马吉白天去附近被炸毁的房子里寻找库存的食物，保证难民们每天能吃上两顿饭，晚上则睡在客厅的地板上守夜。

在任何灾难面前，救人还是拍摄，总是让人难以取舍。虽然马吉摁下了暂停键，但是就在他暂停拍摄的这几天里，他终于建起了一所急救医院。

鼓楼医院，这是它后来的名字。这家医院原本是金陵大学的附属医院，相当于一个大学的医学院，不算很大，只有一些基本的药品和医疗设备。

但因为它在金陵大学之内，所以从一开始就受到了安全区的保护，马吉将红十字旗挂在鼓楼医院门口，以避免日本士兵的侵犯。他到处招募医护人员，并把带有红十字标识的袖标发给他们，保护他们的生命安全，鼓励她们坚持在鼓楼医院救治伤员。

由于医院里只有一辆救护车，而街上需要被拉到医院里救治的伤员太多了，马吉就和大家用篮子、扁担和绳子，做成了临时救护车。

这样的篮子只能运一个大人或两个小孩，他们就只好一趟一趟运。医护人员里会点儿急救知识的就做护士，不会的就帮忙搬运伤员，这些医护人员大多是来投靠马吉的难民，或是医院里已经被治愈的病人。

伤员最终被运到鼓楼医院，都是由一位医生医治的。这个医生叫罗伯特·威尔逊，是马吉红十字会的委员，马吉再次拿起摄影机，也是因为他。

罗伯特·威尔逊出生于南京，后来去哈佛医学院读完博士，又回到南京从医。1937年，他才31岁，送走了妻子和刚出生不久的女儿，自己选择留下来。

威尔逊是唯一一位留在南京的外科医生，他一天要在鼓楼医院做10例以上的外科手术，包括截肢、取子弹、眼球摘除，等等。他和20个护工收治了150个伤员，医院里所有的病床都住满了，他们仍然不停地收治新的伤员。

威尔逊医生在21号收治了一位孕妇，她因身中28刀而流产。他对这位孕妇的遭遇感到很愤怒，于是将这件事特别告诉了马吉，马吉第二天便拿着摄影机来到鼓楼医院，拍下了这段画面。

这个19岁的姑娘叫李秀英，当时已经怀孕7个月，一个日本人要强奸她，她进行反抗，因此被日本人用刺刀刺了一通，她的脸上和胸部被刺19刀，腿上8刀，肚子上1刀有2英寸深，因此她在被送来一天后就流产了。

这一天，马吉发现鼓楼医院里的每一个伤员背后都是一段死里逃生的惊险遭遇。他拿着摄影机，又拍摄了另外几个病人的画面。

一个约11岁的小女孩，和她的父母当时站在难民区的一个防空洞附近，日本士兵用刺刀刺死了她的父亲，开枪打死了她的母亲，还用刺刀刺中了她的肘部，这一刀使她终身残疾。一个7岁的男孩，肚子上被刺了四五刀，已经死了。一个农民，他和很多人一起被集体抓走，因为站在最后一排，没有被机关枪扫射到幸存了下来……

马吉之所以选择这几个伤员，是因为他们正在被威尔逊治疗，伤口暂时裸露在外面。他基于这样的考虑，决定隔一段时间就来鼓楼医院拍一次伤员。

从拍摄李秀英的这一天开始，一直到1938年1月，大多数镜头是马吉在鼓楼医院里拍摄的。马吉在这期间一共拍摄了近30起大大小小的案例，由于影片无法记录声音，马吉就把每一个案例都写成一段话。

其中写得最长的，就是南京大屠杀的幸存者夏淑琴老人的遭遇。夏淑琴当时只有7岁，如今她回忆起这段痛苦的记忆仍很是清晰："日本人进来的时候，连捅我三刀，当时我就死过去了，等我醒过来的时候，看见我妈妈就睡在桌子外面，衣裳已经给扒掉了。我的小妹妹就死在院子里头，没一个活人了。然后那个时候，拉贝先生就叫马吉，马吉是拍照的，他当时就叫马吉，派人到我家照相。"

30名日本兵闯入位于中华门内新路口5号的一所房子里，房子里除了夏淑琴一家还有隔壁哈氏一家，一共13口人，日本兵用各种残忍的手段杀死了11人，7岁的夏淑琴和她4岁的妹妹因为晕死在被子下面，后来被邻居救了。马吉拍摄的画面中，地上的尸体就是这所房子的主人，他们都死在了自己家的院子里。

1937年12月16日，马吉从第一次试拍成功，到12月22日第一次在鼓楼医院拍摄伤员。马吉在接下来的日子里，尤其是在南京大屠杀最恐怖的1月，用有限的胶卷拍下了血腥、令人发指却无比珍贵的马吉默片。

一个日本士兵杀了她的丈夫和孩子，她的手臂上有子弹创伤。

长江上一条小船的主人，日本兵向他开枪后，又在他身上浇上汽油焚烧，虽然他拖着身子逃到医院，但还是死去了。

他因为日本兵向他要女人，他说没有，日本兵用刺刀朝他的脖子砍了两刀。

两名日军将她带至一所空屋内，将其强奸，并用刺刀欲砍其脑袋未遂。除了脖子上的4处刀伤，手腕和身上还有5刀，她的身体已经完全瘫痪。

一个14岁的男孩，仅仅因为一个日本兵管他要香烟，而他没有，就被铁棒打。

南京警察部队的一名警察，叫伍长德，他与1000多人被日军抓至汉中门外屠杀，他先被斧子砍，后因站在最后一排，机枪扫射时未被击中，倒地装死而幸存下来。

拍摄这些画面的马吉后来告诉妻子：重复这些令人恶心，但应该把它们记下来，这样，这些真相才能有一天公诸于众，假如当时能有更多胶卷就好了。

关于马吉的胶片,其实一直都有一个谜。当时马吉把拍完的胶片藏在哪儿了?

20世纪30年代使用的摄影机,胶片是很珍贵的,马吉每次拍摄就拿一截胶片卷在摄影机上,一次不能卷太多,每次拍完之后,把摄影机装进一个不透光的袋子里,把这一截胶片取下来,卷成卷,他在1937年12月和1938年1月一共拍了8卷。

但马吉自己住的地方是不可能藏这8卷胶片的,在12月19日的信中,他这样写道:"下关仅存的建筑物是我们的房子,美孚石油公司以及扬子江饭店。我们房子的前门被砸得粉碎,房子里面一团糟,所有抽屉都被堆在地板中间,三楼所有的箱子都被砸开。"

下关的教堂因为在南京城郊,虽然建筑还在,但早已经被日军洗劫一空。马吉后来搬到了城内他负责的那两栋公寓里,但公寓里住满了难民,时常有日本人骚扰,显然不够安全。拍完的胶卷必须藏在一个日本人绝对看不见的地方。

当时最安全的地方,是南京广州路小粉桥1号,约翰拉贝的家。现在比较公认的说法是,马吉把拍完的胶片都交给了拉贝,拉贝把他们藏在了自己办公室里的保险柜中。

但拉贝在1938年2月11日第一次公开马吉胶片之前,都没有写过一个字是有关胶片的,这显然是一种刻意的隐瞒,而这种隐瞒其实很好理解。

约翰·马吉拍摄的南京大屠杀胶片

当然,重要的证据最后藏在哪儿,是绝对不能写成文字的。假如有一天拉贝日记暴露了,马吉的信寄丢了,如果谁都没写下相关文字,胶片最终还是能保存下来。

但是,这些胶片不能留在南京,光是藏着,早晚有一天要出问题。更重要的是,及早把已经拍完的画面送出去,才是他们最终的诉求。他们想尽快将真相大白于天下，侵华日军的暴行，才有可能在世界的谴责声中停下来。

为了封锁南京的新闻消息，侵华日军要求派驻南京的西方媒体记者在12月15日前撤离，12月15日之后禁止一切中外人员，包括外国新闻记者，进出南京，既不让任何人离开南京，更不允许任何人进入南京。日军不仅派重兵把守南京的各个城门，并且占领了南京的火车站、码头等交通要道，设立严格的岗哨。

要想突破封锁离开南京，国际委员会的委员们只有一个办法，就是向日本军方申请，拿到他们给的通行证，这是唯一出去的可能。

除了通行证，还要考虑一个问题，走了就不一定能回来，在南京最危急的关头，走一个外国人就有一块安全区没人保护。

马吉自己肯定要留下继续拍摄，福斯特还要管理急救医院。约翰·拉贝也走不开，他是整个安全区的主席，威尔逊医生就更不能走了。又要拿得到通行证，又要来去自如，到底谁才能担负起这个送胶片的重任呢？

胶片最后给了费吴生。费吴生，其实是他给自己起的中国名字，他叫乔治·菲奇，美国人。光绪九年（1883年），他出生在苏州，绝对是个元老级的中国通了。长大后子承父业，26岁在上海基督教青年会做传教士。

1937年，55岁的乔治·菲奇担任南京安全区国际委员会副总干事。他的工作有一项就是负责和上海基督教总会联络，请求其支援食品和药品。

为了护送救济品来南京，他已经有了几次去上海的经验。所以，他就是最好的人选。

接到任务的菲奇首先考虑的是胶片应该藏在哪儿，他知道行李是肯定要被查的，那就只能藏在身上，于是，他把8卷16毫米的胶片缝进了一件驼毛外套的夹层里。

缝好了胶片，菲奇告诉他在上海基督教总会的朋友韦尔伯，让他发一封电报给自己，上面什么都不用写，就需要一句话：23号前，来上海。

乔治·菲奇有一本回忆录，叫作《My eighty years in China》（《我在中国80年》），这本书里记录了他在中国80年的点点滴滴，其中第10章和第11章的文字比别的章节写得更愤怒、更详细。这两章写的正是1937年到1938年南京大屠杀。打开回忆录，其中有这么一段："我马上就要离开了，在上海的韦尔伯Hollis Wilbur给我发了一封电报。"23号前，来上海"，这是提前说好的。我仗着这封电报又一次获准离开。

　　原来，菲奇提前让韦尔伯从上海给他发电报，就是为了可以拿着这个电报向日本人要通行证，这样，他就给自己暂时离开南京找了一个合理的理由。但他上了火车也并不轻松。

　　"早上6点40分，我乘坐日本军用列车去上海。我被一群日本兵拥挤着，看起来应该是三等车厢，感觉有些紧张。"

　　菲奇的紧张是有原因的，一拥挤，身上的胶片就容易被旁边的日本士兵发现，于是他将双臂抱在胸前，此时正是寒冷的冬季，他装作自己很冷的样子，尽量蜷缩着保护衣服里的胶片。

　　"毫无疑问，当我们进上海时我的包会被仔细检查，如果他们发现这些胶片会发生什么事。"

　　菲奇根据经验知道包是一定会被查，但他就怕日本士兵临时要搜身。但幸好，他担心的事情没有发生，一切平安，菲奇终于顺利抵达上海。

　　一到上海，菲奇的第一件事就是把驼毛大衣里的胶片带到上海柯达公司，在柯达公司，他连夜对影片进行剪辑、拷贝。

　　因为是纪录片，影片剪辑较为简单，他们删除了少部分多余的画面，并根据各部分的内容加上了一些英文标题，所谓英文标题就是马吉根据每一次拍摄写下的镜头解说词。

　　菲奇让柯达公司共制作了四部拷贝。其中1部送到了英国，1部送到了德国，另外2部被菲奇带回美国。经过剪辑后的电影拷贝共计11分钟。

　　30年代的16毫米胶片宽大概5厘米，一米长的胶片大概只能记录5秒钟的画面。所以，马吉才感叹要是有更多胶片就好了。

　　但是，马吉确实不只拍了11分钟。

　　影片一共有12个，每个影片里纪录了10个左右的案例，第一个影片纪录的是礼拜仪式，从第二个影片开始，就是他记录南京大屠杀的镜头了，一直到第四号影片的最后一个案例，也就是夏淑琴一家的遭遇，全是拍摄于1938年1月之前。而从第五个影片开始，拍摄日期就是1938年2月以后了。

　　很显然，菲奇离开南京时是在1月下旬，他带走的是前4个影片，所以是11分钟。而前10个影片记录的都是南京大屠杀，共计37分钟。最后两个是4月的礼拜仪式，那时南京的情况已经好了一点，马吉在1938年4月，带着剩下的影片回到美国。

　　20世纪30年代还没有大荧幕的电影，电视也没有普及，马吉拍的影片只能在小场所里播放，他和菲奇也曾在美国的教堂里播放过，但因为画面太血腥，都被教堂禁止了，这些原因影响了这部影片的传播。

　　影片的第一次公开是以照片的形式，1938年5月，影片中的一些画面被马吉和菲奇翻拍成10张照片，刊登在了美国的《生活》周刊上。

　　这10张照片似乎是马吉特别选取的，有枪伤、烧伤、有日军用斧子砍的、有用刺刀刺的，揭露的是日军各种暴行。

　　1946年8月15日，东京远东国际法庭审理了侵华日军在南京大屠杀中的罪行，约翰·马吉出庭作证。

　　法官："你的名字？"

　　马吉："约翰·马吉。"

　　法官："你1937年到1938年在南京吗？"

　　马吉："是的。"

　　马吉在远东国际军事法庭上，向法官陈述了他在南京亲历的种种日军暴行。后来在中国南京审判日本战犯军事法庭上，放映了一部由弗兰克·库柏编导的影片《中国的战争》，里面有关南京的部分用的就是约翰·马吉拍摄的影像。

一位遇害的中国人被日军割下头颅挂在南京城外的铁丝网上

　　这两次审判的最终判决，南京大屠杀的主犯东条英机等7名甲级战犯被处以绞刑。侵华日军第6师团师团长谷寿夫被判处死刑。

　　回到美国后的马吉继续从事牧师的工作。在1953

年去世之前，一直担任耶鲁大学圣公会牧师。他曾经在中国传教的道胜堂，现在是南京市第十二中学的图书馆，被命名为约翰·马吉图书馆。

2002年，马吉的摄影机和胶片由他的儿子大卫·马吉捐赠给南京大屠杀遇难同胞纪念馆，这台摄像机的发现，可以称为南京大屠杀证据搜集史上的一个里程碑。如今，有关南京大屠杀的证据搜集仍在继续。

千里追凶: "百人斩"刽子手

1937年12月，侵华日军在淞沪战场向南京进军的时候，两名日本军人突发奇想，想出进行"砍杀中国人百人的大竞赛"，以谁先杀满100人为胜利。在他们的刀下，是几百名中国无辜百姓的冤魂。

这两个刽子手是谁？他们的结局又如何？

1937年12月的南京城，经历了一场人类史上罕有的浩劫，这段历史成为中国人难以抹去的阴霾。在侵华日军进入南京后的6个星期内，有30多万同胞被杀害，如果以秒来计算，每隔12秒就有一个生命消逝。

　　1937年12月，侵华日军在淞沪战场向南京进军的时候，两名日本军人突发奇想，想出进行"砍杀中国人百人的大竞赛"，以谁先杀满100人为胜利。两人冷酷、残忍的形象已成为日本侵略者的标志，如梦魇般深植在中国人的脑海，挥之不去。在他们的刀下，是几百名中国无辜百姓的冤魂。

　　然而，很少被人所知的是，这两个杀人魔王在日本战败后，悄悄回到了日本，直到过去了整整10年之后，他们的兽行才被世人得知，得以公正的审判。

向井敏明（左）与野田毅

　　这两个双手沾满中国人献血的刽子手，一名叫向井敏明，当时26岁，日本山口县人，担任炮兵小队长一职；另一名叫野田毅，当时25岁，日本鹿儿岛人，是富山大队副官，两人都在日军第16师团供职。他们当时都驻扎在江苏句容，在攻占南京的一路上砍杀无辜百姓，一直杀到南京紫金山脚下。对他们进行跟踪报道的日本记者来到前线，采访了他们，并且提出要给他们拍一张照片。

　　于是，二人凛凛地站到了一起，一色的黄色军装、深筒靴子、一字胡须，肩膀挨着肩膀，军刀对着军刀。姿势、表情都是一样的，眉宇间透着腾腾的杀气。

　　1946年5月15日，一个中国青年被他的老师带到了上海华懋公寓，也就是今天的锦江大饭店。老师说找他有重要事情，他没有多想就直接跟了过来，在他进入房间之后，发现早有一个个头不高举止文雅的中年男人坐在那里，好像是专门在等着他们的到来。

中年男子跟他的老师寒暄了几句之后，问了一些基本情况，就递给小伙子一张报纸，让他把其中的一篇报道以最快的速度、最精准地翻译成英文。

翻译报纸并没有难住这个小伙子。没过多久，一张漂亮的"答卷"交给了中年男人。

然而，这个小伙子没有想到的是，这张"答卷"会彻底改变他的人生。

这个小伙子叫高文彬，1922年12月出生于上海。1945年，也就是日本无条件投降的那年，他刚从上海东吴法学院毕业。虽然高文彬上大学的时候是在颠沛流离中度过的，但是他所学的外国法律都是老师全英文讲授的。所以，翻译眼前的这份报纸并没有难住他。

高文彬翻译完报纸得知，站在他对面的这个中年男人，就是当时上海高等法院首席检察官向哲浚。作为一名东吴法学院的学生，向哲浚一直就是他们这些学生的偶像，令他没有想到的是，一个当时赫赫有名的人物，竟然和他以这样一种"奇怪"的方式见了面。

就在这次见面一个星期之后，高文彬接到一个让他难以置信的通知，他通过了审核，不久之后就可以跟随中国代表团去日本参加远东国际军事法庭的审判。

高文彬上学的时候，不敢高喊爱国口号，但始终痛恨侵略者，每天上学都要经过的一条路就驻扎着日军一个兵营，日本人要求中国人见到他们便要鞠躬。为了不向侵略者鞠躬，表示对侵略者的厌恶，他每天都要多走很多路，绕道去学校。

如今高文彬做梦也没有想到，这个能令中国人一雪前耻的使命，竟然会落到自己头上。于是他毫不犹豫，在老师帮助下办理好了参加会议的各项手续，准备前往东京！

没多久，高文彬就被美国军用巴士送到上海江湾机场，乘涡轮式美国军用运输机飞往日本东京，参与人类历史上规模最大的一次审判——远东国际大审判。

很快，到达了东京的高文彬就开始着手审判资料的翻译工作。

远东国际军事法庭设在东京涩谷。战时，这里是日军陆军士官学校，也是日本陆军司令部。由于当时参与东京审判的大多数是英美法系的国家，法庭的审讯采取英美法系的审讯制度，使用的官方语言是英语。当时向哲浚带到东京的许多包括南京大屠杀在内的证据、资料等都是中文的，必须译成英文才能呈交法庭。

为了得到更多有力证据，中国检察官向哲浚跟检察长联系，向盟军总部要求开放日本陆军内部机密档案，盟军总部很快同意了。

除了把大量审判资料翻译成英文呈送法庭之外，高文彬还有一项重要工作，就是在浩如烟海的机密档案室中，搜集更多的日本侵华的证据。因此，高文彬看到了许多他在国内根本就看不到的侵华日军暴行的铁证。

高文彬发现因为日军严密封锁消息，许多大屠杀资料之前不曾公之于众，而其中唯一有关南京大屠杀的影像资料，是由约翰·马吉牧师在1937年南京大屠杀期间偷偷拍摄下来的。当高文彬手里拿着一份份侵华日军对中国人民进行大屠杀的血淋淋的证据时，心中义愤难平。在这些资料中，仅对国内的调查，就有确凿证据2400多件。

为了搜集更多战犯的证据，高文彬一有空就到国际检查处三楼的档案室查资料——那里集中了数不清的日本官方档案、媒体报道、机密文件。很快，他就有了一个意外的发现。

作为向哲浚的秘书，经常到国际检察署的文件部门去翻译文件，高文彬发现一份日本报纸——《日日新闻》，上面登着向井敏明、野田毅两人一张大照片，虽然不精通日文，但高文彬大体上可以看出来照片旁边报道的是这两个人在进攻南京的途中进行杀人比赛，一个杀了105人，一个杀了106人。

"百人斩杀人竞赛"，这种杀戮方法及其暴虐程度，让全世界为之震惊！然而，这两个臭名昭著的杀人恶魔对中国人民所犯下的罪行，竟然是在事情发生的10年之后，才被公之于天下。

当时的《日日新闻》是这样刊载的：百人斩超纪录，向井106：105野田，两少尉延长战。12日记者浅海、铃木发于紫金山麓 以南京为目标的"百人斩竞赛"这样少见竞争的参与者片桐部队的勇士向井敏明、野田毅两少尉，在10日的紫金山攻略战中的对战成绩为106对105。10日中午，两个少尉拿着刀刃残缺不全的日本刀见面了。

野田："喂，我斩了一百零五了，你呢？"

向井："我一百零六了！"……

两少尉："啊哈哈哈……"

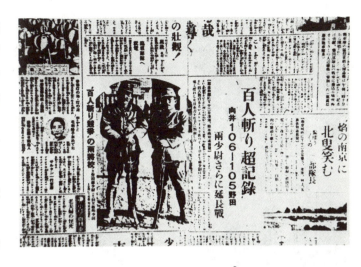

日本媒体对向井敏明、野田毅杀人竞赛的报道

结果是谁先砍了100人都不去问了，"算作平手游戏吧，再重新砍一百五十人怎么样"。两人的意见一致了，11日起，一百五十人斩的竞争就要开始了。11日中午在接近中山陵的紫金山追杀残兵败将的向井少尉谈了"百人斩平手游戏"的结局："不知不觉双方都超过了100人是很愉快的事。我的关孙六刀刀刃的缺口，是因为把一个家伙连钢盔一起劈成两半造成的。等战斗结束后已经说好将这把刀送给你们报社了。"

当高文彬看到日本侵略者对中国同胞所造成的伤害时，内心的责任感驱使他尽量不放过任何一个有关日军暴行的证据。在三楼的档案资料室，高文彬一待就是整整一天，一张张报纸细细地寻找，一份份文件细细地查阅，生怕忽略掉任何一个小小的细节。

高文彬很快发现在井明敏和野田毅"百人斩杀人竞赛"之前，这两个穷凶极恶的杀人恶魔，早在12月2日就已开始了这种疯狂的杀戮。

日本陆军建制以籍贯为依据，各部均为所谓的"乡土部队"，为抢到占领南京的首攻，各部之间展开了激烈竞争，其中，在12月7日，《日本广知新闻》刊登的《两中尉杀

日本兵正挥刀屠杀中国人

人竞赛彼此难分高下》的文章：同属驻扎于江苏句容县的片桐部队的向井明敏中尉和野田毅中尉，进行友谊比赛，看谁在日军占领南京前，能首先用马刀砍死100个中国人，比赛已顺利到达最后阶段，两者几乎不分胜负。据《日日新闻》报道：比数是向井中尉砍死89人，野田中尉砍死78人。该报道说：他们两人谁都不清楚谁先达到100人的成绩，于是他们把目标提高到了150人。向井声称，这个比赛很"有趣"。

面对这一系列"英雄"般的报道，想到自己的同胞被如此疯狂地屠戮时，用高文彬说："作为中国人，唯一的想法就是将他们处决！"

当初中国检察官从国内带到东京的资料中，并无关于这一段的历史材料。而此时，中国部分的审讯已经基本结束，中方已无机会再向远东国际军事法庭提证。

难道就让这两个双手沾满同胞鲜血的刽子手继续逍遥法外吗？高文彬回忆当时的情景："我当时就叫文件部把报纸、报头都拍下来。我和向先生商量，由向先生出面，把这个报纸印三份，我们自己留一个存根，两份邮寄到国内的国民政府司法行政部。那时候，国民政府司法行政部正在审判谷寿夫，我们这个证据拿去再好不过了。"

高文彬发现日军"百人斩"事件之时，已经是事情发生10年之后了，但想要找到当年的战犯，又谈何容易啊！

很快，这份迟来了10年的罪恶铁证，便被送到了南京国民政府，送到了石美瑜的手上。

石美瑜，1908年生于福建省福州市。1930年毕业于福建法政专门学校法律系，同年冬，应国民政府司法官考试,以笔试第一名的优异成绩进入法官训练所培训。抗战胜利后,担任江苏高等法院刑庭庭长。由于在审理案件中公正执法的出色表现,1946年,石美瑜接到了新的任命状——审理日本战犯。

石美瑜在接到这份重要物证之后,也被眼前的这一份证据所震撼了,他深深地明白自己肩上的责任。日本军国主义在中国犯下的滔天罪行,必须让他们得到应有的审判!

石美瑜赶紧将这份重要物证上报给当时的国民政府,国民政府立刻组织南京军事法庭的工作人员着手调查。在强大的证据面前,最紧迫的就是如何抓住这两个仍然逍遥法外的杀人恶魔。

然而,调查的结果是:向井明敏和野田毅两人在日本战败的时候已经被遣返回国!

"二战"后的日本一片萧条,东京遍布绝望,在这种情况下,在一个刚刚经历了战败的国家,从成千上万的人中找到两个曾经的杀人恶魔绝非易事。而那些被遣返回乡的日本侵华士兵常常炫耀自己的战绩,却缄口不谈侵略暴行,更不会提及屠杀平民百姓的事实,因为屠杀平民的行为有违"勇敢战斗"的形象。

在茫茫人海中找寻这两个人的确是一个很困难的问题。石美瑜通过国民政府司法行政部联系到了国民政府驻日代表团,让他们联系在日本的盟军总部,向盟军总部提出了抓捕向井明敏和野田毅的申请。

一个多月后,国民政府驻日代表团得到的答复是,由于时过境迁,派出的盟军国际宪兵的搜索调查工作一直没有什么有价值的进展。

盟军的情报机构先从向井明敏和野田毅的家乡山口县和鹿儿岛找寻这两个目标人物,调查进行了数周,但是一直一无所获,追凶工作一度陷入僵局。向井明敏和野田毅这两个曾经的杀人恶魔,就像人间蒸发了一般,不知去向。

可是被遣返回日本的士兵名单上,明明有向井明敏和野田毅两人,但是他们回国之后,就再也没有了消息。究竟这两个人去了哪里,难道他们已经不在人世?一切的一切都让调查停滞不前。

也许因为战败,在战争中曾经赫赫有名的两个刽子手,过起了销声匿迹的平民生活。这让找寻他们的工作不停的陷入僵局之中,再加上当时的日本国内本来就混乱不堪，高文彬回忆说："当时的日本从横滨到东京，两边都是美国的轰炸机，工厂房子都被砸掉了，只剩下断瓦残壁。"而且，向井明敏和野田毅这两个人的名字重名情况又十分严重，这些都是迟迟没有他们消息的原因。

就在南京军事法庭一直苦苦等待着"百人斩"战犯消息的时候，东京方面有了一个让人为之振奋的好消息。

参加东京审判的中国代表团在搜集战犯的材料时，发现了另一个杀人狂魔田中军吉。

田中军吉是第六师团的大尉中队长。日军攻入南京后，他手持一把"助广"大军刀，从中华门到水西门竟连续砍杀中国平民300多人。1947年5月18日，田中军吉被美国盟军抓获并很快被引渡到中国。

然而此时向井敏明和野田毅还是没有任何消息，就在大家快要绝望的时候，突然出现的一个线索让大家重燃希望。

曾经屠杀无辜生命的野田毅，在当时被当作日本军方的"英雄人物"，在日本鹿儿岛县立师范学校附属小学向小学六年级的学生做过有关"英雄"的报告。

被日军杀害的中国平民的尸体

调查科依照这个重要线索，对野田毅之前的这次报告活动进行了详细调查，得知野田毅曾作为日军的"英雄"代表，在日本鹿儿岛县立师范学校附属小学向学生们讲述了自己是如何在中国领土上实施杀戮的。

野田毅在他的报告中描述，真正在战场上并没有杀害多少人，而是在占领战壕时，让放下武器的中国军人走到日本军人面前排列好了，然后日本军人一刀一个地砍下去。野田毅和向井明敏的行为，并没有那么"勇武"，却以"刀劈百人"而出了名。

野田毅的这段话，已经把他们屠杀放下武器的中国军人的暴行和盘托出。那些"一个跟着一个出来"，被"排列好了"，然后又被"一刀一个地砍下去"的中国军人，显然都是放下了武器不再进行抵抗的战俘。至于屠杀平民百姓的事实，他并没有提起半个字。

这个重要线索，让一度陷入僵局的追凶工作又有了一丝起色。

驻日盟军调查科，在经历将近半年搜寻未果的情况下，由之前的全面撒网调查，逐渐调整为重点围剿，将追凶的重点放在了离向井明敏和野田毅家乡都很遥远的琦玉县。

盟军部队依然在琦玉县追查着向井明敏和野田毅的下落，这时的高文彬也和中国代表团成员们一起肩负着祖国重托，审判着那些罪孽深重、深深伤害中国人民的日本战犯。在远东国际军事法庭正式开庭的时间里，凭着对正义事业的高度责任感，中国代表团17名成员，进行着这场为千百万受害者申冤报仇的艰苦斗争。

很快，沃森派去搜索琦玉县的人员有了野田毅消息。长达半年多的搜寻，终于在琦玉县有了最终结果。1947年8月20日，国际宪兵在一个不起眼的市集上，发现了10年前的"百人斩"嗜血恶魔——野田毅。

在被美国国际宪兵抓获后，野田毅已经完全没有了当时《日日新闻》照片上的洋洋自得，脱掉了军装的他，藏匿于市井之间，头裹着白布，在琦玉县一条不是很繁华的街巷里摆地摊做起了小生意。

野田毅和向井明敏两个当时在侵华战场上就称兄道弟的日本暴徒，回到日本之后很自然也会有联系。很快，调查科便从野田毅那里询问到了向井敏明的下落。

1947年9月2日，一身农民模样打扮的向井敏明在离自己家乡山口县不远的乡下，被国际宪兵抓获。然而就在抓捕的时候，他还完全否认自己是向井明敏，声称自己就是当地的普通农民，根本就听不懂这些国际宪兵说的是什么意思。但是在强大的证据——《日日新闻》的那张照片面前，刽子手终于低下了头。虽然向井敏明和野田毅在实施"百人斩"暴行时，只是少尉军衔，也是抗战胜利后被逮捕受审战犯中的低级军官，但是，他们的犯罪事实残暴凶恶至极，因此，向井明敏和野田毅两人，也很快被押解到南京接受审判。

中国国防部审判战犯军事法庭自1947年11月6日起，开始对向井敏明、野田毅进行侦讯。在侦讯中，两战犯只承认自己曾经跟随日军部队入侵南京，但是并不承认自己在战争中有过"百人斩"竞赛。在这么强大的证据面前，两个嗜血的刽子手依然百般抵赖，不肯承认自己的罪行。

对于《东京日日新闻》所刊载的"百人斩大接战"等报道，向井敏明为了逃避罪责，竟然狡辩说报道全部是虚伪登载，是"为了替自己颂扬武功，以博女界之羡慕，期能获得佳偶。"多么可笑的辩词！

1947年12月18日，国防部审判战犯军事法庭在中山东路307号励志社大礼堂对向井敏明、野田毅、田中军吉三人进行公审，法庭内座无虚席。

为了让更多人能听到公审战犯实况，法庭外还装了广播。高音喇叭下，挤满了前来听公审三名"百人斩"战犯的群众。在审理过程中，三名战犯始终不肯认罪，百般抵赖，完全不承认10年前在侵华战争中的暴行。

但是在事实面前，在强大的证据面前，他们的任何抵赖都是徒劳。

最后，审判长石美瑜对向井敏明、野田毅和田中军吉进行了宣判。在南京大屠杀纪念馆存放着这份珍贵的判决书：

"向井敏明，野田毅，田中军吉，在作战期间，连续屠杀俘虏及非战斗人员，判处以死刑，十八日下午二时半，石美瑜。"

1948年1月28日，向井敏明、野田毅和田中军吉三人被押往雨花台刑场执行死刑。

1月28日上午10点40分，野田毅开始收拾自己的东西，准备与向井敏明、田中军吉一同被押往刑场，而此时的向井敏明一直高声朗诵着自己手中的辞世书。

法庭下达枪决命令后，向井敏明、野田毅、田中军吉被带上军车，由武装宪兵押往中华门外雨花台刑场。当时正值深冬，山坡上处处残雪，沿途经过的各处，市民无不拍手称快。

11点40分左右，车到达刑场。石美瑜也到场监督行刑。

三人抽完最后一根烟后，被宪兵推向法场。他们弯腰俯首，步履蹒跚，神态茫然。

就在向井敏明、野田毅和田中军吉被执行死刑之前，他们还高呼着"天皇万岁"，随着几声枪响之后，臭名昭著的"百人斩"战犯，终于结束了他们罪恶的一生。

在这之后，东京审判也于1948年11月12日宣布判处东条英机、广田弘毅、土肥原贤二、板垣征四郎、松井石根、武藤章、木村兵太郎绞刑，于1948年12月在东京巢鸭监狱执行。判处木户幸一等16人无期徒刑，判处东乡茂德20年徒刑，判处重光葵7年徒刑。

向井敏明、野田毅和田中军吉这样已经得到法律制裁的战犯，依然被日本右翼分子当作英雄，供奉在靖国神社，受到参拜。石美瑜在晚年表达了他的看法：

"有一部分的日本人，是想军阀的主义复活，那么他想骗他子子孙孙日本还是武士道精神，日本没有投降的。"

石美瑜所说的"军阀的主义"，其实就是指军国主义。一些日本兵承认，对于他们来说，杀人是很容易的，因为他们接受的教育就是除了天皇，其他所有人的生命，甚至他们自己的生命都一钱不值。这种人生观，最终导致了大规模的屠杀。

石美瑜所批评的那些想军国主义复活的人，主要是日本右翼分子，包括某些日本政要在内的一批人，公然否认南京大屠杀。

值得一提的是，参与杀人竞赛的日军使用的部分日本军刀有名称：向井敏明使用的军刀是"关荪六"，野田毅使用的是家传军刀，田中军吉使用的是"助广"。目前在中国台北的国军历史文物馆中陈列有刀柄上镶嵌的铜块上面用日文刻写头版"南京之役杀107人"字样的一把军刀，被认为是其中之一。也有观点认为这把军刀不是那三把军刀之一，如果是这样，那就还隐藏着逃脱法网的其他凶手。

西柏坡来电：战锦方为大问题（上）

1948年，在东北这块土地上，一方是孤城困军，一方则是大军踊跃，东北战略决战的时机也像这黑土地上的高粱米一样，熟了！

然而，沈阳、长春拟或锦州，该如何选择？这个选择，是否会成为中国解放战争历史上的拐点？

他倒骑在椅子上，已经好几个小时了。对面墙上悬挂的巨型作战地图，更显出了他的消瘦。隔三岔五，他会从桌上摸起几颗炒黄豆塞进嘴里。沉寂的房间中，不时回响着咯嘣咯嘣的咀嚼声。

　　饭点儿早就过了，饭菜也热过了几遍，但没人敢去打扰他的思考。直到作战参谋风风火火地敲门，近乎凝固的场面才被打破："报告首长，中央急电！"

　　这个送电报的作战参谋，鞋上面绑了一个布条，为的就是走路的时候声音小一点，别打扰到这位首长，如果不是这封来自中央的电报事关紧急，他是绝对不会在这个时候进来的。

　　电报的左上角有非常明显的四个"A"字，这是中国共产党军队中最高的电报级别，四A级电报的含义是：十万火急！而在电报的右上角，还有一排小字，十分模糊，可以辨别出其中的"刘""周""任""泽"几个字，每个字代表一个人，分别是刘少奇、周恩来、任弼时和毛泽东，而这几个人的圈阅揭示了这封电报的出处——中央军委。

　　电报的落款是军委午卅。这里沿用了过去的地支代月法，午月指7月，午卅就是说，这封电报的发出时间是7月30日。

　　电报的抬头是"林罗刘"，下面还划了两条横线，这三个字同样代表了三个人，之前说到的那位身材消瘦的首长，就是"林罗刘"里面的"林"，人民解放军东北野战军司令员，林彪！"罗"指的是政委罗荣桓，"刘"指的是参谋长刘亚楼。"阅你们新的作战计划，我们觉得你们应首先考虑对锦州、唐山作战，只要有可能，就应攻取锦州。"

　　电报不长，但应该说，电报中中央军委的意思表达得非常明白。当林彪手里拿着这封十万火急的电报，看到"锦州"这两个字的时候，他又为难了起来。

　　1946年6月，中国共产党和国民党之间的内战全面爆发。面对国民党军队兵力以及装备上的绝对优势，人民解放军通过数月的机动作战，对国民党军队予以沉重打击，成功地由战略防御转入战略进攻。1948年3月，毛泽东、周恩来、任弼时等中共领导人率领中共中央机关告别了生活、战斗了13年的陕北根据地，向西柏坡转移。

而此时的东北解放战场，自1947年5月起，经过了夏季、秋季和冬季攻势的战斗，到1948年3月，林彪指挥东北野战军已经歼灭国民党军队57万人。此时，国民党东北地区还有14个军，44个师，再加上地方武装共55万人，被压缩在长春、沈阳、锦州三块互不相联的地区。与此相对应的，则是共产党的105万东北野战军。

当时东北这块土地上，一方是孤城困军，人心浮动，供应困难；一方则是大军踊跃，金戈铁马，气吞万里如虎，难怪连毛泽东都说：林彪现在壮得很啊！或许就是在这种情况下，东北战略决战的时机也像这黑土地上的高粱米一样，熟了！

其实从4月份的时候，中央军委就和林彪开始讨论接下来秋季攻势的战略方案，形势明摆着：除长春、沈阳、锦州三坨敌人，无仗可打，要打，就是攻坚，就是恶仗。

沈阳是重兵据守的国民党"剿总"所在地，国民党东北"剿总"总司令卫立煌集结20万大军盘踞于此，不可能先从沈阳开刀，只能在长春和锦州中进行选择。而这个选择，注定要成为中国解放战争历史上的拐点！

东北地区的地理位置非常特殊，这是中国国土向东北方向延伸出去的一片相对独立的区域，就是人们平时说的大公鸡的鸡头，与华北地区相连接的部位是一片走廊般的狭长地带，而这只大公鸡的颈部最窄处不足三百公里。这么一看，东北地区虽然幅员辽阔，但如果其颈部一旦被占据，整个东北地区就等于关上了大门。而这扇牵一发而动全身的大门的钥匙孔，就在锦州！锦州西距山海关近200公里，东距沈阳230公里，是东北和华北连接的枢纽。

毛泽东心里非常清楚，国民党想在这片土地上翻盘那是绝无可能，但要是想脚底下抹油扔了东北撤，却是绝对有这个能力的。

在国民党军在东北、华北、中原、华东和西北五大军事集团中，以中原和东北两个军事集团的兵力最多、装备最好，一旦东北地区的国民党主力全部撤回关内，将给人民解放军长江以北地区的作战带来巨大的军事压力。1948年秋季，毛泽东要在东北上演一出"关门打狗"的好戏！

"关门打狗"说来轻松，可是这狗要玩儿了命逃的啊！随着东北地区的国民党军队越来越被动，一向支持蒋介石政府的美国建议蒋介石干脆放弃东北，将那里的国民党主力全部撤到关内，这正是毛泽东最大的忧虑。

　　但幸运的是，蒋介石没有认同美国人的建议。刚刚当选中华民国大总统的他决心坚守东北，不舍得把全国最重要的工业基地和粮食产地就这么白白让给了毛泽东。况且，蒋介石也并不白给，他和毛泽东一样，也把注意力集中在了锦州。一旦东北的"大门"锦州在手，就等于掌握了自由进出东北的权利。北可照应东北战场，南可支援华北战场，在全国战场兵力已经匮乏的情况下，这似乎是蒋介石唯一觉得可行的办法了。

　　而当时国民党军放弃东北的传言频起，东北籍的官员和将领们纷纷向国民政府请愿，从东北兵败而归的陈诚更是受到千夫所指，他们说："如果东北失掉，华北失掉，华南也不保，难道都像陈诚一样想逃到美国去吗？"

　　不提陈诚倒也罢了，一提到他这位干女婿，蒋介石就脑仁疼，在东北战场上，林彪几乎打败了蒋介石麾下的所有名将。白山黑水，竟成了这些国民党将领身败名裂的滑铁卢。

　　熊式辉，国民党东北行营主任。杜聿明，国民党东北九省保安司令。他们以众击寡，以强凌弱，联手对付了林彪一年多，损兵30万，还把国民党在东北占领的大部分大城市丧失了，被蒋介石撤职查办。

　　再说陈诚，国民党军参谋总长，接任东北行辕主任后，踌躇满志。可惜，上阵没几个回合，就被解放军东北联军打得灰头土脸，处处被制，国民党在东北的地盘被压缩到长春、沈阳、锦州及其附近十来个城市，国民党军中最为精锐的第五军被林彪嚼得连骨头渣都不剩。

　　陈诚在东北待了一年多，自知不是对手，最后不得不装病请辞。蒋介石无奈，只好再次走马换将，打出了他的最后一张王牌——卫立煌。

　　卫立煌，字俊如，国民党陆军二级上将，1932年担任国民党第14军军长，一直是国民党军队中最能打仗的将军之一。起初卫立煌并不想去东北赴任，但经不住蒋介石三番五次的催促、游说，他甚至跟卫立煌说：就算战局失利，责任也不用你来负。卫立煌这才答应先去看看。

　　蒋介石可谓是把挽救东北的希望寄托在卫立煌身上。但老话讲得好：强扭的瓜不甜啊。卫立煌心不甘情不愿地去东北赴任，蒋介石看似松了一口气，但糟心的事情还在后面呢。

卫立煌一到东北，就全力补充士兵，整训部队，构筑和加固防御工事。并亲到锦州、本溪、抚顺视察，督促各部抢购粮食。所作的这一切都是为一个字："守"。

卫立煌

但是，在如何死守东北的问题上，蒋介石与卫立煌产生了严重矛盾。矛盾的核心正是那扇毛泽东也关心的大门——锦州。蒋介石多次要求卫立煌打通沈阳到锦州的交通线，加强锦州方向的兵力，将主力从沈阳撤退到锦州。可卫立煌一再拒绝执行这一命令。

卫立煌的儿子卫道然的回忆道：他们当时开会也讨论了，那会儿他们叫共军，这个共军呢恨不得把我们引出来，最希望的，想进办法把你引出来，不把你引出来怎么好打，打不了，想尽办法，那么你如果这个时候这个军队往外送啊，这是不行的。

卫立煌的担心不无道理，一旦出现大规模转移，必然使国民党军遭到围歼，围点打援那可是林彪的拿手好戏。此时的卫立煌对全国战场的格局已经无暇关心，他关心的只是自己的政治和军事生涯，作为军事将领，上任不久就出现重大闪失，这对他的个人声誉损伤太大，他可不想为蒋介石承担这个历史责任。

而历史总有些巧合，将在外，军令有所不受。这个问题此时同样困扰着共产党的领导人们，西柏坡的那间沙子土坯垒成的小土屋里，北墙上挂着的一幅硕大的军用地图上，红蓝线纵横交错。

中央军委作战室的参谋小刘趴在一张桌子上想合一会儿眼，这两天毛泽东和周恩来经常深夜突然把他叫过去要材料，索性他就把中央军委作战室当成了宿舍。同样一夜没睡的，还有隔壁的毛泽东。

"关门打狗"，毛泽东的这一战略布局早以电报告知林彪，照理说凭林彪的才智，他不可能看不透其中的意义，但一向对毛泽东的判断十分信服的林彪这次一反常态，他在1948年4月18日给军委的电报中提出，他为这次秋季攻势选择的攻击目标是长春，并在其中阐述了南下攻锦的重重困难。岂料，这一下引起了毛泽东的不悦。

林彪不停地琢磨着。打仗时，让手下发电报，他躺着说电报的内容，根本不起来；地图，他都装在脑子里；敌我两军态势、敌我的情况、地形，他都很熟悉，都记在心里。不知这个很用功的人，是有自己的一些战略布局，还是不如主席高明。但他也有一个独到之处，主席说的他能提不同意见。

林彪这个人不善言谈，但就像谭云鹤说的，他的脑子里不停地琢磨，想法虽然很少说出来，但是想定了的事八头牛也拽不回来。

国民党10万大军被困长春是个原因。打掉长春，就会打掉蒋介石的一个包袱，说不准会为他打出退向关内的决心，从而保住一个比较完整的战略集团。

而林彪的犹豫不决，并非是不明白其中的道理，而正是看到了锦州这个大门牵一发而动全身，之前说过，"关门打狗"，这狗能不跳墙？国民党东北的卫立煌和华北的傅作义能不拼命增援吗？

几十万大军要绕过国民党重兵驻守的长春和沈阳长途攻击锦州，如此长的交通线本身就犯了兵家大忌，万一攻不下，想从锦州再撤可就难了。锦州西面是侯镜如兵团，东面是廖耀湘的两支王牌军。敌人南北夹击，锦州城内还有国民党守军10万，身后被困的长春也在等待时机突围，战争的结果就很难预料了。

即便部队能走，重装备怎么办，那可是共产党千辛万苦积攒的家当呀！这些家当丢了，辽沈战役势必拖后，而辽沈战役一拖，淮海、平津战役就难提起了。

而相对于南下锦州的长途奔袭，当时的东北野战军总部位于哈尔滨，打长春更便于集结兵力，便于根据地支援。一旦敌人增援和突围，也便于运动中歼敌。而且，打下长春，可以免除后顾之忧，便于集中兵力南下作战，甚至当时东北野战军士兵训练时的口号都是"练好兵，打长春"。

长途奔袭，补给困难，这些毛泽东不可能不考虑，而前线将领的谨慎，毛泽东也给予了足够尊重，但这封目前保存在西柏坡纪念馆的电报的确让毛泽东有些不悦。

"林罗刘"，同意你们先打长春的意见，理由是先打长春比较先打他处要有利一些，不是因为先打他处特别不利，或有不可克服之困难。这行文之间已经有些暗含批评的意思了，紧接着指出：你们所说的打沈阳附近之困难，打锦州附近之困难，打榆锦段之困难，以及入关作战之困难，有些只是设想的困难，事实上不一定有的，有些是实际困难，在你们打开长春南下作战时会要遇着的，特别在万一长春不能攻克的情况下要遇到的。

电报中说得明白，你们考虑的问题我知道！但是不管是先打长春还是先打锦州，南下的困难始终是要面对的，不能还没打呢就被困难吓倒。毛泽东说得好："以免你们自己及干部在精神上处于被动地位。"

值得一提的是，毛泽东在电报中所指出的"特别在万一长春不能攻克的情况"真的发生了！

当林彪正准备发动长春战役时，长春国民党守军为了出城寻找粮食和保护长春机场免受炮火威胁，出动两个师占领了长春西北约三十公里外的小合隆镇。林彪认为长春守军的出动带来了战机，他立即命令各纵队奔袭小合隆镇进行合围，希望能吸引长春守军出城增援，但是长春守军没有按照林彪预期的那样出援，已经出动的部队也迅速撤回了长春。自此坚守不出，林彪随即改变战术决定对长春进行长困久围，这让西柏坡的毛泽东忧虑不已。长困久围，是一个没有预定时间的模糊概念。一个多月过去了，长春国民党守军没有发生大变化的征兆，据守沈阳的卫立煌更是无论如何也不出动。而毛泽东最担心的恰恰是随着时间的流逝，国民党军在战略部署上会出现重大变化。

就这样，1948年上半年，国共双方同时就东北地区的军事部署问题所进行的争辩，不仅仅是战略上的较量，也是对内部关系的严峻考验。作战双方，毛泽东和林彪，蒋介石与卫立煌，谁最早在统帅与将领之间取得思想和行动的完全统一，谁就将赢得东北战场上的军事主动！

客观地讲，虽然蒋介石不同意美国的建议从东北全面撤军，但他决定将国民党军主力从沈阳撤至锦州的决定是合理的，只要锦州不丢，就可以把林彪的大军关闭在东北地区。

可卫立煌"以不变应万变"的固守策略，既应共产党的万变，也应蒋介石的万变。不管蒋介石怎么催他出兵，他就是不动！蒋介石对卫立煌坚守不出、毫无作为忧心如焚。他在日记中写道："国军若不积极出击，作破釜沉舟之决心，则沈阳二十万之官兵皆成瓮中之鳖。"

最后，蒋介石无奈地做出妥协，放弃了将沈阳国民党军队主力撤至锦州的设想。1948年6月，当东北野战军开始围困长春的时候，蒋介石电告国民党东北"剿总"副司令范汉杰说："东北之战略要求在于固守目前态势。"

这是蒋介石和卫立煌争执到最后一个不了了之的结局，而令蒋介石万万也想不到的是，他的妥协对东北地区的国民党军队来说是致命的。

卫立煌这边按兵不动，东北野战军又久攻长春不下，眼看时间就这么一点点地耗着，东北野战军领导犹豫了。终于，1948年7月20日，他们致电中央军委认为以南下作战为好，不宜勉强和被动地攻长春。

时间已经耽误了一个多月，在无法对长春实施攻击的情况下，林彪终于转过味儿来了。毛泽东1948年7月22日回电：攻击长春，既然没有把握，当然可以和应当停止这个计划，改为提早向南作战的计划。在你们准备攻击长春期间，我们即告诉你们，不要将南进作战的困难条件说得太多太死。字里行间的意思很明白，你们这不就是不听老人言吃亏在眼前吗，而电报的最后，毛泽东特意补上了一句：东北局应加强冀热辽远区域的工作，尤其是粮食方面的工作，在这方面存在着相当严重的矛盾，在加强的后面，毛泽东又补上了一个"速"字。

"兵马未动，粮草先行。"不用说，林彪心里也清楚得很，毛泽东的电报战略部署细致到这个程度，可见他此刻的心情是多么急切。

但尽管林彪认可了南下的作战方案，战略部署依旧与毛泽东的设想有一定差距。在作战目标上，林彪把南下的攻击对象定为义县、锦西、兴城、绥中和山海关，他把锦州周围的几个小城市打了个遍，就是避开了锦州。

毛泽东并不认为林彪在有意避战，林彪打仗精于计算的作战风格他了如指掌，但是目前东北战局已经不是盯着这种计算的时候了，百万大军在手，现在是进行大规模决战的时刻。

哈尔滨向南不远，有一个叫双城的小镇，东北人民解放军总司令部就设在双城的一个古色古香的大宅院里。林彪就住在东院，这些日子，他几乎天天面对墙上的作战地图，边看边琢磨，一想就是一夜。

桌子上还是一碗炒黄豆，时不时地捏上几颗放在嘴里嚼得嘎嘣嘎嘣响，林彪对吃穿从不在意，发什么衣服就穿什么衣服，也不计较长短尺寸合不合身，吃的也就是白菜豆腐，唯一的零食可能就是这炒黄豆了。

但对指挥作战，他在意得很！说起研究战争艺术和技术，林彪简直是到了痴迷的程度，打起仗来，一夜一夜地不睡觉是家常便饭，纵观林彪一生指挥的战斗，他把谨慎做为信条之一，经常是以最小的代价取得最大的战果，除非不得已，他是轻易不违背这个原则的。

据说，林彪非常喜爱女儿林豆豆，平生唯一一次打女儿，就是辽沈战役这个时候，把4岁的女儿踢了一脚。

有人说林彪"不打锦州打豆豆"。不管此事是真是假，但是林彪此时心中焦躁的心情是谁都看得出来的。

不能要求一个战区将领能够和毛泽东一样对战争的全局拥有明晰的洞察，他是前线最高指挥官，将士用命，林彪的任何谨慎都是可以理解的，对于伤亡数字他有更直接的感受，他把锦州改成了打四平。

1947年6月，当时的东北民主联军总司令林彪，组成四平攻城部队，攻打由国民党71军军长陈明仁据守的四平市。这是解放军历史上第一次大规模的城市攻坚战，但是，战斗进行得并不顺利，东北民主联军16天久攻不下，敌人援兵临近，面对两面夹攻的情况，林彪终于命令已经占领了四分之三城区的攻城部队撤退。最终，解放军付出伤亡1.3万余人的代价，仅歼1.7万余人，未能攻克四平城。

在黑土地上打过仗的人，恐怕没人会忘记1947年夏天的四平城，而眼前的锦州如果有什么闪失，两面夹攻他们的就不仅仅是东北国民党各兵团，而是东北和华北两个战区的敌人！这大门的内外，真的就如咽喉一般，每一个失误都可能致命！

辽沈战役打了53天，中共中央军委和"林罗刘"之间的电报却打了有大半年，在这来来往往的电报当中，毛泽东旗帜鲜明，林彪却苦思冥想，自行己见。

"是否有可能，望你们意见电告"这一类征求意见的言语多次出现，这之间毛泽东有指示，有批评，有告诫，但绝无强迫命令。林彪有照办，有反驳,有否决。明知不对毛泽东心思,仍然坚持自己的主张,终于达成统一。

9月5日,毛泽东再次致电林彪、罗荣桓、刘亚楼,要求他们重新考虑作战计划,这是解放战争史上一封具有重大意义的电报:你们同意我们五日电所提意见,甚好甚慰,我们准备五年左右根本上打倒国民党,这是具有可能性的。"五年左右根本上打到国民党"这里的五年指的是从1946年7月算起。"甚好甚慰",毛泽东写下这四个字的时候,几个月来的纠结应该是舒展了些。

你们如果能在九、十两月或再多一点时间内歼灭锦州至唐山一线之敌,并攻克锦州、榆关、唐山诸点,就可以达到歼敌18个旅左右之目的。为了歼灭这些敌人,你们现在就应准备使用主力于该线,而置长春、沈阳两敌于不顾,并准备在打锦州时歼灭可能由长、沈援锦之敌。

如果在你们进行锦、榆、唐战役 [第一个大战役] 期间,沈、长之敌倾巢援锦 [因为你们主力不是位于新民而是位于锦州附近,卫立煌才敢于来援],则你们便可以不离开锦、榆、唐线连续大举歼灭援敌,争取将卫立煌全军就地歼灭。

这是最理想的情况。于此,你们应当注意:(一)确立攻占锦、榆、唐三点并全部控制该线的决心。(二)确立打你们前所未有的大歼灭战的决心,即在卫立煌全军来援的时候敢于同他作战。(三)为适应上述两项决心,重新考虑作战计划并筹办全军军需 [粮食、弹药、新兵等] 和处理俘虏事宜。

置长春、沈阳两敌于不顾,争取将卫立煌全军就地歼灭,毛泽东再一次贯彻了他"关门打狗"的战略设想,这最终成为东北人民解放军1948年秋季攻势的总体原则。而这次秋季攻势,这场毛泽东口中"前所未有的大歼灭战"被后人称为"辽沈战役"。

1948年9月初,解放军东北军区部队和东北野战军部队就陆续开始了前所未有的大规模移动。夜晚,火车一列接一列地向南开进,白天空车返回,太阳落山之后继续运载部队和物资南下。不但要在最短的时间内和最秘密的情况下将主力部队送往前线,而且要从哈尔滨、齐齐哈尔等城市将大量粮食、弹药和物资运往前线。火车是做了严密伪装的,在接近前线的地区,部队下车开始步行。

最初林彪对南下锦州曾经最担心的一点就是运输问题,在长春和沈阳都驻有国民党重兵，而且国民党拥有制空权的情况下，这么长的运输线很容易被国民党切断。但奇怪的是，国民党方面一点动静都没有。

1948年9月，东北的黑土地上，高粱正红，丰收在望，一派喜气洋洋。而在东北的国民党军队却完全是另外一番景象，他们不得不为下面的事情担心，此时距东北下雪还有80多天。冬天，就要来了。

此时，被困在东北的国民党军尤其是长春的供给已经成了大问题。国民党政府对长春空运物资所消耗经费已经高得吓人，但是就算这么储备下去，长春的守军也抗不到明年开春，饭都快吃不上了，哪还顾得上别的啊。

眼看长春让人民解放军围得像铁桶一般，蒋介石着急了，他下令卫立煌在10月前打通沈阳至长春间的铁路，让长春守军向沈阳撤退。可卫立煌依旧沉默不语，沉默就意味着拒不执行，在这样毫无结果的扯皮中，东北野战军大军正悄悄南下。

这时候不管是卫立煌，还是防守锦州的范汉杰，都认为林彪不可能绕过长春和沈阳直接攻击锦州。但是，到了8月下旬，范汉杰陆续接到东北野战军南下的情报，情报说有很多马匹拉着火炮在锦州与义县之间的大凌河徒涉。接着，义县周围的第93军暂编20师与林彪的部队发生了前哨战。而在锦州的南面，空军飞行员的侦察报告说，热辽边区地带夜间运输繁忙。而在锦州周边的兴城、锦西附近不断发生战斗，此间的铁路和公路也被破坏了。国民党东北"剿总"才终于确信，林彪真的要绕过长春和沈阳直接攻打锦州了。

1948年9月12日，辽沈战役的枪声首先在北宁线打响，那一天，连接华北和东北的北宁铁路线上，东北野战军的战士和百姓混杂在烟尘和烈火中时隐时现，对山海关至昌黎间上百公里的地段，发起了自西向东的猛烈攻击。

锦州周边的城市已经打得不可开交，锦州城里防守的国民党东北"剿总"副司令范汉杰也慌了神。

范汉杰，广东大埔人，毕业于黄埔一期，是黄埔同学中最早升任师长的人，曾赴日本和德国军事学校考察学习。1948年1月，范汉杰陪同蒋介石到沈阳视察。从沈阳回到南京后没有几天，范汉杰就被任命前往东北，重点防御秦皇岛至锦州一线。

可现如今林彪的部队已经将他的锦州城团团围住，除了收缩兵力、安排防御部署，此时的范汉杰也确实干不了什么。9月24日，蒋介石召卫立煌到南京开会，这一天，济南被华东野战军攻陷。

济南丢了，蒋介石终于有时间顾及东北了。东北忙活丢了，又去忙活淮海。淮海败了，又奔平津。可真是丢一块放下一块心。

1948年9月26日，蒋介石在南京亲自主持军事会议，但会议结果不用想也知道，打通长春交通，卫立煌不说话；支援锦州，卫立煌还是不说话，最终这次军事会议达成的结论只有一条：从9月27日开始，将第49军从沈阳空运到锦州。

而在这个时刻对林彪来说，国民党军对锦州的任何增援都是严重的问题，他命令第八纵队火速封锁锦州机场。但就是这裉节儿上，八纵却出了差错。

仅一天，锦州机场就有47架次飞机起降，而国民党军每降落一架飞机，就给锦州守军增加一份力量。在八纵耽误的两天里，整整两个团的兵力被运达锦州。

当日，林彪马上把封锁机场的任务交给了九纵。很快九纵就用炮火控制了锦州机场，国民党守军再也没能恢复空运。

"军队向前进，生产长一寸，加强纪律性，革命无不胜"，这是1948年城南庄会议所提出的解放战争的口号，谨慎细致的林彪自然对这几句话深有体会。

八纵的失误让林彪大为恼火，他在给中央军委的电报中汇报了这一情况：封锁机场任务，……耽误两天，故（国民党）已经把四十九军两个师运到。难怪毛泽东后来电报中说道：大军作战，军令应加严！

再看国民党方面，虽然也是执行命令，但性质可就不一样了。南京会议上，卫立煌要求国防部参谋总长顾祝同和他一同回沈阳指挥作战，卫立煌自然有他的盘算，东北局势现在是一团糟，有了参谋总长坐镇，哪怕有什么差池，好歹能有个说话算话的人啊。

卫道然的回忆道：顾祝同就找我老爸，找我父亲去讲话了，他们两个就发生争吵，我父亲就讲了，你这样弄的话，你把国军给损光了，廖司令官也在，新一军军长也在，都在，就是打圆场，顾总长慢慢来慢慢来这样，最后将急了，我们两个来画个押，立军令状，我不要跟你讲了，你讲话没用，我给你画十字，这是最关键的时候，我说错了我负责，你说错了你负责，因为国民党过去有个毛病，他说错了不认账的。

显然，顾祝同对争执不下而耽误时间十分焦急，他告诉廖耀湘如果再贻误战机，他就不能代他们对东北的局势负责了，无奈之下，卫立煌只好同意先集结部队，组成西进兵团。

1948年9月28日，林彪决定先攻锦州。29日，卫立煌开始集结部队，大战在即，但令所有人都没有想到的是，这一天，国民党华北"剿总"司令傅作义突然作出了一件连蒋介石都颇感意外的事，他的举动令锦州战局面临突变。

傅作义表示他可以由华北出兵增援锦州。蒋介石决定先将独立95师海运到葫芦岛，并以第62军代替新五军由秦皇岛开赴葫芦岛，增援部队统归驻守锦西、葫芦岛地区的第54军军长阙汉骞，组成东进兵团。此时，林彪所乘坐的南下的火车刚走到彰武，国民党部队的4个师已经在葫芦岛开始登陆，而葫芦岛距离锦州仅仅50公里。也就是说，这10万大军赶到锦州城，只需要10个小时。这份重要的情报让林彪在大战之前再次犹豫起来，东西共进！他所一直担心的事情果然发生了！秘密南下的列车就在彰武停了下来。

蒋介石视察葫芦岛

西柏坡来电：战锦方为大问题（下）

1948年，在林彪指挥的东北野战军取得了冬季攻势的胜利之后，国民党东北"剿总"总司令卫立煌为首的国民党军采取坚守不出、以不变应万变的策略。在首先攻打哪个城市的问题上，毛泽东和林彪发生了激烈争论。最终，什么样的战略设想被确定下来，究竟先打哪儿？

忽明忽暗的油灯，从天黑一直点到天明，油灯里的火苗，飘忽而又微弱，晃出周围的场景，竟显出一丝神秘——火炕，东北的农村里很常见，但在火炕上，居然还架了张行军床。一个消瘦的身影，就在这张床上辗转反侧，彻夜未眠。

窗外的天开始朦朦发亮，床上的人坐起来，满眼血丝，一脸疲惫，好像千军万马在他脑海里足足厮杀了整个晚上。他想去熄灭油灯，谁曾想灯罩刚刚拿起，屋门就被猛地推开，冷风穿过，瞬间裹灭了灯光。两个人风风火火地撞进来，前面的一个张嘴就问："'101'，折回长春的事，我们是不是再考虑考虑？"

这一幕发生在1948年10月3日，中国东北辽宁省的彰武。进来的两个人不是别人，正是人民解放军东北野战军政委罗荣桓和参谋长刘亚楼，而他们口中的"101"，就是人民解放军东北野战军司令员——林彪。

一大早，三位解放军东北地区的前线最高首长，如此急迫地碰面，那件所谓"需要再考虑的折回长春"，想必不是小事。确实如此，他们所要决定的，将是几十万大军、成百万吨物资的前进方向。

1948年初，在林彪指挥的东北野战军取得了冬季攻势的胜利之后，国民党55万大军已经被压缩在长春、沈阳、锦州三个互不相连的地区。由于以国民党东北"剿总"总司令卫立煌为首的国民党军采取坚守不出、以不变应万变的策略，东北野战军唯有在三个城市中择一开始攻坚战，但就在首先攻打哪个城市的问题上，毛泽东和林彪产生了激烈争论。最终，林彪在攻打长春受挫的情况下，认同了毛泽东南下锦州、对国民党军队进行"关门打狗"的战略设想。

1948年9月30日，蒋介石给驻守锦州的国民党将领范汉杰空投了一封信，让范汉杰在"决定突围""死守待援"和"不能守"中选择其一。不久，范汉杰的回电到了，内容是：死守待援。

收到回信的蒋介石立即决定调派国民党95师、62军，直扑葫芦岛，增援锦州。国民党军在驰援，解放军在南下，双方拼起了速度。就在林彪乘坐的火车从哈尔滨附近的双城指挥所走到彰武的时候，战报传来：蒋介石从华北调集的军队已经开始在葫芦岛登陆。

林彪和毛泽东为了先攻长春还是先攻锦州已经在电报上争论了好几个月，尽管最后林彪同意南下，但心中的顾虑并没有彻底解除，而国民党军队的这一动作，正是他最担心的，这让本来就犹犹豫豫的林彪再一次动摇了。

1948年10月2日晚上10点，林彪思考再三，给中央军委发了一封电报。这份引起了轩然大波的电报中说：得到新五军及九十五师海运葫芦岛的消息后，本晚我们在研究情况和考虑行动问题。锦州如能迅速攻下，则仍以攻锦州为好，省得部队往返拖延时间。

这里说的还没问题，关键在下面：长春之敌数月来经我围困，我已收容逃兵一万八千人左右，外围战斗歼敌五千余，估计长春守敌现约八万人，士气必甚低。我军经数月整补，数量、质量均大大加强，故目前如攻长春，则较六月间准备攻长春时的把握大为增加，但须多延迟到半月到二十天时间。以上两个行动方案，我们正在考虑中。并请军委同时考虑与指示。

这是一封由电报员翻译好的复电，电报的级别为4A级，这是中国共产党军队中最高的电报级别，含义是十万火急，从字里行间看，林彪的行文可以说是小心翼翼！他也没说锦州不能打，而是说"锦州如能迅速攻下，则仍以攻锦州为好，省得部队往返拖延时间"。但此时部队的情况已经不是拖延时间这么简单的了。

解放军南下的行动在9月初就已经开始，前线的枪声自9月12号打响到现在已经20天了，这个时候要是掉头往回走，那不是把大部队的身后暴露给敌人了吗，林彪，是不是太谨慎了？！

林彪的谨慎并非没有道理，就在1948年10月2日林彪发电报的这一天，蒋介石亲自飞抵沈阳，召集军长以上会议。关于东北战局，关于锦州，国民党"剿总"司令卫立煌一向坚持以不变应万变的固守战术，这让蒋介石大为恼火。

但此时大战在即，无论卫立煌有什么意见，在蒋介石面前已经没有任何作用了。蒋介石这一次十分坚决，锦州的范汉杰已经把林彪的主力拖住了，大军必须立即自海路和陆路全力增援锦州，除了傅作义的华北东进兵团的增援之外，由驻守在沈阳的国民党第九兵团司令官廖耀湘指挥11个师及4个旅，配备重炮、战车、装甲车等精良装备，组成西进兵团，向锦州方向进行增援。

蒋介石在这次会议上可谓苦口婆心，他甚至撂下了狠话说：我这次来沈阳，是为了救你们出去。万一你们这次不能打出去，那么只有来生再见，我已经60多岁了，死了没什么，可你们还年轻，再不听我的话，一个一个都让共产党把你们抓了去！

老头子的最后一句话真是不祥之兆，不知道坐在下面听会的诸多国民党将领有没有打上两个喷嚏，因为此时他们大部分人的心里或多或少想着的，都是如何不去沾锦州这个火药桶。

1948年10月2日，东北前线上的对阵双方，都在极度紧张中度过。10月3日凌晨，身在西柏坡的毛泽东收到了林彪发来的那一封4A级电报。习惯夜间工作、白天休息的毛泽东，此时刚吃过安眠药睡下。刚睡下就被叫醒，毛泽东有点火，看了电报，那更是火上浇油。

毛泽东的烟瘾很大，每天都要抽一两盒烟。10月3日晚上，毛泽东怕是两盒香烟都挡不住了。"这个林彪！"毛泽东这一宿是不可能再睡着了，这天晚上，连发两封电报。

在战争年代，毛泽东一向主张军事民主，比较尊重前线将领的意见，但这一次可不一样，他是真火了。

他发的第一封电报写道：目前紧要时机集中主力迅速打下锦州，对此计划不应再改。

这里的"迅速"二字是后来补上去的，严厉的还在后面：在五个月前〔即四、五月间〕，长春之敌本来好打，你们不敢打；在两个月前〔即七月间〕，长春之敌同样好打，你们又不敢打。现在攻锦部署业已完毕，锦西、滦县线之第八、第九两军亦已调走，你们却又因新五军从山海关、九十五师从天津调葫芦岛一项并不很大的敌情变化，又不敢打锦州，又想回去打长春，我们认为这是很不妥当的。

在解放战争中毛泽东由西柏坡发出的电报多达406封，可连续三个"不敢打"，这样严厉的措辞，是绝无仅有的。

你们指挥所现到何处？你们指挥所本应在部队运动之先〔即八月初

旬]，即到锦州地区，早日部署攻锦，现在部队到达为时甚久，你们尚未到达。

当时，即10月2日，林彪还在南下的火车上，但这场战役其实在9月12日就已经开始在北宁线上开打了，毛泽东的意思很明白，前面都打起来了你们还在后面慢慢前进，话语中的批评之意所有人都看得明白！

电报发出，毛泽东一支接一支地吸烟，而几千公里外的林彪也在行军床上翻来覆去地纠结。

自从林彪在抗战中意外受了伤，他的睡眠就成了大问题。失眠不说，而且只能睡行军床。而此时，即便是把行军床架到炕上，他还是睡不着。那封发出的电报，中央军委到底会做怎样的回复，这令他忐忑不安。

一夜未眠，天色刚亮，罗荣桓和刘亚楼就来了。林彪摆上了炒黄豆，一边嚼一边念叨：准备一桌菜，来了两桌客，怎么办？！

准备一桌菜，说的是东野大军集结，剑指锦州；而两桌客，说的，自然就是东西对进的敌人了。一见面罗荣桓就开门见山地讲：回去打长春的事，是不是我们再考虑考虑。林彪站起身，来回踱着步，问刘亚楼：参谋长的意见呢？刘亚楼更加直接：还是应该打锦州。

林彪想了想，叫来秘书，快！把电报追回来！

其实，这是辽沈战役当中演绎得最多的版本，那么当时的真实情景到底是什么样的？除了"林罗刘"，当时还有第四个人在场，即林彪的秘书谭云鹤。他回忆道：当时我们三个坐在地上，罗荣桓说，打锦州是我们跟中央经过多久的酝酿才定的，是不是打锦州的决心还是不变为好。我一听，哎呀，昨天你们两个晚上画圈了，实际上有点勉强，我听出来了，三个人就商量，再给发一封电报，我后来看有的材料说他们吵起来了，还拍了桌子，我当时就在，我怎么没看见拍桌子。

原来，先前电报的内容"林罗刘"三个人都是看过并圈阅的，有些资料中所说的林彪擅自使用"林罗刘"名义给中共中央发去电报并不属实，这么看来，被这封电报闹得一夜未眠的，不只毛泽东和林彪两个人。

但电报已经发走七八个小时了，4个"A"可是十万火急，岂敢怠慢。这时，三人赶紧讨论一下，罗荣桓提议马上发报，重新表个态。于是由罗荣桓执笔，"林罗刘"三人你一言我一句，一封与昨天完全两个味道的4A电报又发出了。

电报中说：我们拟仍攻锦州。只要我军经过充分准备，然后发起总攻，仍有歼灭锦敌的可能，至少能歼灭敌之一部或大部。目前如回头攻长春，则太费时间，即令不攻长春，该敌亦必自动突围，我能收复长春，并能歼敌一部。

电报很短，但分量可不轻，直到收到了罗荣桓草拟的电报，毛泽东一颗提到嗓子眼的心才算是放下，收到第林彪的二封电报后，毛泽东立即复电："你们决心攻锦州，甚好，甚慰，我之前和你们的所有不同意见现在都没有了，希望你们按照你们的三日九时电部署大胆放手和坚持的实施。"在电报的最后一句，毛泽又强调了一遍：坚决按照你们三日九时电部署去做。

锦州北30里左右有个不足百户人家的牤牛屯。1948年10月5日，宁静的小村庄突然热闹起来，屯里的人都以为村里来了大官，没准是个连长，甚至是个营长！而在这间宅院里深居简出的，其实不是别人，正是人民解放军东北野战军的核心领导，林彪、罗荣桓、刘亚楼。

对于作战目标的犹豫已经消除，但林彪可没有毛泽东那样"甚好、甚慰"的感觉，而是"甚急、甚虑"，此时的林彪眼盯锦州，不放心的，却是另一个地方。西北方向的廖耀湘兵团距离锦州还远，至少暂时无法对攻取锦州构成威胁；但是，东南方向的增援之敌离锦州近在咫尺。

准备了一桌菜，来了两桌客的事实，没有变。

有客自东南来，怎么才能拦下呢？双方心里都清楚得很：关键，就在塔山。

塔山地处葫芦岛和锦州之间，它的位置有点特殊，东面临海，西边靠山，山与海之间最狭窄的一段，仅有12公里宽，而就在这12公里内是既通铁路又走公路。国民党军如果从葫芦岛登陆北上增援锦州，除非他们准备翻山涉海，否则从塔山方向沿着交通线直逼锦州外围，是一条最佳的增援路线。

锦州是东北的门户，而塔山是锦州的门户。能否攻克锦州，关键在于短时间内能否守住塔山。一旦塔山被突破，侯镜如的东进兵团，半天就能拥到锦州。侯镜如东进成功，廖耀湘西进可能就不再犹豫。东西对进，内外夹攻，整个局势就不一样了。

而且塔山实际上只是一个有百十户人家的小村子，名为塔山，但并不是山，大部分是相对平坦的丘陵地带。这就意味着，塔山根本无险可守。

拿不下锦州，军委要我的脑袋；守不住塔山，我要你的脑袋！据说，这样的话，林彪讲过不止一次。林彪讲这话的对象，就是东北野战军第二兵团司令员程子华，由他指挥四纵、十一纵和热河独立4师、6师和炮兵旅担任塔山地区阻击战的任务。

就在四纵向塔山地区开进的时候，蒋介石也没闲着。1948年10月6日，葫芦岛外驶来了国民党海军最大的巡洋舰"重庆"号。在国民党一干将领的陪同下，蒋介石亲临葫芦岛部署援锦作战。

下午1点，在葫芦岛上的国民党第54军军部，蒋介石召集高级将领会议，与将领们研究完有关塔山作战的问题后，他又召集了锦西、葫芦岛守军团以上军官会议。

这个会开得很有意思。蒋介石上来就问：各位带了《剿匪手册》没有，台下开会的国民党军官个个面露窘色。他们正琢磨着，蒋介石从自己的衣兜里拿出来一本。这本十几年前由他亲自主持编撰的小册子，意在教导国民党军官兵如何消灭共产党武装，国民党军中称之为蒋介石的"圣经"，蒋介石一字一句地读起来。

蒋介石一边读一边不断地停下来解说，最后说道：当前这一仗有决定性的意义，必须打好。打败了，什么都没有了，什么都完了。

蒋介石此番来葫芦岛的目的无疑是给国民党将士鼓鼓气敲敲警钟，可没想到的是，前线这边还鼓着气，另外一边却开始泄气，后院，起火了。

蒋介石离开葫芦岛奔赴北平安排华北"剿匪"事宜，事情还没交代几句就匆匆忙忙又坐专机去了上海。原来，1948年8月，蒋介石为了控管上海日益严重的财金紊乱现象，钦命儿子蒋经国到上海"协助经济管制督导生产"，打击投机倒把，发行金圆券，俗称"蒋太子上海打老虎"。可没想到这打"虎"打到了自己家人头上，蒋经国抓了外甥孔令侃，宋美龄一向疼爱孔令侃，急电蒋介石回上海。

如今前线战事对蒋介石来说那是一脑门子的官司，他索性放下战事，去管他的家事。而此时辽沈战场上，也就是从10月10日凌晨开始，塔山恶战六昼夜。

1948年10月10日，国民党军开始向塔山实施全线攻击。山炮、野炮、加农炮、榴弹炮等数十门重炮一齐开炮，加上海面上军舰的轰击和空中飞机的俯冲扫射，硝烟和烈火瞬间把范围不大的塔山完全覆盖。炮火之后，国民党军的攻击一开始就显出一举突破的态势，整连、整营，甚至整团的冲锋阵形，密密麻麻，层层叠叠，在每一处局部阵地上，攻守双方的兵力对比都相差几倍甚至十几倍。

在国民党军的炮火之下，塔山村被轰成一片废墟，村边的防御工事全被摧毁。前沿阵地很快进入混战状态。

时任东北野战军四纵369团团长江海回忆道：前面打后面跟着，如果前面不行的话，后面还打呢，先打手榴弹，上去就拼刺刀，我看那队伍呜呜就来了，打一阵子，我们就没动，敌人就退回去了，一会儿又来了。

当时江海的手下5连有个连长叫焦连九，就在上前线的头一天，焦连九给他立下了军令状。他说：团长你放心，明天打仗，如果我焦连九还有个声音，你可以处分我，枪毙我。江海回忆：地堡已经修得不错了，我还不知道，他就搬了两箱手榴弹进去了，他真在那死守了，敌人一蜂窝冲上来了，他那手榴弹就从地堡里面往外飞，一个一个的，打仗打的紧急的时候，我就打电话问他，他的通讯员接电话说，连长耳朵听不见，他让我告诉你，他还在，他还在就是说阵地还在。

塔山阻击战

这个阵地打到最后只剩下焦连九一个人，据江海回忆，当焦连九从阵地下来的时候，整个人都傻了，反反复复地只问一句话，我守住了吧，我守住了吧。

在塔山阻击战当中，不光是枪炮，刺刀、枪托、石头和牙齿都是解放军搏斗的武器，无数的解放军战士被国民党的重炮震晕，被战友从土里刨出来，抄起手榴弹继续战斗。而战场的另一边，国民党军的情况却截然相反。

奉命向塔山正面34团阵地进攻的，是国民党军第8师。这个师的官兵正处在牢骚满腹的怨愤中，因为他们的军长阙汉骞不按时给他们发饷，而是把军饷换成金条去搞投机倒把。好容易等到发饷，官兵们领到的都是金圆券。

蒋经国在上海搞经济整顿，其中一项就是发行金圆券，但当时国民党政权下的经济已经是千疮百孔，金圆券和法币已经贬值得一塌糊涂，国民党前线的这些战士甚至当着长官的面，把这些根本不值钱的票子撕了，宣称"你给老子多少钱，老子就给你打多少仗"。可真是应了当时的那句"有条（金条）有理，无法（法币）无天"。

10月13日，国民党军飞机飞临战场上空，"重庆"号上的重炮也开始了轰击。国民党独立95师在第8师和151师的配合下，向塔山一线阵地开始了疯狂攻击。战前，国民党前线将领攻下塔山的，每人加3个月的军饷；攻不下来军法处置。令国民党军难堪的是，塔山之战打了3天，海陆空全套家当一起上，就算是这样，面对解放军一个纵队，前沿最多只有4个团的阻击力量，国民党4个军的部队轮番攻击，在付出惨重伤亡之后，在距离锦州仅40公里的塔山，国民党军增援部队没能向锦州前进一步。

这场发生在塔山的阻击战，和后来的黑山阻击战、徐东阻击战并称解放战争三大阻击战，它的意义远超出了一个局部战场的胜败。塔山之战的胜负，不但关乎锦州，甚至关乎辽沈战役的进展乃至结局。

而此时，锦州城外，东北野战军对锦州的总攻就要开始了。

这是林彪站在锦州北面的帽儿山上侦查前线战况的照片，也是唯一一张东北野战军3位领导人在战场前线侦查的照片，左边的是刘亚楼，右边的是罗荣桓。其实，这张照片是后来补拍的，在当时的前线，是不可能拍摄出这样气定神闲的照片的，因为林彪的位置近得足以清晰地看到锦州城的城防布局。

国民党的飞机就在脑袋上面，冷枪，投弹，随时就可能发生在身边，连毛泽东都特意来电报指示，你们指挥作战不要离前线太近，但林彪此时已经顾不了这么多了，两个字：忐忑。

林彪在指挥战斗

沈阳的廖耀湘兵团虽然磨磨蹭蹭没有直接援锦，却于12日攻占彰武，切断了解放军的补给线。随着阻援和补给压力的不断增大，解放军如果在弹药耗尽之前没能攻克锦州，那么所有努力都将功亏一篑，而面前的锦州也不是好啃的骨头。

锦州是华北与东北之间的咽喉要道，自古就有"山海要冲，边关锁匙"之称。尽管国民党城防工事有敷衍之嫌，但终究经过多年的不断修建，锦州城墙高而厚，四个城门外还有外城，形成新旧两城的格局。城内的主要街道上都修建了大量地堡，并结合高大建筑物部署了射击掩体。在外围，有女儿河据点、城北据点、城东南据点等，配备有坚固工事和铁甲列车，易守难攻。

国民党把城守得像铁桶一样，就在林彪等人研究攻打锦州战术的时候，作战处长苏静一份战地汇报，让林彪一下子来了精神，交通壕迫近法！

当时的东北野战军二纵宣传部部长朱鸿回忆道：土我们已经试过了，可以挖交通沟，利用这个尽量接近敌人，就是用部队三分之二以上的力量来挖交通沟，把主要力量放在挖交通沟，不是主要去打敌人，交通沟挖好，再打敌人。

铁桶再坚固，架不住挖沟挖到你眼皮子底下，这个交通壕的战法让林彪大为赞赏，立即口述了一封电报，这个指挥着百万大军的将领，在电报中甚至细到规定了交通壕的尺寸和挖掘时的姿势。

一到夜幕降临，数万官兵拼命挖掘，锦州城四周彻夜都是锹镐之声。天亮以后，城墙外的开阔地上布满纵横交错的壕沟，这些壕沟一直挖到了守军的阵地前沿，平射炮都在交通壕里畅通无阻。

而此时的锦州城里，国民党军官兵甚至连解放军说话的声音都可以听到，但是别说想打着，就连人都看不见人，这让他们万分惊恐。城外的人想进来，城里的人却还没想好要不要出去。

1948年10月，此刻的东北战场上，国民党这边要说谁比蒋介石还志忑，那恐怕就要数锦州城里的范汉杰了——东北"剿总"副总司令兼锦州指挥所主任。

范汉杰这个副总司令兼主任当得可算是真不痛快，锦州现在已经是个火药桶了，说着就着，就算给个正司令，范汉杰怕是也笑不出来了，这个副司令他还恨不得赶紧辞职呢。

其实范汉杰自打到了东北，已经不是一次要求辞职了。在来东北之前，他就以安排家眷、将帅不合之名好几次向蒋介石提出辞职。但老头子就是不准：东北你必须去。最后没办法，范汉杰只好一声叹息，说道：东北局势危机，内部意见分歧，矛盾很多。但我仍以军人服从为天职，在危难之时顾全大局，回到锦州继续供职备战。

这也就是为什么1948年9月30日，蒋介石给范汉杰空投信件，让他在"决定突围""死守待援"和"不能守"中选择其一时，范汉杰选的是：死守待援。既然来都来了，那总得装装样子，不能上来就说不能守吧。

而至于决定突围，范汉杰心里更是清楚得很，林彪几十万大军在城外面，围点打援是拿手好戏，想来想去，也只有死守待援这一条路好走。况且，对于锦州的城防布局，他还是有那么点自信的。

范汉杰认为以锦州作为牵制林彪主力的诱饵，廖耀湘兵团从西北、葫芦岛援军从东南，两路大军夹击而来，无疑是一个很好的决战态势。但是，随着时间一天天过去，廖耀湘兵团推进缓慢，而葫芦岛援军就是打不过塔山。

范汉杰突然对自己死守锦州的表态懊悔起来。他终于醒悟到，无论多么合理的作战计划，只要国民党军实施起来，后果往往难以预料。于是，他决定尽早从锦州撤退，撤到锦西与关内来的增援部队会合，然后再掉头与林彪在锦州地区进行决战。

6日，他打电报给卫立煌，提出锦州守军撤退计划。卫立煌在回电中口气强硬："锦州坚守不动，以免影响全局。"

而此时，不管范汉杰是突，是守，还是逃，都已经不可能再影响全局了。塔山方向的解放军四纵没有让近在咫尺的国民党援军前进一步，而从沈阳方向增援锦州的廖耀湘兵团仍在缓慢移动。在西柏坡，毛泽东来回踱步，周恩来和朱德在地图前凝视。而在牤牛屯，林彪已经把精神都集中在了眼前的这座城！

东北野战军为总攻锦州准备的火炮数量，达前所未有的900余门，其中重型山炮、野炮、榴弹炮和加农炮有320余门，而锦州国民党守军的火炮数量仅为70门。东北野战军的炮兵把火炮推到距前沿仅数百米的射击阵地上，炮口林立对准了锦州城内所有的防御目标。东北野战军还动用了装甲部队，15辆坦克被火车从北满运到锦州前线，然后官兵们将坦克开过结着薄冰的大凌河，到达锦州北面20公里处的集结地。在一次城市攻坚战中，投入如此数量的火炮和坦克，这在东北野战军的作战史中尚属首次。

上午10点，随着刘亚楼一声大喊：开始！惊雷般的炮声骤然响起，东北野战军的几百门大炮一起将密集的炮弹暴雨般倾泻在城墙上和城内守军的防御目标上，国民党守军立即陷入巨大的混乱之中。范汉杰后来回忆道：我到哪里，解放军的炮兵即跟到哪里，好像完全了解我的位置一样。而在炮声中，解放军的坦克跃出隐蔽地，各路大军沿交通壕开始突进。30分钟后，除八纵外，全线突破。

而此时在塔山指挥东进，却被打得灰头土脸的国民党前线将领罗奇正，实在是有点儿打不动了。他决定，15日休战，准备一天，16日重新发动向塔山进攻。但是他不知道，他所做的这一切，很快都将没有任何意义。

天已经黑了，照明弹、炮弹和手榴弹爆炸的火光映红了锦州城，密集的枪声和喊杀声彻夜不绝。国民党高级将领出逃的消息一经传开，锦州守军的士气彻底崩溃。15日下午18时，持续31个小时的锦州攻坚战结束。穿着不合身的棉衣、戴着破毡帽的范汉杰在逃跑的路上被俘。

1948年10月15日，马上就到了吃饭点儿，毛泽东的卫士长李银桥捧着一个大碗敲了敲毛泽东的屋门。

碗里装的是油汪汪红通通一大碗红烧肉，肥的多，瘦的少！就在刚才，李银桥正在院中准备茶具等候着首长们来开会，毛泽东兴高采烈地站在办公室门前的台阶上说：银桥呀，晚上开会前，你去给我搞碗红烧肉吧，肥点的。紧接着补了一句：锦州解放了！你快去告诉大家，要使机关的同志们都知道！李银桥高兴得直蹦高儿！

这是后来《人民日报》刊登的解放锦州的消息，时间是1948年的10月18日，标题是："我军攻克锦州，全歼守敌十万！"其中写道：东北人民解放军已完全攻克辽西走廊上重要战略城市及东北国民党主要补给基地锦州城！城内十万守军无一漏网！

这份报纸放在西柏坡毛泽东的办公桌上，同时，也摆在牤牛屯林彪的临时指挥所里。当林彪看着这一天的报纸的时候，他或许也百感交集，想起了这几个月来往的70多封电报，和他的最佳拍档——罗荣桓和刘亚楼。

锦州之战15年后，罗荣桓病逝，毛泽东写了一首七律《悼罗荣桓同志》：记得当年草上飞，红军队里每相违，长征不是难堪日，战锦方为大问题，斥鷃（yan）每闻欺大鸟，昆鸡长笑老鹰非，君今不幸离人世，国有疑难可问谁？

毛泽东作为一代诗人，作品很多，但真正意义上的悼亡诗仅此一首。其中，"长征不是难堪日，战锦方为大问题"，"战锦"二字现在大多理解为攻打锦州的战役，这场辽沈战役的关键一仗同时也是全国解放战争的关键一仗，至今想起仍让人震撼不已。

尽管现在有的学者认为这个锦字可能是取锦旗，胜利之意，我们也无法知道"战锦"二字的真正含义，但锦州一战在毛泽东心中的分量是不容小觑的。

锦州一役，完美收官。至此，东北大门被人民解放军彻底关死，国民党东北55万军队，再也甭想夺路而逃。

锦西侯镜如的增援部队在海边进退两难，廖耀湘兵团在半路上不知所措，被围已久的长春粮弹已绝，兵力空虚的沈阳人心惶惶。而此时国民党华北"剿总"司令傅作义答应由华北增援的部队也是磨磨蹭蹭，还没有出关就得知了锦州已经失守，二话不说，掉头就跑。但这倒不是因为他们害怕，而是大军受命，要去执行上峰的一道急令：发现毛泽东了，此刻不抓，更待何时？！

西柏坡来电：毛泽东巧施空城计

1948年10月，一心"剿匪戡乱"的中华民国总统蒋介石，已经像一个输红了眼的赌徒，将全部的赌注押在了代号"穿心"的行动上。傅作义说："本行动，要一次性解决共产党的心脏。"听上去可够疼人的。那么，这个心脏，指的到底是什么呢？

1948年10月25日，国民党华北"剿总"司令部的收音机传出播放着这样的声音："新华社华北25日电，确悉，当我解放军在华北和全国战场连获巨大胜利之际，在北平的蒋匪介石和傅匪作义妄想突击石家庄，破坏人民生命财产。"

　　办公室里回荡着的新华社广播，让"剿总"的一位"大人物"神色惶惶，惴惴不安。"据前线消息：蒋傅匪首决定集中九十四军三个师及新二军两个师，经保定向石家庄进袭，其中九十四军已在涿县定兴间地区，开始出动。""该匪部配有汽车，并带炸药，准备进行破坏。""但是蒋傅匪首此种穷极无聊的举动是注定要失败的。"

　　"穷极无聊？穷极无聊？！"当听到广播中这样的字眼，"大人物"终于坐不住了，他猛地拍灭了收音机。可巧，也就在这个时候，电话响了。

　　电话中的声音，明显气急败坏："宜生，共匪的广播听到了吗？行动一定要继续，要让部队更加迅速！"手持听筒，"大人物"愣愣地站在桌边，呆若木鸡。

　　一通广播，就此惊动了两位国民党军队的高级长官。俩人的名字，广播里都出现了。打来电话的，就是"蒋匪介石"，而接电话的这位，正是"傅匪作义"。

　　傅作义，字宜生，祖籍山西荣河，国民革命军陆军二级上将。1946年，蒋介石挑发全面内战，指派傅作义坐镇华北重地。1947年12月，傅作义被委任国民党华北"剿总"总司令，节制山西、河北、热河、察哈尔、绥远以及北平、天津五省二市，人称"华北王"。

　　论军事才干，傅作义称得上一员虎将。尤其是在1948年10月这个节骨眼，一心"剿匪戡乱"的中华民国总统蒋介石，表现得已经像是一个输红了眼的赌徒，不夸张地说，全部的宝，就押在了傅作义身上，而绝杀牌，正是电话中提到的那个"必须继续的行动"！

　　行动代号：穿心！

　　"穿心"应作何解？傅作义是这么说的："本行动，要一次性解决共产党的心脏。"听上去可够瘆人的。那么，这个心脏，指的到底是什么呢？

行动的目标，就是当时中国共产党华北人民政府之所在：石家庄。石家庄，华北战略要地。解放战争时期又称石门，是联结平汉、正太、石德三条铁路的枢纽。1947年11月，石家庄解放，晋察冀和晋冀鲁豫两大解放区得以连成一片。1948年8月19日，华北人民政府在石家庄成立，这座"第一个被武装攻克的大城市"就此成为全国解放战争的重大战略基地和坚强后援，更为中国共产党的工作重心从农村转向城市提供了样本。

如此要冲，自是兵家必争之地。共产党政权在此建立，怎能不成为国民党军队的眼中钉、肉中刺？1948年10月，国民党华北"剿总"收到密报，解放军华北主力正奔赴山西、内蒙古作战，石家庄一带防卫空虚。傅作义大喜过望：机会，这不就来了！

道道急令，紧迫发出，以国民党九十四军军长郑挺锋为总指挥，3个军、10个师、1个旅，配属汽车400辆，携带炸药100吨，火速出动，准备"穿心"。行动计划：1948年10月24日部队开拔，先在保定集结，其后直线奔袭石家庄！

调军10万，南下猛扑，大有踏平中共华北人民政府之势。傅作义这一招着实厉害。不过，他要穿的"心"，并不是石家庄。事情，没那么简单。

1948年10月23日，国民党华北"剿总"司令部里，气氛凝重肃杀。一干高级将领密聚作战参谋室，接受"穿心"行动的行前部署。任务重点，有点儿让人摸不着头脑：优待共产党俘虏，尤其是高级俘虏！

高级俘虏，指的自然是领导人了。接到任务，国民党将领们纷纷踊跃提问：这共产党官兵不分，他们的高级领导人，都啥样啊？会议主持人、华北"剿总"政治部督察员诡秘一笑："想必大家会有此疑问，总司令已经为各位总结好了。"

共产党高级领导人特征：一、南方口音居多，特别要注意湖南口音的；二、他们大多爱抽烟，因此要格外留意手指头，越是焦黄，官儿就越大。

综合这两大特征，很容易发现：当时中共中央五大书记，毛泽东、刘少奇、周恩来、朱德、任弼时，都是南方人，其中毛泽东、刘少奇、任弼时来自湖南。而至于说烟瘾大的，……

难道说：高级俘虏，指的正是包括毛泽东在内的中共最高领导层？可他们，并不在石家庄！

中共中央绝对不在石家庄，这一点，傅作义心里很清楚。但他给"穿心"行动设置出"优待俘虏"这么一个任务，唯一的理由，恐怕就是他要穿的那颗"心"，并非石家庄。

石家庄固然很重要，但在傅作义的奔袭计划中，还有第二步——虽说对外号称"援晋兵团"，但国民党的这路大军，根本就不会去山西，而是要在攻下石家庄之后，折头北上，沿石家庄西面的平山、阜平一线，继续扫荡。因为各路国民党特务的情报显示，毛泽东等中共最高层领导就隐藏在附近。

在电影《建国大业》中，表现过这样一个让人极度揪心的场景。1948年4月，毛泽东率领中央军委刚刚进入华北，就被国民党特务通过叛徒，锁定了位置，险些遭遇不测。而被炸的城南庄，就在阜平县内。城南庄遇袭之后，中共中央机关迅速转移，而国民党特务也紧追不放，侦巡范围已经集中在了平山县。

而这，才是傅作义出兵的真正目标：将中共高层一网打尽，必要的话，不惜横扫平山，鸡犬不留！也就是傅作义的那句话：要一次性解决共产党的心脏！而这颗心脏，就在平山！

在平山是在平山，可平山2648平方公里，中共中央究竟驻扎何处是个问题。那个地方，叫西柏坡。

西柏坡村，三向背山，一面环水，西扼太行，易守难攻。1948年5月，毛泽东率中共中央、中国人民解放军总部移驻西柏坡，这个原先只有十几户人家的小山村，自此成为"解放全中国的最后一个农村指挥所"。

震惊中外的三大战役的蓝图，正是在西柏坡毛泽东的住所规划的。据说，他经常

▌毛泽东在西柏坡

会坐在院落中的藤椅上，长时间地思考。即便是在1948年10月，天气已经转凉，他的这个习惯，也未曾改变。

每当想起东北大地上那场已经展开的"前所未有的大决战"，毛泽东都会兴奋异常。但此刻，他还没有意识到：巨大的危险，正在向中共中央一步步靠近。而这样的危险，竟源自于他本人的一次战略指挥。

东北，锦州，兵临城下。人民解放军东北野战军已将城池团团围住，预备总攻。一旦拿下锦州，即可对龟缩在沈阳、长春的国民党守军形成关门打狗之势。眼见55万人马，分分钟都有可能遭受灭顶之灾，蒋介石心急如焚。他一次一次飞往北平，敦促傅作义从华北出兵解锦州之围。这样频繁的动作，引起了毛泽东的高度关切。一旦傅作义集团真的倾巢而出，林彪大军必会面临遭受南北夹击的境况。到那时，且不说锦州，恐怕整个东北战局都会充满不利的变数。为此，毛泽东做出指示：华北野战军徐向前兵团、杨成武兵团，速向山西、内蒙古挺进，牵制傅作义主力，消除东野的后顾之忧。

这，才是华北野战军主力西进的真正原因。谁曾想，毛泽东的这一招"围魏救赵"，竟在无意间让傅作义误打误撞出了一场"将计就计"。

傅作义压根儿就不想出兵。在他看来，东北战场早已是无可救药，再派多少人也是往里填炮灰。于是，面对蒋介石三番五次的催促，傅作义是左塘右塞。

1948年10月17日，蒋介石又来北平了，傅作义心里这叫一个烦：锦州都被攻陷了，还来找我干什么？！

就是因为锦州陷落，所以宜生，你更要出兵去把它夺回来！蒋介石的理由也很充分。眼瞅着是死活推脱不过去了，就在这个裉节儿上，傅作义接到线报：共军主力欲攻太原、归绥，石家庄周边防卫空虚。

"总裁，卑职以为，与其反攻锦州，不如，这么办。"傅作义向蒋介石和盘托出了"穿心"行动的计划，末了不忘加一句：这，可是一石三鸟之计。

一打石家庄，夺回战略重镇，拔掉中共华北人民政府；二杀回马枪，扫荡平山，中共领导人这次插翅难飞；第三，已经奔向山西、内蒙古的华北共军主力，必然回援，这西北一带也就不用担心了。

听了这话，蒋介石拍腿叫好，连呼妙计妙计！他当场表示：宜生，我民国第一奇功，非此莫属！我把九十四军归你调遣，务必要抓到匪首泽东！活要见人，死要见尸！

此时此刻，已经被美好憧憬冲昏了头脑的蒋介石，恐怕没有想到：傅作义的这块石头，还要打第四只鸟！借口自家队伍要全心全力奔袭石家庄，他傅作义，终于不用再被逼着出兵东北啦！

傅作义自认怀揣万全之策，信心满满，但他很快就笑不出来了。1948年10月25日，偷袭部队刚刚出了北平，新华社的广播就惊得傅作义手凉气短、浑身乱颤。

傅作义

傅作义死活想不通，自己绞尽脑汁、费时费力，好不容易想出来这么个绝密行动，为何连头还没开，就已经被共党摸了个底儿掉！

"抓高级俘虏"的任务，是在1948年10月23日发下去的，那一天，国民党华北"剿总"召开会议，作行前部署。会场里边，当然是极尽保密之能事，但会场外边，可就难说喽。

岗哨突然增加，戒备格外森严。"剿总"门前，国民党军事要员走进走出，行色匆匆。这一切，都被一个人看在了眼里。

这个人叫刘时平，公开身份是当时《益世报》的采访部主任。而隐秘身份，是中共驻北平的地下党员。眼见一段时间以来，国民党华北"剿总"出奇地忙活，刘时平感觉其中必有蹊跷。在上级指示下，刘时平决定打探一下情况。

可《益世报》是份天津报纸，刘时平虽说是采访部主任，但这北平军界的动向，他要打探，也有很大难度！刘时平找到了他的绥远老乡、时任国民党军骑兵12旅旅长鄂友三。

1948年10月23日晚上，刘时平请鄂友三喝酒吃饭。老乡见老乡，自然会问些：最近忙什么呢之类的话。

这鄂友三倒是真痛快，瞬间喝大，顺嘴就说："委座有令，要老傅明天就去端共产党的老窝。这次，兄弟可要大显身手了。"

不身临其境，恐怕谁都无法体会刘时平当时的心情。他居然不动声色，陪着鄂友三喝到了凌晨。直到这位老乡醉到不醒人事，刘时平腾地起身，火急火燎地赶到西直门火车站。如此重大的情报，他必须亲眼对证。

火车站，已经封闭了。刘时平亮出主任记者的身份，报了鄂友三的大名，才被允许进入。只见站台上，国民党军队正在集结，满载军事物资、车辆、马匹的列车已经伪装待发。

看来鄂友三的话果然不假，走出火车站，刘时平火速把情况汇报上级。此时，派人出城送信肯定是来不及了。1948年10月24日上午10点，北平地下党组织冒着极大风险，果断开机发报，赶紧通知中共中央，十万火急！

这个过程看起来很是惊心动魄，实际上，仅从目前已经解密的档案统计，当天，中共中央社会部至少从三个渠道得知了国民党军队偷袭石家庄的行动，并且精确到了部队番号。

当情报通过中共中央华北局，最终呈送到西柏坡的时候，毛泽东淡然自若：请乔木同志拟篇稿件嘛。乔木同志，指的就是时任新华社总编辑、社长，中共中央宣传部副部长胡乔木。他在西柏坡的房间，和毛泽东的住所仅有一墙之隔。

接到指示，胡乔木在第一时间写出稿件，呈送毛泽东批阅。胡乔木写的一大段文字，被毛泽东划掉了，毛泽东还亲笔作了批改。

"蒋傅匪首此种穷极无聊的举动是注定要失败的。""华北党政军各首长正在号召人民动员起来，配合解放军，坚决、彻底、干净、全部地歼灭敢于冒险的匪军。"其中，"穷极无聊"四字，又是后加进去的。

鲁迅形容文字之犀利，如匕首和标枪。国民党军队拉开阵仗，要偷袭"穿心"，毛泽东轻蔑的一句"穷极无聊"，真是扎得蒋介石和傅作义很痛。

不过，话说回来，当时的情况，还真的没有像毛泽东所写的那样乐观。

对于偷袭的时机，国民党军方确实做过精准算计。此时，面对来势汹汹的10万敌军，中共中央能够用得上的防卫力量却寥寥无几。

北平到石家庄的距离，只有300多公里，沿线铁路，仍为国民党控制。

如果偷袭部队快速突进，用不了三天，就能抵达石家庄。而人民解放军华北野战军主力仍远在平绥（远）线的包头、大同、张家口附近，进行局部作战。离石家庄最近的队伍，是正在涿鹿作战的华北二兵团三纵。虽说从地图上看，涿鹿到石家庄北，距离只有250多公里，但这一路不但要翻山越岭，而且只能徒步行军，最快也要五天时间才能赶到。真正能马上作战的，眼下只有冀中少数游击队武装，和担任保护党中央重任的几个警卫连。

此情此景，毛泽东气定神闲，但可急坏了中共中央其他领导同志。周恩来向毛泽东提议，目前等待救兵，实在太过危险，还是尽快撤离西柏坡为好。而毛泽东只是微笑地摆了摆手："莫急。"

于是，新华社于10月26日播放了以下内容：为了紧急动员一切力量，配合人民解放军歼灭可能向石家庄一带进扰的蒋傅匪军，此间党政军各首长已发出命令，限于三日内，动员一切民兵及地方武装，准备好一切可用的武器，以利作战，尤其注重打骑兵的方法。该敌准备于27日集中保定，28日开始由保定前进。进扰部队为首的有九十四军军长郑挺锋，新骑四师师长刘春芳，骑十二旅旅长鄂友三。此间首长们指示地方各界，切勿惊慌，只要大家有充分准备，就有办法避开其破坏，诱敌深入，聚而歼之。

1948年10月26日这一天，傅作义居然耐着性子，听完了新华社的播音。这一次，不光是偷袭部队的番号、指挥的名字被点了个遍，连整个作战日程，都已暴露无疑。

他当然还是想不明白，绝密计划，怎么就会被泄露出去。唉，想不明白，就不想了，目前有更让人着急的事儿。接连两天的新华社广播，着实让傅作义有点儿担心。

广播里说得明白：共产党已经做好准备，要诱敌深入，聚而歼之。话都点到这份儿上，部队还往前冲，这不就跟把"傻"字，写在脑门儿上一样嘛！

大马金刀，耀武扬威，一门心思捉拿"黄手指的湖南人"去邀功领赏的国民党军队，没走两步就觉出不对来了。田野之间、铁路两侧，整天黄土飞扬、烟尘滚滚，难道说，沿途有共军的大部队，在算计不成。其实，这是冀中游击队从《三国演义》里跟张飞学到的高招：他们赶着毛驴骡马，拉上树枝高粱秆四下奔跑，似乎真有千军万马在调配集结。白天受够了惊吓，到了晚上，国民党军队就更糟心，鞍马劳顿一天盼到宿营，好不容易找到民房睡下、炕洞、墙角、锅台，还有各种想不到的地方，就会冒出游击队来。黑天里只听冷枪四起，哀号不断，早上一点名，死了一大堆。

地道战，当年游击队打日本鬼子的招，在解放战争期间照样好使。国民党九十四军军长郑挺锋叫苦不迭，他电呈傅作义，大发牢骚。不说好了是乘虚奇袭，现如今到底是谁袭谁啊？！

郑挺锋问得好。他哪里知道，从新华社发出消息算起，一天之内，保石铁路，及至两侧各县的民兵百姓、地方武装，就已被全部动员起来。套句老话，国民党偷袭部队刚刚启程，就陷入了人民战争的汪洋大海。

如此说来，傅作义绞尽脑汁琢磨出来的"穿心"计划，就要失败了。未必，战争讲求个虚虚实实。新华社在10月26日发出的这条消息，正是经典范例：半动员，半威吓。

消息的手稿，目前保存在西柏坡纪念馆。撰稿人，是毛泽东。

此次务须全体动员对敌，不使敢于冒险的匪徒有一兵一卒跑回其老巢。

这种不怕你来，就怕你不来的豪气，早已是脍炙人口。但整篇文稿中，还有一个细节，之前很少提到。

文稿的题头有一行小字批示：乔木，此件请于今日口播、文播。并以电话读给《人民日报》。广播、报纸，一个都不能少！在"今日"二字下面，毛泽东重重地点了两个点。

他心里很清楚：仅凭民兵和地方武装，对国民党全机械化的部队进行打击，只是杯水车薪。形势，愈加严峻；时间，仍然紧迫。

对周恩来，毛泽东说了这样一句话："《三国演义》上的诸葛亮，用'空城计'瞒过了司马懿。我看在我军主力未到之前，我们也只能来个'空城计'，先把敌人的偷袭计划，向全国广播，让他们知道，我们已有准备。"

计，是好计。但蒋介石并非司马懿，他两次给傅作义打电话，要求行动一定要继续！而西柏坡，当然更不是诸葛亮的阳平城。

空城计，要唱，但身为中共中央军委副主席，周恩来明白，无论是撤、是打，他都必须有所准备。

首先，周恩来指令：驻西柏坡警卫部队，进入临战状态，由中央办公处副处长汪东兴率两个步兵连、一个骑兵排、一架电台和电话机，到西柏坡东北方向的行唐县一带警戒侦察。如果遇到敌人进攻，坚决抵抗，哪怕拼尽最后一滴血。之后，周恩来又拟电华北军区司令员聂荣臻与政委薄一波，紧急调二兵团三纵回援，并动员沿线军民，作好迎击敌人偷袭的准备。与此同时，部分中央机关，由任弼时领导，开始向太行山深处转移。

国民党偷袭部队刚刚出动，中共中央机关的撤离工作随即展开。看来，周恩来的确已经做好了最坏的打算。防卫力量如此薄弱，唯一的希望，恐怕就是回援解救的部队。速度，快点儿，再快点儿，再快点儿。

西柏坡周恩来的办公室里，桌上摆着的交直流收讯机，已经连续运转好几天了。1948年10月27日，一直在盯防着敌军动向、调配援兵的周恩来，连续给毛泽东写下三纸报告，情况已经一分钟比一分钟危急。

这三份报告，就是在解放战争史上脍炙人口的周恩来的三封信。实际上，毛泽东和周恩来不仅都住在西柏坡，而且两人住得非常近，中间只隔了一个跨院。之所以情况都那样危急了，周恩来向毛泽东汇报还要用写信的方式，主要原因在于三封信的写作时间，四点半、六点、七点，……周恩来，彻夜未眠。

三张薄薄的信纸，足见周恩来心思之缜密。之所以选择书面报告，是因为他知道，为了那篇抢发的新闻稿，毛泽东耗费了很大精力，此时刚刚睡下。

周恩来实在不忍去打扰毛泽东休息，但与此同时，战情不容耽搁，三个小时之间，连续三次呈送，周恩来的报告内容如下。

四点三十分：已与聂通了电话，要他转令三纵，连二十六号在内以四天行程赶到满城。他说以五天赶到，每天已将近百里。我要他仍以此命令转告郑维山（三纵司令）。

六点：三纵昨二十六日上午得到出发命令，得令下午即走，故昨日下午及夜间，均在走路。

七点：聂总认为如三纵赶到出现，及我正面阻敌三天，可能破坏敌之袭击计划。今天下午，当再检查其执行程度。

三道报告，无一例外都提到一支番号：三纵。就在27日这天，敌人就要到达保定。驰援的三纵的前进速度和当下的位置十分关键。

1948年10月26日正午，人民解放军华北野战军三纵司令郑维山接到聂荣臻电令：四天赶到满城地区，会合并指挥七纵，阻击向石家庄进犯之敌。军令如山，事不迟疑，三纵马上出发。

时任华北二兵团三纵连指导员李德臣回忆道：在路上我们才得到消息，说是傅作义要偷袭石家庄，就让我们去保卫石家庄，保卫毛主席，保卫西柏坡。才得到这个消息，群情激奋。那个情况下，保卫毛主席、保卫党中央，这是最高荣誉，也是最重要的任务，所以大家都是一路紧奔。

据他回忆，当时部队真急了，怎么飞奔都嫌慢。最后，干脆连背包都扔了，每人就剩枪支弹药，外加一点点干粮，愣是在崎岖陡峭的山路上，撒开丫子跑。

只不过，两条腿再快，毕竟没法和汽车轮子比。1948年10月27日，国民党先头部队已经到达保定。

抵达保定的，正是偷袭主力，国民党第94军。一路上不断遭到民兵、游击队乃至老百姓的打击，94军军长郑挺锋真的是快疯了。

这还没算完，就在他刚刚走进保定国民党驻军接待室，一盆凉水劈头盖脸就泼在了他身上。

保定国民党驻军负责人问郑挺锋：干嘛来啦？郑挺锋心想这得保密呀，装傻充愣道："我也闹不大清楚。"谁曾想那位负责人诡秘一笑道："你们不清楚，我清楚。我连你们都有谁来了，都清楚！"说着从口袋里掏出一卷报纸，啪地往桌上一扔："你们看看这些号外，这是今天下午跑单帮的商人，从石家庄带回来的。"

不看则已，一看，郑挺锋倒抽一口凉气。"号外"的大标题是《蒋傅匪军妄图突袭石家庄》，文章里写得明白：匪军首领有郑挺锋、刘春芳、鄂友三，等等，一串名字。

"这仗，还怎么打呀。"愣了好一会儿神儿，郑挺锋才一脸迷惑地抬起眼睛，可怜巴巴地嘟囔起来。而保定驻军的那位负责人，此刻甚至有些看热闹一样，瞥着郑挺锋，一言不发。

前锋大打退堂鼓，搞得傅作义也百般纠结。他乍着胆儿给蒋介石打电话，暗示老头子，这事儿有点儿悬。而蒋介石瞬间就听出了弦外之音，大发雷霆：此为千载难逢之机，岂可轻易改变，仍按原计划执行！

1948年10月28日，郑挺锋硬着头皮，指挥兵马，在10余架飞机掩护下，战战兢兢地出了城。刚一冒头，就遭到民兵游击队的强力阻击。由于途中路断、触雷，频频挨打，以致于这支由汽车团开路的队伍，在7个小时中只走了15公里，到达方顺桥。而敌军的骑兵部队更是狼狈。毛泽东的广播稿里已经说了：要注重打骑兵的方法。由鄂友三带队的国民党骑兵12旅，就此陷入了各种伏击圈，实打实地人仰马翻，一个团损失殆尽。见势不妙，鄂友三掉头跑回了保定，空留一个94军停在了清风店。

敌人的骑兵被揍回去了，步兵7个小时才抵达方顺桥，这时速，也就才两公里呀！不过，敌军出动了飞机。

1948年10月29日拂晓，毛泽东提笔写下第三篇文稿，题目是《蒋匪军已进至保定以南方顺桥》。如此具体的标题，用意已经不言而喻：这分明就是在敲打敌人，你的一举一动，尽在我方掌控！胆敢继续冒犯，必遭大举歼灭！

这样的意思，在之前的文稿中也都有所体现，而不一样的看点，是当毛泽东把文稿交给胡乔木时，还附了这样一封亲笔短信：

乔木：我第一次口播已见效，九十四军长郑挺锋，廿七日廿一时告傅作义称：昨收听广播，得知匪方对本军此次袭击石门行动，似有所警惕。广播之日，本军附新二军两师拟袭石门。彼方既有所感，必然预有准备，袭击恐难收效，等语。另件请于今日发口播，不播文字。

"另件"，指的就是《蒋匪军已进至保定以南方顺桥》这篇文稿。之前的两篇，都是广播、报纸一起上，单单这一篇，却只发口播，不播文字。

所谓"文播"，跟世界各大新闻通讯社一样，新华社的文字类消息，是向各大报刊乃至全世界平面媒体传送的。而文播的形式是明码电报！

敌人的飞机就在头上转悠，随时可能空袭。这个时候再发电报，可是极度危险的。

不过话说回来，新华社短时间不发电报也就罢了。东北、中原可都在大战，中央军委和前线之间往来的战情、电示，可是万万不能断啊！如何做到既保密又安全，成为了一个至关重要的问题。

西柏坡纪念馆资料部主任赵福山说：当时为了安全考虑，西柏坡的中央大院里是没有电台的，所有电报是都在周围村里边儿，我们分布的电台，前线的电报，过来要专门送到中央来。当时在董老身边工作，就是中央财经部的一位老同志说，我就不知道中央在西柏坡，他住的中央财经部驻地嘉峪村离西柏坡只有四华里。

大部分中央机关、部委，包括新华社，都散落在周边的村落里，而西柏坡，则处在绝密的核心地带，不要说敌人，就连自己人，也很少知晓。

在很多影视剧中有这样的场景：当地老百姓和中共中央领导同志在西柏坡同吃同住同劳动，其乐融融。但这纯属艺术虚构，真正的西柏坡中央大院，除了情报递送员，再没外人可以走进一步。

1948年10月29日，毛泽东写下第三篇文稿的同时，最新情报也被送进了西柏坡。傅作义似乎要孤注一掷，准备把看家部队第35军和第16军，也开往保定来接应郑挺锋。这天，华北野战军三纵仍在星夜兼程地赶路，但如果傅作义增兵，三纵即便如期赶到，兵力也绝对不足。沉吟良久，毛泽东果断电令林彪、罗荣桓、刘亚楼：东北野战军马上入关，出兵华北，目标：北平！

这是在一个月之内，毛泽东第二次"围魏救赵"。之前调配华北野战军西进，是为了掩护东北野战军打锦州；此时锦州已克，华北危急，东野支援，恰到好处。所谓运筹帷幄，掌握先机，讲的就是这个！

当然，战机的创造、把握和运用，绝没有说的那么简单。当时，集中在辽西走廊上的东北野战军部队，是四纵和十一纵。但四纵刚刚打完塔山阻击战，伤亡巨大。因此，毛泽东在电报中，只要求十一纵率先入关。

但"林罗刘"可不这么想。蒋傅匪军胆大包天，居然敢偷袭中共中央！收到西柏坡来电，东野司令林彪、政委罗荣桓、参谋长刘亚楼进行了紧急磋商。

磋商的结果，就是于1948年10月29日傍晚发出的"致中央军委电"：为牵制傅作义，我们可将目前在锦西附近之第四纵、十一纵全部，及3个独立师、1个骑兵师，日内即开始向山海关冀东方面前进，威胁敌人。

收到回电，毛泽东很高兴。当夜11点半，他即以中央军委名义，复电"林罗刘"：你们将四纵、十一纵全部及3个独立师、1个骑兵师南调，很好。

更好的，还在后面。当毛泽东的这封电报发向东野的时候，时间已经跨进了1948年10月30日。受命回援的华北野战军三纵先头部队，驰骋四天，终于抵达保石线！

只不过，战场上的形势瞬息万变。

三纵的先头部队比原计划提前一天冲到的望都地区,但没想到,还是没赶趟。望都防线已经失守。

打过望都之后,国民党94军调集重炮,向调防唐河南岸的解放军华北野战军七纵发动猛轰。七纵官兵英勇阻击,歼敌1500余人。后因工事较弱,防线被敌突破,只能转至沙河一线,准备新的阻击。眼见共军后撤,国民党94军军长郑挺锋也发了狠,催促部队强渡唐河,紧追不舍。唐河到沙河,23公里;沙河到石家庄,50公里。

此时,解放军七纵在沙河立足未稳,如果敌军仍旧借助猛烈炮火突破这最后一道屏障,再用不到两个小时,石家庄,连同华北人民政府,就将遭遇灭顶之灾。

国民党94军大砍大杀,一路突破,逼近石家庄。从出师这一路上,便连遭闷棍的军长郑挺锋,此刻竟感觉有些打得性起。

谁曾想,得意的笑容还没浮上嘴角,华北"剿总"发来探报:石家庄从几大军区,调来几个师,有五万多解放军,一万八千多民兵,准备在滹沱河决一死战!

郑挺锋的眉头立马拧了起来。共党报纸上"诱敌深入,聚而歼之"八个大字,瞬间就浮现在眼前。

他死盯着情报参谋,问道:消息可靠吗?参谋回答:千真万确,这是"二处"的李智冒死发出来的。华北"剿总"二处隶属国民党军统,是北平最高的特务机关。李智,郑挺锋听说过,这个人来头可不小,是军统石门情报站的中校站长!他传递出来的情报还能有假?

不仅假,而且是如真包换地假。李智在军统特务组织干了三年,步步高升,但没有一个人察觉到:他实际上是打入敌人内部、卧底潜伏的中共地下党员!

自打偷袭行动开始,军统就要求李智用电台每天密报石家庄城中共党的设防情况。了解到这个消息,人民解放军总司令朱德指示:"在解放区被我掌握的敌人电台,要为我们服务,要与敌特进行空中战斗,以配合反偷袭行动。"就这样,共军大部队已集结滹沱河,准备决一死战的情报,在最关键的时刻,由李智发到了国民党华北"剿总"。

慌了神的"剿总"二处,火急火燎地通知了郑挺锋,同时给李智回电:

部队暂时不打石家庄了，等以后再说。

1948年10月31日，毛泽东已全无后顾之忧。他悠然提笔，酣畅淋漓，写出了第四篇文稿《评蒋傅军梦想偷袭石家庄》，张嘴就是一顿痛骂！此稿件，口播，文播。

当看国民党军队的将军们，都像一些死狗，咬不动人民解放军一根毫毛，而被人民解放军赶打得走投无路的时候，白崇禧、傅作义这两匹似乎还有一点生命力的狗子，就被美国帝国主义者所选中，成了国民党的宝贝了。

美国人和蒋介石，现在就是依靠这样两匹狗子，挡一挡人民解放军。但是究竟白崇禧、傅作义还有几个月的寿命，连他们的主人和他们自己也不知道。

蒋介石不是项羽，并无"无面目见江东父老"那种羞耻心理。他还想活下去，还想弄一点花样去刺激一下已经离散的军心和人心。亏他挖空心思，想出了偷袭石家庄这样一条妙计。

这里发生一个问题：究竟他们要不要北平？现在北平是这样的空虚，只有一个青年军208师在那里，通州也空了，平绥东段也只有稀稀拉拉的几个兵了。总之，整个蒋介石的北方战线，整个傅作义系统，大概只有几个月就要完蛋，他们却还在那里做石家庄的梦！

痛快！毛泽东的这篇文章，与其说是电讯稿，不如说更像战斗檄文。相比于武装偷袭，毛泽东的这几句话，倒是更加见效，它真地穿了傅作义的心！

据说，在听完广播之后，傅作义都有些魔怔了。一整天，他都在办公室里走来走去，嘴里不停地念念叨叨：要不要北平？我要不要北平啊？

还有比这更可笑的，对于派出去偷袭的几块料，国民党华北"剿总"竟然通令嘉奖，以表彰其"作战勇敢"！郑挺锋，由军长升兵团司令；鄂友三，由旅长升师长！当然，通令只是一张纸，俩人的实际军职压根儿原地未动，成了远近闻名的大笑话。

毛泽东巧施空城计，四篇稿智退10万兵，1948年10月的最后一天，为这个故事完美收官。但就是这次被粉碎的偷袭，让所有当事人都有深刻反思。西柏坡的传奇，还远未结束。

10万兵团，伤亡3700人、损失战马240匹、丢下汽车90辆，却连石家庄的边儿都没摸着，就无功而返。国民党军队之畏战、胆怯、愚笨，让蒋介石深恶痛绝，但又无能为力。东北已失，中原不妙，华北竟也这么不给力。蒋介石耍起了这样的心眼儿，傅作义也陷入了两难。总统不再逼他出兵，却天天催着他南撤。他一个"华北王"，统60万官兵，到底何去何从？而毛泽东方面，虽然这次遇袭算是有惊无险，但傅作义集团这样的肘腋之患，不得不让中国共产党更高地提起警惕。淮海战役第一阶段已经展开，万一华北国民党军南下捣乱，中原岂不太险？再进一步考虑，若是哪天傅作义集团逃过长江去，那解放全国的战略，又会横生出多少变数呢？西柏坡，小院藤椅，毛泽东又点燃了一支香烟……

西柏坡来电：追围黄百韬

华野司令粟裕向来谦和、淡定、脾气好。可就在1948年11月，他突然显出了前所未有的紧张，老兵们都说，从没见过粟司令这么严肃过。

原来，根据情报显示，几十公里开外的黄百韬很可能要撤退。而一旦让黄百韬跑了，粟裕费心费时争取来的全盘计划，都将化为泡影……

江苏省新安镇国民党第七兵团指挥室大院，深夜，下雨。指挥室内传出急躁的声音："喂，喂? 刘老总吗? 时间来不及了! 44军究竟何时能到新安镇?! 本兵团到底何时能撤? "

　　1948年11月6日，江苏新安镇，凄风苦雨，寒气袭人。这年冬天，似乎来得特别早。然而，屋里的这位，火气大得很，好像整座院子都要被他点着了。

　　听他电话里的意思，是在等一支部队，但又等不起。此时此刻，他脑子里唯一盼着的，就是带着他的人赶快离开这个是非之地。

　　夜深沉、灯昏暗，他甚至能够感觉到，就在几十公里之外，一双眼睛，一双充血的眼睛，正紧追在他的背后。这让他毛骨悚然，难道说，他就要这样煎熬着，被盯死在这儿吗?!

黄百韬

　　着急上火摔电话，疑神疑鬼没法跑的这位，就是黄百韬，时任国民党第七兵团司令官。

　　黄百韬，字焕然，祖籍广东。1900年生，早年曾在江苏省防部队任职，而后投靠了张宗昌，1928年又跟随着张宗昌投靠了蒋介石，1941年1月，因为直接参与策划、指挥皖南事变，成为时任江苏省政府主席顾祝同的心腹干将，任第25军军长。1948年6月，升任国民党第七兵团司令官。

　　在国民党军中，黄百韬不是嫡系，又没有靠山，之所以能在蒋介石和顾祝同面前得宠，按他自己的话说，全凭满腔忠诚、赫赫战功。

　　黄百韬很能打仗，他常说，能战则战，不能战则死。然而就是这么一个不怕死的人，这会儿也打起了退堂鼓要跑。因为, 那双盯着他的眼睛, 属于时任中国人民解放军华东野战军代司令——粟裕!

粟裕, 1907年出生于湖南会同。在解放军高级将领中, 粟裕是最特别的一个。他没上过军校, 也没走过长征, 解放战争初期, 他的部队一直远离中央, 在敌后进行游击战。但正是这样险恶的生存环境, 造就出了粟裕出色而又独特的军事指挥才能。

早在1946年7月, 国民党12万大军进攻苏中, 粟裕仅以3万人的部队迎战, 竟创下七战七捷的纪录。为此, 毛泽东任命粟裕为华东野战军的副司令, 专门负责战役指挥。

说起粟司令, 华野官兵上上下下, 都挑大拇指。粟裕为人谦和, 脾气很好, 淡定而不失坚韧。可就是在1948年11月, 粟裕突然显出了前所未有的紧张, 老兵们都说, 从没见过粟司令这么严肃过。

粟裕的神经的确已经绷得和弓弦一样。根据情报显示, 几十公里开外的黄百韬很可能要撤退。而一旦让黄百韬跑了, 他粟裕此前耗时大半年, 努力向中央军委争取来的全盘计划, 都将化为泡影。

1947年7月, 为打破国民党企图向北压制人民解放军的设想, 毛泽东命刘伯承、邓小平率解放军晋冀鲁豫野战军挺进大别山, 在敌人后方建立据点。但由于敌我实力悬殊, 刘邓大军遭到蒋介石军队的强力"围剿", 人数锐减。因此, 1948年1月, 毛泽东及中央军委决定, 派出陈毅、粟裕指挥的人民解放军华东野战军, 渡江南下, 牵制敌军主力, 减轻刘邓大军的压力。

无论从战略还是战术, 中央军委的决定, 都合情合理, 但粟裕似乎另有想法。而且这一想, 就想出了好几个月。

1948年1月至5月间, 粟裕几次发电报给中央军委, 提出不要向南渡江, 而是留在中原打大歼灭仗。至于理由, 他在电报中都做了细致的分析和设想。末了, 还不忘小心翼翼地添上一句"斗胆直陈", 希望意见能被中共中央所采纳。

关于粟裕之所以三番五次提出改变中央军委的决策, 不肯南下渡江的原因, 1978年他在一次公开战例讲座中是这么说的:

"我带三个部队下江南, 其直接目的是要调动敌人, 跟着我们的部队去, 要减轻刘邓在大别山的压力。我考虑到固然能调动一部分敌人, 但是敌人的四个主力，战斗力比较强的主力部队调不动。蒋介石不会把他们调到江南去跟我们打游击。在中原战场，这个四个军的主力调不动，就不可能减轻敌人对刘邓在大别山的压力。"

理由说得过去，但中共中央军委起初并没有同意。你还没有渡江，无法断定调不动敌人。面对粟裕的再三"直陈"，中央军委决定，干脆，你来一趟吧，当面谈谈设想。

河北省阜平县城南庄，中共中央军委驻地。粟裕赶到的时候，是1948年4月底，中共中央书记处扩大会议正要召开。

会议刚一开始，毛泽东就给粟裕一个激将法，说粟裕啊，你是不是不敢南下，怕打不赢啊？粟裕笑了笑，没有直接回答，而是说起了一年前那场孟良崮战役。

1947年5月，陈毅、粟裕指挥人民解放军华东野战军，在山东孟良崮领导了一次大规模阵地战，华东野战军以少胜多，全歼国民党军五大主力之首——整编74师，击毙师长张灵甫。

谁说我们不敢打？讲完了孟良崮战役，粟裕当面就跟中共中央军委直陈：此时的人民解放军绝非没有实力南下，但既然与国民党进行大兵团作战已经成为可能，那干嘛不就地在中原大干一场呢？

粟裕

听过发言，毛泽东告诉粟裕一句话，你不是想留在中原打大仗吗？好，就从现在开始，我给你4个月到8个月时间，你去拿下中原敌军6个旅到12个旅。不敢保证，就老老实实回去，继续准备渡江。

粟裕回答：是！保证完成任务！

歼敌6个旅到12个旅，相当于

要打出两场到三场孟良崮战役！这样的担子可不是好挑的！

1948年6月，粟裕率兵渡过黄河，发动了豫东战役，直取河南省会开封。蒋介石顿时急了眼，忙令国民党五大军前往增援。结果，主力部队和紧随的援军几乎同时被粟裕的华东野战军切断包围。仅此一仗，粟裕就歼敌9万人，完成了毛泽东的军令状。而为了援助河南，国民党在山东的兵力一时间空虚，1948年9月8日，毛泽东急令粟裕回师济南，仅仅8天时间，就拿下了济南城。

开封解放，济南解放，所有的战况都在向粟裕表明，他盘算已久的那步棋可以下了。

1948年9月24日早，中共中央军委指挥部收到了粟裕电报，在这封电报里，粟裕提出了这样一个请示：在两淮与海州之间，拉开阵仗。他管这叫淮海战役。

这是在解放战争历史上，淮海战役的概念第一次被提出来。但此淮海非彼淮海。相对于今天人们熟知的淮海战役，粟裕的这个计划，小啦！

接到粟裕电报的时候，毛泽东和中共中央军委的领导们，刚刚在作战室熬完了通宵。接到粟裕来电，大家一下就又精神了，毛泽东连连感叹："我这个老乡，就是棋高一着啊！"

中共中央军委此时已经迁址到了河北省平山县西柏坡。三张长桌、几幅战图，西柏坡的作战室，在全球军界中，恐怕都是最简陋的。但也正是在这个地方，中共中央军委运筹帷幄，谋划出了"前所未有之大决战"。而粟裕提出的构想，就是其中之一。

粟裕的提议，是拿下淮安、淮阴、高邮、宝应以及海州，将山东解放区和苏北解放区连成一片，以此威胁长江一带，乃至徐州。

这个打法，和中共中央的大战略已是不谋而合。要么毛泽东怎么会称赞粟裕是棋高一着呢。不过，在毛泽东看来，仅仅威胁徐州，这个仗还不够大。

此时的东北战场，人民解放军已经集结锦州，准备"关门打狗"。而中原地带，要是能一举端掉淮河以北最大的国民党"剿总"司令部，那才叫真正的大仗！

不过，话说回来，饭要一口一口吃，仗得一个一个打。直接进攻徐州，军力的悬殊要考虑，可能引来的大量敌人援兵，更要考虑。

徐州，地处中原要塞地带，自古就是兵家必争之地，与南京国民政府隔江而望。在这里，蒋介石设置徐州"剿匪"总司令部，投入60万精锐，严防死守，屏障南京大门。

镇守在徐州及其周边的国民党军队，大体沿陇海、津浦两条铁路排成十字阵形。再往西，则是白崇禧的华中国民党"剿总"司令部。

随着豫东战役和济南会战的胜利，人民解放军华东野战军、中原野战军，已经位于这个"十字"的东南方和西北方，剑指徐州。但此时，如果直接进攻，从东，周边几十万敌军必来增援。而西面，则有白崇禧的华中"剿总"虎视眈眈。

要打徐州，先清外围。把周边的有生力量分割、吃掉，徐州，自然而然就成了一座孤城。西边的华中"剿总"，太硬，不好嚼。往东看，毛泽东的视线，投在了陇海线上的国民党第七兵团。

第七兵团坐镇徐州以东100公里的新安镇，下辖10万人左右，是陇海线上国民党军队的最强阵容。其东西两侧，分别还有海州的绥靖第九区和国民党第十三兵团。但这两者，都是军力较弱的软骨头。

简而言之，如果能将国民党第七兵团歼灭，那就等于是打开了徐州的东大门。自此，这个第七兵团的司令黄百韬，日子就一天比一天难过了，甚至可以说，难过得要死。

1948年9月25日，也就是收到粟裕电报第二天，毛泽东即代表中共中央军委复电："饶粟，我们认为举行淮海战役甚为必要，你们第一个作战，应以歼灭黄兵团于新安运河线为目标……"

黄兵团，指的正是黄百韬的国民党第七兵团。这也是中央军委在淮海战役中第一个明确指示，要精准打击的目标。收电人"饶粟"，指的是时任人民解放军华东军区政委饶漱石和人民解放军华东野战军代司令员粟裕。电报级别4A，代表十万火急。兵贵神速，这是一方面，而更关键的是，部队获得短时间休整以后，留一个纵队在鲁西南，起牵制作用。

所谓牵制，说的自然是要勾住增援之敌。大战当中，这是再正常不过的事儿。但陇海线上，国民党军队几十万，而人民解放军的一个纵队，满员状态下也就不过3万人，要说牵制可是十分困难。

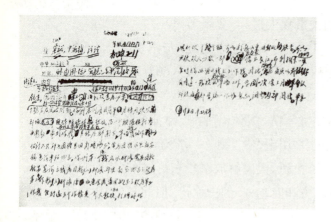

1948年9月25日毛泽东代表中共中央军委给饶漱石、粟裕的复电

对此，淮海战史专家傅继俊指出：在（淮海）战役前，华东野战军为了迷惑敌人，就让鲁西南的三纵和两广纵队，利用十几个番号在那发电报，造成一个我们的主力部队都在鲁西南的假象，同时命令其他纵队一律关闭电台，不要使用电台，互相之间联络用马匹，用摩托，国民党得到的一手情报，就是靠侦讯电台，他侦查我们的电台，好多电台都在鲁西南，这样它断定我们的主力在鲁西南。

共军主力都在鲁西南，再查番号，华野、中野都有！这是要合围徐州啊！乱了乱了，全都乱了，接到情报，国民党徐州"剿总"一片惊慌。人民解放军不费一枪一弹，先把敌人唬了个措手不及。

慌什么慌什么？！手下的表现，让蒋介石很是恼火。东北战场的局势已经让他烦不胜烦，他甚至做好了准备，该放手时就放手，期待中原再翻盘。而翻盘之战，就在徐州！

蒋介石也合计着，要打大仗了！但他的战略从一开始就比较窝囊：死守。抱着为守长江，则必守淮河的想法，他规划着在徐州与蚌埠之间拉开战线，报东北之仇。

理想很丰满，但现实很骨感。蒋介石想打大会战，可军队怎么部署，会战由谁指挥，却都迟迟无法敲定。按理说，既然是"徐蚌会战"，那带头的自然非徐州"剿总"司令莫属！别提这位司令，提起来，蒋介石一脑门子官司。

国民党徐州"剿总"司令叫刘峙。领兵打仗，这个人能耐不大。能坐上这么重要的位置，他靠的是真情大流露，忠心大表白。

刘峙最著名的一句话，是这么说的：咱是总裁的童养媳，咱骨头多大，婆婆都知道！就凭他这劲儿，蒋介石要不给他个徐州"剿总"司令当当，都对不起他。

平日里能吹会道，誓死效忠，可真等到徐蚌会战的决议拍到桌面上，刘峙立马就怂了，连声叫唤："这么大的仗，我可指挥不来！"

而事实上，蒋介石压根儿也没考虑他。这个童养媳的骨头多大，他确实很清楚。大战当前，蒋介石掰着手指头算来算去，军队里真正给力的人实在是不多了。

纠结来纠结去，时间已经进入1948年11月。蒋介石还被蒙在鼓里，天天琢磨着由谁来守徐州。倒是国民党第七兵团司令黄百韬最先警觉起来：不对呀，怎么共军的主力全冲我这儿来了？

直到此刻，黄百韬才发现：国军的情报系统根本就是瞎的！从他第七兵团的防区外沿，用肉眼都能看见：解放军的大部队已经推进到了家门口，离兵团司令部也就几十公里。更可怕的是，带兵的，是他的死敌！

粟裕和黄百韬之间的仇，早在苏中战役时就结下了。当时，粟裕虽然打赢了，但对战黄百韬，是他七战七捷中收获最小的一仗。而就在此前不久的豫东战役中，黄百韬竟以兵团司令的身份带头冲锋，发起反进攻，给华东野战军造成极大损失。

黄百韬不好打。对于这个老对手，粟裕认认真真地总结过其作战特点：悍不畏死，真敢玩儿命。

然而，再悍不畏死，黄百韬也会算术，粟裕率40万大军杀到，而他自己只有10万兵力，不跑，还要白白等死不成？当然，说跑就跑是不行的，那不成临阵脱逃了。黄百韬飞往徐州，向"剿总"讨主意。

1948年11月5日，在国民党徐州"剿总"司令部作战会议上，黄百韬请求：第七兵团向西，与"剿总"汇合。说白了，就是撤退嘛。但撤，也不能干撤，上级得向他派出援兵接应才行，否则会被共军主力捂在路上。听到这儿，刘峙当场就急了，共军主力要打的是徐州，这节骨眼儿谁敢出去？话音未落，会场里面如沸水开锅，其他各个兵团司令都嚷起来：共军主力是冲自己来的，谁都帮不了谁。

整个会场越说越激烈，吵了个面红耳赤。华东野战军在鲁西南留了一个纵队，利用电台制造出总攻徐州的假象，可现在国民党各个兵团都说自己看见了共军主力，解放军难不成会撒豆成兵？！

1948年10月30日，由毛泽东亲拟，发给华东野战军前委并告中原野战军前委的电报中，毛泽东特别提醒粟裕，注意华东野战军的行动"是否有使黄兵团闻声警觉"，随后做出指示，"……各处一起动作，使各处之敌同时受攻，同时认为自己处于危险境地，互相不能照顾，要在两三天后，才能查明我之主攻方向，但又因为我各部均已迫处他们面前，又已无法互相增援，尤其使黄兵团各部，丧失收缩集结的必要时间，极为重要。"

真相大白，解放军的实际主力只有一个，对准了黄百韬。而中原野战军配合兄弟部队，向徐州外围的各处敌军据点发起佯攻。这四面一开花，各路国民党军指挥官自保还来不及，谁还有心去支援！

援兵接应是不可能的啦，但过来汇合可以。最后，还是刘峙发话，黄百韬第七兵团迅速撤至徐州以东拱卫。这意思很明显：我不救你情有可原，但你来保我天经地义！唉，这样也行，黄百韬已经很知足了，现在只要能跑，管你怎么说！但谁曾想，没过几个小时，刘峙那边变卦了。

之前提到，黄百韬在新安镇的司令室里又摔电话又发火，痴痴等着国民党第44军。这，就是刘峙的新主意。

那一天开完会，黄百韬前脚刚走，刘峙就接到上级命令：鉴于共军要大举进攻徐州，我国军之有生力量，要迅速集结，放弃海州。刘峙当场心脏病差点儿犯了。

原来这位刘总，早先年是贩私盐起家的，大本营就在海州。倒腾的财产，都在那儿呢。放弃海州，那可是比中共军队打徐州还让他揪心的事儿。不行，得把这些产业都转移到徐州来！正好黄百韬不是要撤吗，那就让他们一起撤！

刘峙的这些算计，黄百韬哪知道啊。他以为自己等的，是驻守海州的44军，可实际上，跟着一个军上路的，是一个拖家带口的亲友团。海州与徐州之间，区区50多公里的路程，愣是两天都没走到。

左等不来右等不来，黄百韬冲顶头上司发飙，摔了刘峙的电话，但又能怎样呢？他憋闷极了，一肚子的话，得找个人倒倒才行。

1948年11月7日，黄百韬彻夜未眠，他找到蒋介石派来的战地视察官李以勖，反反复复地说着同一番话。

李以勖回忆那天晚上和黄百韬谈话的情形时说："他说你一定告诉总统，你是总统派来的，派来视察部队的，告诉（他）我黄某，受总统的知遇之恩，就是栽培，知遇之恩。我不会对他不起。我这辈子拿命来报知遇之恩。这话一定要转达。讲完了以后，一个拐弯然后又回来讲这个话，你一定要转达到啊！"

拿命报恩，听得出来，黄百韬已经做好了拼个鱼死网破的决心。但这通衷肠，诉得早了一点儿。转天大早，国民党第44军，连同比一个军人数还多的海州"亲友团"，终于出现在了新安镇。

撤！黄百韬立刻下令，全军火速向徐州靠拢。客观来说，黄百韬的确算得上是个训练有素的军人，两天没有干等，而是把整个兵团的撤退方案一遍一遍地交代下去。尽管生生耽误了两天，但竟为时不晚！

当华东野战军的先头部队冲进新安镇时，黄百韬兵团已然人去城空。这下，轮到粟裕紧张起来。一旦黄百韬兵团撤到徐州，双方兵力马上会出现逆转，再想歼灭他，可就没那么容易了，而中共中央军委已经制订的淮海作战计划，很可能就此功亏一篑。此情此景，没有别的办法，粟裕发出死命令，先头部队不吃饭、不睡觉、不休息，不惜一切代价，务必追上黄百韬！

但追上黄百韬谈何容易！新安镇距离徐州只有100多公里，黄百韬已是惊弓之鸟，肯定会使出吃奶的劲儿逃窜。想要追上，几乎就是不可能完成的任务。除非……他自个儿停半道上。

黄百韬的忧，黄百韬的愁，正如这滔滔的运河水，延绵不绝。新安镇和徐州是不远，但中间还隔着个京杭大运河呢。

在苦等第44军的日子里，黄百韬翻来倒去地计划过撤退的每一步。大兵团转移，事项庞杂，说不上有哪件事就漏掉了，而黄百韬漏掉的这唯一一件，却正是最要命的——架浮桥。

5个军，10多万人，汽车火炮，细软辎重，只有运河上的一架铁路桥可以通过。犯下如此兵家大忌，黄百韬不挨打，还等什么呢？！

电影《大决战》当中有对这一场景的再现：1948年11月8日下午，人民解放军华东野战军的先遣部队拍马杀到，而黄百韬的第七兵团还在桥上淤着呢。在解放军的攻击下，敌人的撤退序列被彻底打乱。为了抢着过桥，国民党各军之间居然互相开起枪来。

外面也打，里面也打，一时间，中枪的、淹死的，不计其数。整整一天之后，黄百韬兵团才闯过了运河，狼狈不堪地到了对岸。那个地方，叫碾庄。

碾庄一带，驻有国民党李弥兵团，这下，黄百韬总算可以喘口气了吧，别说喘气了，他差点儿背过气去。

1948年11月11日，毛泽东代表中共中央军委起草，致华东野战军、中原野战军司令部的电报中，对黄百韬渡河之后所发生的事情有简明扼要的描述："冯治安集团已全部起义，黄百韬五个军十个师似已被我全部包围，没有跑掉……李弥兵团因徐州空虚，刘峙令其迅速撤救徐州。"

冯治安，国民党第三绥靖区司令。电报中说，整个绥靖区全部起义，这在解放战争史上还是破天荒的第一次。领导起义的将领是何基沣和张克侠，两人均为国民党第三绥靖区的副司令。但实际上，这两个人都是中国共产党地下党员，潜伏敌营已近20年！

1948年11月8日，为响应淮海作战，何基沣、张克侠率兵，分别于江苏贾汪、山东台儿庄两地举兵起义，被毛泽东称为"淮海战役的第一个大胜利"。

何基沣、张克侠起义，先把冯治安变成了彻头彻尾的"光杆司令"，那个第三绥靖区很快就被撤掉了。而其战略意义更为重大：徐州北大门，瞬间洞开。华东野战军随时可以长驱直入，截断黄百韬的退路。

在运河上就是里外挨揍，过了河又面临前后夹击。黄百韬已经近乎急赤白脸，他电求当地的李弥兵团帮忙，但不料，当头又挨了第二棒。

就在黄百韬前脚到达碾庄的时候，李弥已经开始往徐州撤了。原来，何基沣、张克侠起义，把刘峙吓破了胆，匆忙命令李弥兵团迅速回防徐州。就利用这个空档，解放军华东野战军尖兵切入，黄百韬一路狂奔，还是被死死地围在了碾庄。

直到1978年，粟裕在战例讲座中谈到这次起义的时候，仍然感慨万分：起义哪怕再晚四个小时，我们的战机就丢了。1948年11月11日，围歼黄百韬的碾庄战役正式打响。但很快，华东野战军的将士们就发现，这个仗没那么好打。

为了追上黄百韬，连日以来，华东野战军都是急行紧赶，很多辎重炮火没能跟上。而在碾庄一带，留有之前李弥兵团修筑的牢固工事。倚仗着无数堡垒和重火重炮，黄百韬指挥第七兵团顽固死守。以至于战役打响的头两天，华东野战军的伤亡已经达到4000人。这样硬拼绝对不行，粟裕急令：马上收手，调整方案之后再做进攻。

响彻碾庄的枪炮声，出现了短暂的停歇。黄百韬困兽犹斗，不好对付，而在国民党徐州"剿总"一边，此时也有一些新动作。

"剿总"司令刘峙连出昏招，见死不救，蒋介石万般无奈，只得紧急调回还在东北战场善后的杜聿明，委任其为徐州"剿匪"副总司令兼前进指挥部主任，全权负责战地指挥。

前进指挥部主任，那得"前进"啊。果然，杜聿明新官上任，第一件事就是急令已经龟缩于徐州的邱清泉兵团、李弥兵团，率部沿陇海线向东推进，以解黄百韬之围。

形势变得有些复杂了。两路敌军前来增援，碾庄又无法迅疾拿下，一旦国民党三个兵团里突外攻，华东野战军就危险了。

不用担心，1948年11月14日，毛泽东代表中共中央军委发给粟裕一封电报。其中写道："蒋介石以黄兵团危急万分，令邱兵团星夜挺进，限十三日夜到达碾庄解围。……目前是继续歼灭邱兵团的良机，望令正面阻击部队向东撤退，让邱匪深入。……于本夜切断邱匪后路，完成对该匪之包围。否则该匪一闻黄匪被歼，将迅速退回徐州。"

"诱敌深入，围而歼之。"这，就是毛泽东在长期实战斗争中总结出来的"围点打援"战术，而且屡试不爽。敌人不增援，还则罢了，胆敢妄动，恐怕就只能像电报中所说的，被继续歼灭了。

在毛泽东眼中，国民党军队就是纸老虎。即便来势汹汹，终究一触即溃。而也就是在接到"打援"电报的第二天，已经停歇了几天的硝烟，在碾庄又一次弥漫开来。粟裕终于找到了突破口。

学名：迫近式作战。说白了，就是挖沟——以战壕作掩护，先行突到敌人眼皮子底下。1948年11月15日，华东野战军各纵队开始大挖交通壕，阵地周边一片锹镐之声。边挖边打，战士们逐村逐堡向前推进，到最后完全是跟敌人对壕作战，国民党的火力再重，也不能对着自己脚下直轰吧。

碾庄之战，已是越来越惨烈。而前来增援的国民党邱清泉兵团，却感觉打得很顺手，1948年11月16日，在离碾庄仅20公里的潘塘镇、大许家一带，邱清泉兵团遭遇解放军的拦截阻击。开始，双方还不分高下，但没过多久，邱清泉的部下发现，对手竟然撤了。

这可完全是出乎意料啊！得知前方战况，邱清泉想都没想，抄起电话，就向徐州"剿总"报喜："潘塘大捷！我军战斗大获全胜，共军溃不成军，俘敌缴械无数"。

更离谱的还在后面，当刘峙听到"潘塘大捷"四个字，激动得浑身发抖，连声吩咐手下："快、快向南京报告！徐东大捷！徐东大捷！"

一时间，国民政府各大报纸连续几天整版刊登着"徐东大捷"。徐州、南京一片欢声笑语。而为了激励士气，这些印着捷报的报纸、传单也被空投进了碾庄。

徐州的气氛很欢乐，接收到这样的报纸传单，碾庄的黄百韬兵团却没能被徐州的欢乐情绪所感染。

此时的碾庄，全然没有一丝"大捷"的气息，有的，只是萧条、死寂。自解放军实施迫近战以来，两天时间，黄百韬的兵力和防御阵地已经丢掉大半。

据说当时，黄百韬每日都要爬到自己司令室的屋顶上，翘首西盼援军到来，可他盼到的，只有连日的失望。

1948年11月17日，天气不错，又有空投了！但愿不再是那些不靠谱的报纸！眼见降落伞落地，几名国民党士兵慌忙冲了上去。他们都饿坏了，陷入包围将近10天，粮草消耗殆尽，只能靠有一茬没一茬的空投物品勉强活着。

但等扒开降落伞一看，没有吃的，整个空投，只是为了一封蒋介石写给黄百韬的亲笔信："焕然司令弟，勋鉴：此次徐淮会战，实为我革命成败，国家存亡，最大之关键，务希严令所部，切实训导，同心一德，团结苦斗，期在必胜，完成重大之使命，是为至要。顺颂戎祉。各军师长均此。中正手书。"

字数不多，黄百韬却读了很长时间。事已至此，也就没什么可说的了，蒋介石对自己已经兄弟相称，那他一介武夫，只能为了"哥哥"拼了。

1948年11月19日晚9时30分，人民解放军对敌人阵地核心发起总攻。经过一夜血战，黄百韬兵团司令部已近眼前。11月21日，粟裕下达命令，各部集结，务必合歼黄百韬！闻听此报，黄百韬长叹一声："完了！"之后，就在众人簇拥下冲出兵团司令部，仓皇逃去。最终突围不成，死在了碾庄尤家湖。

关于黄百韬的死，后人有各种说法，有人说他是自杀，也有人说他是被解放军击毙的。乱军之中，二者皆有可能。时任国民党徐州"剿总"警卫队队长、后来向解放军投诚的顾柏衡对这段故事回忆道：黄百韬这个手枪营长叫冯非，就是专门保护黄百韬的。黄百韬在芦苇荡边上，给我们解放军的流弹打中，打中以后他晓得走不了了，就跟姓冯的讲，说冯非你赶紧走。这个冯非晓得他要自杀的，他就不走。不走，就枪毙你。冯非就走了，走了没多远后面枪响了，自杀了。

而还有一种说法，也广为流传，那就是黄百韬死前，对身边卫兵说，我实在想不通，大战当前时，他刘峙为何要让我坐等那44军来汇合？又为何在我退到碾庄后，撤走李弥部队？我黄百韬，死不瞑目！

黄百韬致死也不能理解，刘峙为什么就为了那一己之私而置战局而不顾。那时的刘峙，是为了保全自己的私盐生意，而最近，"刘总司令"很忙。"徐东大捷"的忽悠效果看似很不错，那就再接再厉，宣传一个"碾庄大捷"嘛。为此，刘峙特意召开新闻发布会，还死活拉上杜聿明共同主持。

但杜聿明没有这个兴致，会上，他一直苦着一张脸，寡言少语。好不容易扛到发布会就要结束，那个最让他担心的问题还是被记者抛出来了："杜副总司令，再问一个问题好吗？这样的大捷，黄百韬到哪里去了？"

事后，杜聿明曾在回忆录中感慨：这也许就是天意！因为他当时的回答是："黄司令，回家休息去了！"

碾庄战役中，人民解放军华东野战军付出了巨大牺牲。而随着黄百韬的国民党第七兵团覆灭，淮海战役迎来了第一阶段的胜利。经此一战，徐州以东强敌被清扫干净。

最后的禁地：
阎锡山与他的窑洞和两箱黄金

1960年5月23日正午，一辆面包车直奔台北的台大医院。车里躺着的病人，正是执掌山西38年，近代中国政治舞台上的"不倒翁"——人称"山西王"的阎锡山!

最终医生回天乏术，77岁的阎锡山逝世。权倾一时的"山西王"为什么会孤独地死在台湾的医院里？生前那么注重家族观，可为何去世前只有几个随扈在他身边？

1960年5月23日正午，台北远郊的菁山，一辆面包车沿着窄窄的山路，呼啸着疾驰而下，车子的目的地，是台北的台大医院。

这是台北台大医院的救护车，车里的病人，是一位戴着老式圆形眼镜的老人，当时，老人半躺在抬他上车的藤椅上，艰难地大口喘着气。陪这位老人上救护车的，是几个神情紧张的壮年男人。

这位老人正是执掌山西38年，近代中国政治舞台上的"不倒翁"——人称"山西王"的阎锡山！

几位操着山西口音的壮年男人，都是阎锡山从大陆到台湾时随身带来的贴身侍卫，要送病危的阎锡山进医院抢救。刚到医院不久，阎锡山病情加重，虽然医生奋力抢救，但最终回天乏术，77岁的阎锡山逝世。

权倾一时的"山西王"为什么会孤独地死在台湾的医院里？作为山西人的他，生前那么注重家族观，可去世前只有几个随扈在他身边，他的老婆孩子呢？说起这些，我们还得从"山西王"阎锡山为什么不在山西说起。

1949年初，人民解放军取得了辽沈、淮海、平津三大战役的全面胜利，解放战争进入了最后推翻国民党统治，解放全中国的决胜阶段。3月，中央军委指示第十八、第十九、第二十兵团和第四野战军炮兵第一师会集太原前线，共同参与攻打太原的战斗。3月28日，经中共中央军委批准决定，彭德怀参与指挥攻打太原。3月29日，阎锡山逃往南京，太原国民党守军人心惶惶。4月20日，人民解放军在猛烈炮火掩护下，向太原守敌发起攻击，至22日，摧毁了城外全部据点，直逼太原城下。1949年4月24日凌晨5时30分，攻城部队

阎锡山

以1300门大炮从四面八方向太原城猛轰，至10时，守敌全部被歼，太原宣告解放。

人民解放军胜利解放太原，此时的阎锡山，不得不结束了他对山西前后长达38年的统治。虽然没了老家接不着地气，但是，精于算计一辈子的他也没闲着。

1949年6月3日，在蒋介石与李宗仁的权力较量中，阎锡山捡了漏儿，在广州当上了国民政府的行政院长。

随着全国解放的步步紧逼，11月28日，国民政府不得不迁到成都。这边前脚刚到，还没站稳呢，仅仅在短短一个月之后，人民解放军已经突破国民党胡宗南用19个军、52个师构建起来的防线，先头部队直指成都城。

成都也待不下去了，只能走。1949年12月9日下午，阎锡山同行政院副院长朱家骅、秘书长贾景德、政务委员陈立夫、教育部长杭立武等人来到成都双流机场，目的是准备搭飞机逃往台湾。

这一天，可是跑路的关键当口，解放军眼看着就要打到成都，晚一步，都有可能被抓住。可这大人物们都急得快上房了，飞行员却迟迟不起飞。

其实，原因很简单，飞机超重了，飞不起来。这架美制道格拉斯DC-3型飞机核定载员24人，而此时，行政院各位高官和他们的家属、随从七七八八加在一起，早就超过了24人的核定人数。

这超重了的飞机根本就不敢飞，况且，就算飞起来了，也有坠机的危险。就在大家一筹莫展之际，谁也没想到，还有人要上飞机。要上飞机的人还带了更大的麻烦。

赶着上飞机的人，是国画大师张大千。张大千下车后，径直走到时任国民政府教育部长的杭立武面前说，他带来了78幅敦煌临摹壁画，要求与这批画同机撤离。张大千带来的可是国宝，可国宝面前杭立武和朱家骅犯了难，飞机已经超载了，那画又不只是几张纸，可有一大箱子呢，还要加上一个大活人，怎么可能！

一方面要赶紧撤离；另一方面人多，东西多，飞机超重，没别的好办法，减重吧。行政院副院长朱家骅忙得是上蹿下跳，跟谁商量减重谁都不肯晚走或减行李。无奈，只能找当前的最高长官阎锡山商量，减人还是扔东西。

别看朱家骅忙叨，阎锡山却稳如泰山，话也通透，减什么都行，就他手里的两箱子不能扔。朱家骅苦笑一声，心说，哥哥，最该扔下的就是您这俩箱子了。

阎锡山这俩箱子里装的全都是金条！同行的陈立夫当时就急了，这命都要保不住了，你阎锡山还顾得上金子，你也太鸡贼了吧！当时陈立夫心里有多火，可想而知。而且，他不光火大还又急又悔。

急什么呢？解放军围城，再不走就走不成了。悔什么呢？因为要不是蒋介石，陈立夫根本就不用跟阎锡山坐同一架飞机。

陈立夫之所以坐这班飞机，完全是蒋介石特意安排的。目的呢？ 就是帮他老蒋看紧了眼前的这位阎锡山。

蒋介石和阎锡山的矛盾由来已久，1930年国民党内部的争战就是从他们两人的争吵开始的，之后在中原大战的几次交火、抗日战争中对日本人态度的不同，以及在西安事变中与中共的联手，都让蒋介石对阎锡山打心眼里就不信任。阎锡山现在作为国民党的行政院长，蒋介石安排陈立夫陪同逃往台湾，完全是怕这个著名的"不倒翁"投共，蒋介石甚至授权陈立夫，在必要的时候采取"非常手段"对付阎锡山。

阎、陈二人本身心里打的就不是一个算盘，这又因为"黄金事件"而心存芥蒂。陈立夫认为阎锡山贪图钱财，没有担当大任的胸怀，飞机虽然在阎锡山不减黄金，减了几名亲卫的条件下得以起飞，但这股火陈立夫咽不下去。在飞机上陈立夫就想好了，他要告阎锡山的状。

一到台湾，陈立夫马上跑到老蒋面前，说阎锡山这次到台湾，携带的金条多达数十箱，飞机超重，自己险些来不成台湾。更重要的是，数十箱金条来路不明。

蒋介石原本就对阎锡山极不信任，陈立夫的小报告无疑是在阎锡山背后猛戳了一刀。

陈立夫会告状，老于算计的阎锡山也会算到。有道是，你陈立夫有张良计，阎锡山也有过墙梯！

什么好，都不如合蒋介石心意好，阎锡山38年的山西王没白当，他看准了，眼下最合蒋介石心意的，就是反攻大陆。要让老蒋看到，阎锡山是能为反攻大陆添砖加瓦的。

1949年12月13日的《中央日报》上面，有阎锡山刚到台湾时在报纸上发表的施政方针。标题是《重视组织努力组织——完成政治功能——在台省行政会议闭幕礼中致辞——阎锡山》。

在这份讲话中，阎锡山清楚地讲了他的新"施政方针"想要做到的效果："今日我们是走的民众路线，凡是反共保民上需要的施为，不了解的必须使他了解，不接受的必须使他同情。"

看来，这讲话不仅替蒋介石考虑，而且考虑了老百姓。关于达到这些目标的方法，阎锡山说："棉花纺成线是组织，线织成布是组织，土做成坯是组织，坯烧成砖是组织，其组织与非组织实不同，效用亦不同，非变质不能收无穷大之效。"他还指出："希望大家以后要重视组织，努力组织，表现组织效用，完成政治功能。"

说得好听点，就是要大家跟紧了他阎锡山，好好管管队伍；说不好听点，就是仨字儿：要权力！

阎锡山处心积虑设计了这份"施政方针"，他的目的，其实就是想利用手里的行政院长的权力，在没了兵权的情况下，还能在老蒋眼皮底下的台湾站稳脚跟。

阎锡山算盘打得很响，李宗仁在美国，蒋介石在台湾一定会重登"总统"宝座，自己拦不了。要想踏踏实实过日子，坐稳这行政院长一定要会来事儿，更何况离开了山西，自己的嫡系也不在，高唱反攻大陆，抱蒋介石的大腿是必须的。

阎锡山在1949年12月13日的《中央日报》上发表的"施政方针"

阎锡山盘算着继续抱蒋介石的大腿，可他想要权，却触碰了蒋介石的底线。刚到台湾，两箱子黄金，让陈立夫告了状，蒋介石强压着火儿没发出来。其实想想就能明白，蒋介石和阎锡山，一个是堂堂国民党总裁；一个是盘踞山西38年的大军阀，手底下过钱那真是数不胜数。

别说两箱子黄金了，两百箱黄金按说也不是什么大事儿，他们俩之间的矛盾根本就不是钱的事儿，而是权！

虽然阎锡山这个行政院院长兼国防部部长是在蒋介石和李宗仁的极力推荐下上任的，而且蒋介石早在国民党逃台的前夕，就辞去了"总统"一职，由"副总统"李宗仁代之。但在当时，蒋介石留给李宗仁的，是一个千疮百孔的烂摊子，并且名义上辞职的蒋介石，依旧在幕后暗中操纵着国民党政权，这让李宗仁和蒋介石之间不免产生不少矛盾。而此时，李宗仁远在美国，按照当时国民党所谓"宪法"，"总统""副总统"缺位时，应由"行政院长"代行其职权。这就是说，当时在台湾，阎锡山理论上应该是绝对权威。

阎锡山这行政院长想当老大，这怎么可能！本来，他阎锡山就是在李宗仁和蒋介石的冲突中，为了起到缓冲作用，才被李宗仁、蒋介石二人推荐上任的，现在李宗仁人都走了，所谓的冲突也就自然化解了，那蒋介石留着他阎锡山还有什么用！

当时国民党刚到台湾，一切百废待兴，出于稳定的考虑，蒋介石在表面上对阎锡山还比较客气，但对"行政院"的工作，事无巨细，处处过问。

在蒋介石心目中，阎锡山也不过是他政治生命中的一枚棋子而已，而且是枚有历史案底、不听话的棋子。而结果就是，蒋介石已经开始酝酿换掉阎锡山。

1950年元旦刚过，蒋介石便把阎锡山叫到办公室，说是与他商量"行政院"改组人选，其实就是通知他应该调换哪些人。蒋介石给了阎锡山一个纸条，上面清清楚楚写着的字，着实把阎锡山给惊着了：

一、谷正纲代理"内政部长"；二、陈良任"交通部长"；三、阎锡山辞去"国防部长"职务，由参谋总长顾祝同兼任；四、"政务委员"张群辞职，由丘念台继任；五、关吉玉辞去"中央银行"总裁一职，由俞鸿钧继任。

这个名单里，谷正纲、顾祝同、俞鸿钧这些人都是蒋介石的嫡系，这些人不光接替了阎锡山的人马，就连阎锡山本人任职多年的"国防部长"一职也被蒋介石给免了。其实仔细一想，也在情理之中。自打阎锡山离开山西，他就一直处心积虑地算计，生怕哪一天惹毛了老蒋被收拾，可老蒋最终还是捅破了这张窗户纸。

这可真是怕什么来什么，阎锡山费了那么多心思算计，蒋介石这么搞，摆明了就是要将阎锡山挤出行政院，将这个老对手踢出国民党领导核心，本身就没了军权的阎锡山算计着靠玩政治积累些自己的权力，现在自己的人都给撤了，也就失去了跟老蒋玩政治的资本。

1950年3月1日，蒋介石在台北宣布复职。仪式完毕后，阎锡山主动提出辞去行政院长的请求。蒋介石在一番假意挽留之后，于同月15日，任命陈诚组织新内阁。阎锡山卸任行政院长后，蒋介石给阎锡山安排了两个最"合适"的头衔——总统府资政和国民党第七届中央委员会评议委员，将阎锡山完全排斥在政事之外。这两个职位，听上去挺大的，可是用现在的话来说，实际上就是一个智囊团的高级参谋这种角色，这有职无权的"资政"和评议委员，伴随阎锡山走完了他最后的人生道路。

"八月秋高风怒号，卷我屋上三重茅。"在阎锡山3月份卸任、8月份搬家之后，这句诗就好像是给阎锡山写的一样。因为，阎锡山把家搬到了台北市郊的菁山，给自己盖了一个草房。

这菁山非常偏僻，从这儿到台北市中正区的总统府单程就有19.5公里，这相当于从北京天安门到香山的距离，您也许不觉得有多远，可要想想那是60年前，菁山上根本没有公路。阎锡山想到市区看看老婆孩子都要用两个小时，说是与世隔绝，一点也不为过。

阎锡山找的这地儿也够绝的：没有电，只能用煤油灯；没有自来水，喝的是用竹管接的泉水；烧水做饭只能砍柴取火。不光生活设施什么都没有，天还热得吓人，40摄氏度，这温度对于夏天的台湾来说可是家常便饭。

这茅草房，其实也只是阎锡山的临时住所，大夏天的，做了一辈子军人，阎锡山想着慢慢盖好的，一时半会的忍忍就过去了，可阎锡山对台湾的夏天，却完全估计错误，台湾可是会有台风的。

可想而知，这茅草房子，被台风一刮，房顶就没了，没了房顶，虽然还有木板，但雨水可就顺着木缝猛灌。阎锡山睡觉都得靠侍卫打伞来避雨，可是侍卫又不能一晚上都在这儿站着，只好把伞挂在床头。

就这条件，阎锡山在台北市里又有房，可他就是不回去。他在菁山买了一块地，让人略加开垦，修建了一座农场。阎锡山明白，与其在蒋介石眼皮底下被监视，还不如远远地把自己封起来，起码不招眼。

可这菁山的条件也太恶劣了，很快，阎锡山开始怀念起山西老家冬暖夏凉的窑洞来。

阎锡山在菁山的旧居门前有一块石碑，上面写道："我到台湾因不耐炎热与暴风雨的侵袭，建茅屋于金山山麓。移居以来，想起内地冬暖夏凉不怕风雨的窑洞来。我问台湾同胞，台湾为什么没有窑洞？他们说，窑洞有三个缺点：一潮湿；二空气不流通；三怕地震，适于北方，不适于台湾。"

当地老百姓说了，北方的窑洞在这儿挖的话，潮湿，空气不流通，地震还容易坏。这三个问题，阎锡山琢磨来琢磨去，还真琢磨出一套解决办法。"这三个缺点，经研究全可补救。使用洋灰，就防了潮湿。开前后窗户，就能使空气流通。至于防地震，窑洞与楼房性质一样，是看建筑上的设施如何。我遂动念建筑一所窑洞。台湾房屋，中国式，西洋式，日本式均有，特取三式所长，融合为一。"

开前后窗户，南北通透，呵，与其说这是窑洞，不如说是一座靠山而建的洋灰砖房。接着阎锡山写下了这样的话："为台湾同胞作试验。此窑命名为种能洞，因我向以种能观察宇宙，为配合我的宇宙观而名之。"

从字里行间可以看出，叫当地人台湾同胞，阎锡山压根就没把自己当成台湾人，一直到去世，他都想着山西，想着在山西的家。

阎锡山给这自创的台湾窑洞起了个名字，叫"种能洞"。所谓"种能洞"就是一座石砌墙、绿色水泥顶的建筑，依山背风一溜五间，四周又加了女儿墙。从外观上，实在看不出是窑洞。"种能洞"有主卧、客房、客厅、饭厅、厨房、浴室。按照现在的说法，其实就是一套普通的两室两厅一卫的房子，这套房子所有房间加一块儿，总共才60多平方米。而当年阎锡山在山西老家住的房子，大大小小27个院子，将近1000个屋子，总面积33000多平方米！

可就这么60多平方米的房子，阎锡山还在其中设计了小机关。他在建房子的时候，在屋顶、外墙上，都留有机枪射击口。而这个设计，在当年山西的老宅墙上可没有。因为，没必要。

早在抗日战争开始前，阎锡山就依托太原周围险要、复杂地势，构筑防御工事，苦心经营太原城防。当年一个美国记者看过他的城防工事后说："任何人到了太原，都会为数不清的碉堡而吃惊"。阎锡山将太原构筑成了

"种能洞"

一座不折不扣的"碉堡城"。

　　阎锡山都把太原修成了碉堡城，自然在自家院子里用不着修什么机枪孔。可"种能洞"不同，机枪孔是用来防御的，山西王阎锡山之所以修它，也许在心里，已经把菁山这块小小的院子当成了自己如山西般的王国。

　　可是如今，这位自28岁生日那天就成为名震三晋的都督、旧中国任期最长的一省军政长官却落魄到这样的地步。是因为没钱吗，他的那两箱子黄金又哪儿去了呢？

　　直到现在，阎锡山黄金的去向史学界都没有定论。有种说法是，阎锡山当年从大陆到台湾，带的家属、副官和陪同多达几十人，他的儿子阎志敏、阎志惠都在美国。

　　阎锡山还有不少亲戚从山西逃到日本，一家老小七七八八的生活开销，全都落在了阎锡山一个人的肩上。好不容易带来的这两箱子黄金，除了在山上买的那块地，基本上都被这些开销给造干净了。

　　《阎锡山传》里说，阎锡山每月能拿到5万块新台币的工资。当时台湾老百姓正常上班的话，一个月也就能拿三四百块钱，这么看来，5万元新台币可真是太多了。

　　白崇禧的儿子白先勇的回忆中，像阎锡山和白崇禧这样在台湾已经没有实权、只是领着顾问头衔的将军，每月不太可能领到这么高的工资。所以，也有专家认为，当时阎锡山每年可能会有5万元的收入，那么，每月4200新台币左右，其实也不少了。

可阎锡山给他属下的人每个月伙食费是100元新台币。不过，在吃上省钱，可不是阎锡山克扣下属口粮，其实就连他自己也吃得很简单。一般是四个素菜、一个花卷、一碗粥，就这么简单的伙食，怪不得一个月一个人才100元。

阎锡山的部属周玳曾经形容他是"钱鬼子"出身，做钱庄生意起家的他在钱上的精于算计，早在他还在大陆的时候就远近闻名。

要说山西人精明、会算计，阎锡山可真是个极品，谁也休想在他这儿占便宜。1933年，他在山西修建同蒲铁路，之所以跟全国其他铁路都不一样地用了窄轨，是因为阎锡山亲自算过：如果铺每米38千克的宽轨，得投资9000万元，50年内都会亏损；而改用窄轨，投资仅3400万元，20年内便可收回全部投资并盈利。

为了省钱，阎锡山让他的部队参加铁路建设。士兵有军饷，可比雇佣民工划算多了。他还命人办了一家水泥厂生产筑路所用水泥，以免从独家经营的唐山水泥厂花高昂运费运来。

就这么着东省西省下来，全长850公里的同蒲铁路工程阎锡山只花了1650万元就建成了，比他预计的3400万元足足省了1750万元！

算盘打得精的阎锡山喜欢说一句话："算盘底下有大洋啊！"他曾经将自己与其他军阀相比，说："张作霖财大气粗，10元当1元花；老段（段祺瑞）要1元当2元花；可我只能1元当10元花。"在阎锡山的处世哲学中有一条："平时留下余地，临时处置裕如。"

美国《生活》杂志记者Jack Birns在"种能洞"给阎锡山拍摄的照片

张作霖

段祺瑞

阎锡山

也正因为如此，史学界对他的那两箱子黄金还存在另一种说法。有人推测，阎锡山的那两箱黄金，估计是被他藏起来了。持这种观点的人还指出，阎锡山到死也还在想着回到山西老家，想着国民党有一天能"反攻大陆"，他现在省吃俭用，完全是为日后东山再起存老本儿。

不过，在钱上算计了一辈子的阎锡山，在他人生的最后10年，算计的不再是钱和在国民党内部能有多大的权。当然，他想算也很难算计到自己手里了。

阎锡山在菁山可以说是足不出户，非国民党重大活动，绝不轻易进城。他每天的生活很有规律，每天早晨7点起床，然后写作；午饭后休息两个小时，下午会见客人或思考问题；晚上10点钟准时入睡。

阎锡山要求他的秘书在前一天晚上就把他第二天的日程安排好，不过，除了他侄子阎志昭偶尔来访外，其实阎锡山也没什么访客。他的主要精力都用在写文章上，有时每天埋头书案工作长达12个小时。

在阎锡山隐居10年的"种能洞"门上，有这么一副对联。上联是：频年迁播异乡，最难忘三晋风云，六朝城郭。下联是：今日欢欣佳节，且来看淡江春水，横海楼船。

阎锡山绝对没有对联上表现得那样淡泊！"最难忘三晋风云，六朝城郭"这11个字，说的正是他思念山西老家的心情。想家这个梦，一直到去世，阎锡山也没有实现。

那么，在国民党军阀中最有文化的阎锡山，理所当然要好好研究一下，为什么自己会被共产党打败，而自己怎么才能打回家，这才是研究的终极目的！

阎锡山一辈子都视共产党为最大对手，在"种能洞"生活的他已经70多岁，又没了兵权，他开始了研究共产党胜利根源的工作。

在日记中，阎锡山写道："我们的失败，不是兵力不够，是政略不够。如我们对二百万日本精兵，能守住西南半壁，而不能对抗装备甚差的三万共军，即是明证。共党以其主义、政策、政略，组织起民众，造成面的战略，以明击暗、以大吃小的战术，是超历史的做法。"

| 阎锡山在菁山埋头写作

团结群众，超越历史，这话可算说到根儿上了！《三百年的中国》，就是阎锡山针对共产党进行研究的成果。这本书的第一页，就是他的亲笔手书：国识是富强文明的种子，责任心是富强文明的原动力，事务技术是富强文明的机动力，三者缺一不能立国于今世界。

这本书可是阎锡山的命根子，在菁山的10年，他可是天天就琢磨共产党的胜利，写这本书了。当然，他不可能凭这本书返回国民党内权力中心，更准确地说，连这本书的面世，阎锡山都没能看到。

1959年，阎锡山已是77岁。一天晚上，他正准备上床休息时，忽然感到心脏抽痛。第二天，他到台湾大学附属医院检查身体，被确诊患上严重的心脏病。据说，当时医生就把阎锡山扣在医院住院治疗，而且大夫更是要求他绝对静养，写书什么的，全停。

| 阎锡山所著《三百年的中国》

可阎锡山哪儿静得下来啊，这书可以说是他回山西老家的唯一念想了。在医院住了一个多月，心口刚不疼

了，阎锡山就死活也不住了，马上招来侍卫，咱回菁山！

回到菁山后的阎锡山很快就完成了《三百年的中国》书稿，可让他想不到的是，伴随着他停笔的，还有他生命的终结。

1960年5月10日，阎锡山早上起床后又心口疼了，不过他没当回事儿，只是请医生到家里来看了看，就继续在"种能洞"里校对他的书。

可是，5月23日一早，阎锡山不光心口疼，还开始感觉喘不上气，于是被救护车送进了台大医院抢救。

这救护车一来一回可就是3个多小时，一送到医院，阎锡山就被诊断为急性肺炎并冠状动脉硬化性心脏病。到中午1点半，他的病情突然加重，呼气已经非常吃力，不久心脏便停止跳动。时年78岁。

算计了一辈子的阎锡山，到晚年为了能回山西还在写书的阎锡山，最终还是没能如愿。他死前写给他家人的遗嘱中说：一、丧事宜简不宜奢；二、来宾送来的挽联可收，但不得收挽幛；三、灵前供无花之花木；四、死后早日出殡不做久停；五、不要过于悲痛放声大哭；六、碑墓上刻着他的日记第100段和第128段；七、七日之内每天早晚各读他的《补心灵》一遍。

1960年5月23日，阎锡山去世

阎锡山死后，台湾为他举行了隆重的葬礼。葬礼由何应钦主持，蒋介石亲临致哀，并送一块匾额，上书"怆怀老勋"。

东省西省拮据地过完晚年，本打算留足资本回山西老家的一代枭雄，在台湾只留下孤坟一座。阎锡山去世前，墓地就已经亲自选好，在他生前居住的菁山草庐地区后面，朝向山西老家的方向。

最后的禁地：
孙立人与"兵变"案

1955年6月6日上午，位于台湾南部高雄的凤山军事基地进行了一场奇怪的陆军校阅。这场检阅整整晚了两个小时。蒋介石和宋美龄从检阅开始到结束，一共才用了45分钟，就匆匆离开了。

原来，就在检阅开始前两个小时，有一门炮的炮筒正对着检阅台。事实上，阅兵情报机关得到消息，有人要在阅兵的时候发动"兵谏"……

1955年6月6日上午9点半，位于台湾南部高雄的凤山军事基地，将开始一场陆军校阅。

　　为了保证这次陆军阅兵不出任何差错，各部队在这里已经操练了很久。主持这次陆军阅兵的最高长官，是时任台湾"总统"的蒋介石。

　　可是，这场操练充分的检阅，整整晚了两个小时，原本9点半就要开始的校阅，直到11点半，蒋介石和夫人宋美龄乘车来到检阅台才算开始。蒋介石当时穿着米黄色的特级上将戎装，神色有些不自然。

　　指挥官报告受校阅人数后，蒋介石乘坐敞篷车开始阅兵，当时陪同他检阅的还有国民党元老人物何应钦、"国防部长"俞大维、总统府参军长孙立人、"国防部副部长"黄镇球、代参谋总长彭孟缉、陆军总司令黄杰等，还有陪阅官美国泰勒将军和蔡斯上校。

　　从乘坐检阅车开始检阅到结束，一共45分钟。蒋介石回到检阅台，开始了每次阅兵必备的漫长训话环节。1954年6月16日，在陆军军官学校30周年的阅兵式上，蒋介石仅训话时间就超过了一个小时。

　　可是这次，蒋介石登上检阅台，没等部队集结，就开始训话，非常干脆，几句勉励的话说完，只用了短短5分钟，蒋介石转身就走了。

　　把这数万人的部队集合在阅兵台前，训话就花了5分钟，部队还没站稳，这场校阅大典就已经结束了。国民党官兵站了一上午，校阅却前前后后历时不过一个小时，与以往相比，这次校阅短得出奇。

　　然而，把开始检阅的时间向前推进两个小时，就会发现原来事出有因。

　　在这两个小时里，国民党军方用上了扫雷器。用它给每门大炮进行反复检查。检查的内容包括：接受检阅的炮车外壁是否光亮，炮管里面也用木棒试捅两下。之所以如此紧张，是因为在两个小时前，有一门炮的炮筒的位置正对着检阅台。

　　炮筒直对检阅台，这种情况在任何校阅中都不应该出现！除非，有人要对蒋介石下手！事实上，在阅兵开始前，情报机关得到消息，有人要在阅兵的时候发动"兵谏"。

当外界都在猜测，这场"兵谏"的主角是谁的时候，国民党当局却闷声不响。直到一个多月后，一封辞职信似乎要揭开谜底。

写这份辞呈的人是孙立人，时任总统府参军长。签呈日期是1955年8月3日，也就是"兵谏"事后一个半月。一般来讲，没有做错事，或者能力不济，不会轻易辞职。

在辞呈一开始，孙立人先感谢蒋介石的栽培，"钧座一手之栽培，恩深义重，虽父母之于子女无以过之"。接下来的话就让人犯嘀咕了。"乃今日竟发生此种不肖事件，扶衷自省，实深咎愧，拟请赐予免职，听候查处。""一、郭廷亮为职多年部下，来台以后，又选予任使，乃竟是匪谍，利用职之关系肆行阴谋。"接着，孙立人说道：因为"从侧面联络疏导，运用彼等多属同学友好关系，互相策勉。"导致的结果是，"且试图演成不法之举动"。

虽然辞呈的内容吞吐，但辞呈中所提到的"阴谋"和"不法之举"，应该就是孙立人要引咎辞职的直接原因。

孙立人，1900年出生于安徽省舒城县。父亲孙熙泽是清末举人。1914年，孙立人以第一名的成绩考取清华庚子赔款留美预科。1926年进入被称为美国南部的西点军校的弗吉尼亚军事学院。回国后于1930年任税务警察总团团长，曾参加淞沪抗战。后升任国民党军第38师师长，编入中国远征军，入缅参战，因为作战英勇，被称为"东方的隆美尔"。他也是"二战"中歼敌数量最多的中国将军，国民党陆军二级上将，曾任台湾陆军总司令。

孙立人

在孙立人递上辞呈之后，台北各大报纸就爆出消息："孙立人真的垮下来了！"这话其实很有趣，似乎早知道孙立人要倒似的。其实，无论外界怎么说，最关键的是蒋介石的态度。而蒋介石接下来的一个命令，似乎解答了孙立人是否与"兵谏案"有关这个问题。

1955年8月20日，蒋介石颁布命令，以"纵容部属武装叛乱""窝藏共匪""密谋犯上"等罪名，革除孙立人总统府参军长职务，由黄镇球接任参军长。自此之后，孙立人的亲信部属——被调离军职查办。

孙立人因为牵涉"兵谏"案被革职，但是，他一个人不可能干得了这事。所以，国民党陆军中被抓的人可是不少，足足300多人。这里面当然少不了一个人，辞职信里提到的另一个关键人物——郭廷亮，时任第四军官训练班示范营营长。

当时有一种说法，这场"兵谏"似乎是因为孙立人从台湾陆军总司令被降职为总统府参军长引发的，而这场"兵谏"的实际组织者，正是郭廷亮。

1950年3月孙立人担任陆军总司令后，蒋介石曾允诺，会升任他为参谋总长一职。但在1954年6月，孙立人任陆军总司令届满后，反而被降为有名无实的参军长，进而心怀怨愤，所以派郭廷亮到各部队秘密联络集会，利用蒋介石校阅部队的时机挟持他，进行"兵谏"。

按照这样的说法，郭廷亮的目的可没有那么简单了。孙立人的辞呈中曾提到，"郭廷亮为职多年部下，来台以后，又迭予任使，乃竟是匪谍"。

也就是说，似乎郭廷亮一方面是为了完成"间谍"工作，另一方面则是为了向孙立人报恩。

1944年，在国民党新1军反攻缅北战役中，郭廷亮身受重伤。孙立人知道后，立即派遣飞机将他载回后方医院急救。在孙立人的部队里，郭廷亮一直表现良好。随后，跟随孙立人来到台湾，由于身体壮硕，动作利落，被孙立人任命为第四军官训练班示范营营长。

这样看来，孙立人确实对郭延亮有救命之恩。但是，仅凭这，就说郭延亮会因为孙立人被降职而自发发动"兵谏"似乎很牵强。

1955年"兵谏案"之后，《观察》周刊第14期的设计封面，中间的戴宽檐军帽的就是孙立人，而两边分别是蒋介石和蒋经国。

当时的台湾媒体，似乎在影射孙立人的辞职与蒋氏父子有关系，更有甚者说，这是一场预谋已久的政治陷害。

就在猜测声四起的时候，对"兵谏"案一声不吭的国民政府，在1955年8月20日，公布革除孙立人总统府参军长职务。同时，宣布成立九人调查委员会，专门调查"兵谏"案。而在人员选择上，蒋介石颇费心思。

以中华民国副总统陈诚为主任的九人调查委员会中，除了陈诚和何应钦是军人，考试院副院长王云五、"国防部长"俞大维两人为非国民党籍，另外还有行政院副院长黄少谷、中央纪律委员会主任委员吴忠信、行政院设计委员张群，"总统府"资政许世英，而最后一位，王宠惠，曾经参与台湾宪法的制定工作，在台湾民众看来，他是公正的代表。

《观察》周刊1955第14期
设计封面

经过42天的调查，九人委员会于10月8日将《国民党最高层九人调查委员会报告书》递交给蒋介石。整篇报告书共有1.6万多字。而调查结果，与1955年8月20日蒋介石颁布的惩处命令中的"纵容部属武装叛乱""窝藏共匪""密谋犯上"等内容是一致的。

但值得注意是，在"责任"这一部分里有这样的内容："关于郭廷亮阴谋变乱之计划，本委员会除等六人供词证言之外，尚未发现出自孙立人将军，或其他方面有关其为此项变乱行动主谋的证据。"

报告书接着写道："郭廷亮于9月8日在国防部军阀局受侦查时，曾有颇清楚之解说，据称：他有他的意图。"

在报告后面还特地标注，"他"指孙立人。接着报告书里还有这样的供词："就是利用我联络部队学生，造成一股势力，作为他苦谏的本钱，我有我的意图，就是要利用它的关系，联络学生掌握部队，达成我的兵运工作的任务。"

从这份报告看来，郭廷亮交代得很清楚，他的阴谋变乱之计划，最主要的就是联络部署，他得到的好处是方便"匪谍"工作，而孙立人指派郭廷亮联络部属则是为了"苦谏"的本钱。

案件到这儿似乎已经很清楚了。但是，24页的报告书里，居然没有证据。没有人证物证，只有案件嫌疑人郭廷亮的证词。要解释清楚一切，似乎还太早。追溯一下孙立人在案发之前都在做些什么，或许会有收获。

1947年7月，蒋介石下令任孙立人为陆军副总司令兼陆军训练司令官。11月，孙立人将陆军训练司令部迁到凤山，并从新1军调去几百名他在缅甸作战时期的干部，一同前往台湾训练新兵。孙立人练兵的方式和其他军队不一样，他重视军人的体能训练，不论是什么兵种，都要学习重机枪，他的目的是要把兵训练成全能的，以增强战斗力。

自从1947年11月来到台湾，一直到"兵谏"案，孙立人再也没有在战场上亲自指挥过作战。而在1947年7月之前，孙立人正在东北和林彪对峙，蒋介石的一纸调令，便把孙立人调离东北。这并不是因为孙立人不是林彪的对手，而是另有原因。

1946年，国民党连续两个多月攻打四平，一直毫无进展。而攻下四平对于占领东北的有着至关重要的作用。1946年5月15日，在美国的孙立人接到蒋介石命令，赶到新1军军部，连夜制订了攻击计划。他还亲自到各前沿阵地指挥，利用优势重型武器三天内攻下四平。

就在孙立人攻下四平的第二天，报纸的新闻却说是新6军军长廖耀湘攻下四平。孙立人知道后勃然大怒，质问随军记者，记者却告诉他消息是长官部发布的。

当时孙立人的直属上司，就是蒋介石的爱将黄埔一期杜聿明。杜聿明这么做的目的，还得从1942年的缅甸说起，也就是从这里，孙立人的命运开始改变。

1942年2月，日军进攻缅甸，驻扎在缅甸的英军势力单薄，英国驻缅甸总司令亚历山大向中国求援。蒋介石成立中国远征军，孙立人率领新38师入缅参战，驻守在缅甸中部的曼德勒。1942年4月14日，英军一个师的兵力在曼德勒西南方向的仁安羌油田被日军包围，孙立人亲自到第一线组织救援活动，用一个团不足千人的兵力，向日军发起进攻，4月18日，攻克日军阵地，解除了英军被困之围，还解救了7000英军以及被俘虏的美国传教士和新闻记者。

仁安羌大捷是中国远征军入缅后第一个胜仗，也是第一次入缅战役中，盟军承认的唯一一次胜利。

孙立人从国外获得的勋章，有美国罗斯福总统的丰功勋章和英王乔治六世的帝国勋章，相比之下，作为中国远征军第一路副司令长官的杜聿明就寒碜多了。

孙立人率领的新38师113团在缅甸仁安羌油田区

但仁安羌大捷后，英军无心恋战，决定从缅甸撤退，而孙立人和杜聿明的矛盾就在这时爆发了。

中国远征军撤出缅甸的时候，杜聿明按照蒋介石的命令向国内撤退，但撤退必须经过野人山。孙立人认为野人山是热带丛林，难以穿越，据理力争，拒绝穿越缅甸西北部的野人山，在掩护英军撤退后，38师向西面撤退到印度。中国其余军队由杜聿明指挥，计划穿越野人山，回到云南。结果由野人山返回的军队损失惨重，死亡4万多人，而孙立人的部队却安全撤退到印度。

因为穿越野人山，中国军队大规模减员，但杜聿明回到国内，第一件事就向蒋介石告状，怒斥孙立人不服从命令。当时蒋介石并未表态。

到1946年5月，孙立人攻下四平，新闻报道对孙立人只字未提，孙立人恼火是很正常的。

在南京的蒋介石看到这条新闻却哈哈大笑，安慰孙立人说要以党国大事为重。可事儿还不算完，杜聿明接着屡次发电向蒋介石批评孙立人，斥责他骄横跋扈。将帅失和，一边是黄埔爱将，一边是缅战英雄。蒋介石必须做出选择。

蒋介石将孙立人升为东北保安司令部副司令长官，其新1军军长之职由黄埔出身的第50师师长潘裕昆接任。同年7月，蒋介石将孙立人调离东北，出任陆军副总司令兼陆军训练司令官，在南京成立陆军训练

孙立人从国外获得的勋章

孙立人担任新1军军长时的
最后一次阅兵

司令部，负责全国国防新军训练的
重任。

这样的结果，只能怪孙立人自
己不是天子门生，打了胜仗却还要
没名没分地被调走。

孙立人在同僚中被排挤，在
蒋介石眼里似乎也是不得重用，可
蒋介石当时没想到，孙立人在别人
眼里却炙手可热。

1949年，国民党部队兵败如山倒，解放军跨过长江，
解放南京、上海、广州，并继续席卷全中国的时候，美国政
府实质上已经决定放弃蒋介石，杜鲁门宣布不再向他提供
枪支弹药和资金支持。另一方面，想办法把解放军堵在东
南沿海，希望在台湾寻找新的代理人。

在美国看来，蒋介石领导的国民党，显然已经没有能
力守住台湾。为了在台湾扶植新的政权，最初在美国政府
内部有三个人选，他们分别是原上海市市长吴国桢、陆军
训练司令部司令官孙立人以及时任台湾省主席的陈诚。

美国政府最先看中的是手握台湾大权陈诚，并试图
劝他拒绝蒋介石来台。面对就在眼前的大权，有"小委员
长"之称的陈诚犹豫了。但他不得不拒绝美国，因为他不
仅是蒋介石的爱将，也是蒋介石的干女婿。于是美国转向
拉拢吴国桢和孙立人。

吴国桢，湖北建始县人。1921年从清华毕业。与孙立
人一样曾经留学美国，在普林斯顿大学获得政治学博士，
在台湾之前为上海市市长。

吴国桢和孙立人是清华的老校友，两人一文一武。但
此时在台湾，吴国桢没钱、没权、没兵，能和陈诚抗衡的，
似乎只有在训练新军的孙立人了。而且，美国人所以看中孙
立人，还有另一个原因——孙立人的美国做派。双手叉腰，

是孙立人的经典姿势，即便在蒋介石面前也是这样。

那么，被美国人看重，是否会是孙立人"膨胀"了，不服蒋介石，而要"兵谏"的理由？更重要的是，"兵谏"案到底是不是孙立人一手策划的呢？

时间回到1949年2月，当时蒋介石还在浙江老家溪口，而被他委以重任，应该老老实实在台湾训练新军的孙立人却没在台湾，而是应邀去了日本。

当时陈诚写给蒋介石一封信，信的后半部分的开头有这样一句话："麦克阿瑟将军勋鉴顷以孙立人将军因公赴日，特托向阁下敬致问候。"

麦克阿瑟，当时是驻日美军最高司令，邀请孙立人的目的是与他共同商讨防卫台湾的计划。奇怪的是，麦克阿瑟是并没有通过蒋介石，而是直接邀请孙立人。孙立人得到邀请后，马上去见陈诚，希望总管台湾事务的陈诚替他向蒋介石报告。

接着信中说："在阁下之指教及协助孙将军，以其过去卓越之成就，及其对此间情形之熟识为诚所完全信任。"意思就是，在蒋介石的教导下和孙立人过去所取得的成就，孙立人此次前去日本，是值得信任的。

在整封信内，言辞表达小心，事后证明，孙立人这么小心翼翼并不是没有道理的。

孙立人通过陈诚得到蒋介石的允许后，才赴东京同麦克阿瑟会谈。让人惊讶的是，他刚到麦克阿瑟住处，就发现麦克阿瑟已经站在门口，摆出了隆重迎接的架势。

在麦克阿瑟的会客厅里，两人相对而坐。麦克阿瑟开门见山地告诉孙立人，美国希望由孙立人来保卫台湾，而这句话的潜在涵义是，美国政府希望由孙立人取代蒋介石，并表示要枪给枪，要钱给钱，要啥给啥。

吴国桢

1949年孙立人在凤山练兵时的照片

1949年1月陈诚写给蒋介石的信

孙立人再三向麦克阿瑟表示："我忠于蒋介石，不能临难背弃。台湾军队全部由蒋介石指挥。"而且他一再表示："我只会打仗，不会搞政治，也没能力领导反共。"孙立人的目的似乎很单纯，要美国继续支持蒋介石。

看到孙立人的反应，麦克阿瑟也不坚持，临走前给了他一个本子，准确地说，是一本密码本。麦克阿瑟告诉孙立人，有什么事，你可以直接和我联络。

但是，和麦克阿瑟想暗度陈仓的意思恰恰相反，回到台湾后，孙立人立即将此行与麦克阿瑟的会谈内容以及密码本，如实向陈诚汇报，并请他向蒋介石转达。

对于美国人想找人取代自己，蒋介石不可能不知道。遇到这样的事，谁都扛不住，何况是唯我独尊的蒋介石！

时任蒋介石英文秘书的沈琦回忆道：当时我们的单位，管情报的情治机构都有消息，知道的相当的多。不过因为一方面，孙立人当然是个人才；另一方面，由美国人在后面支持他，你真是要太严厉地处置他，一定会损伤到"中美关系"。

孙立人在盟军贵宾招待所前留影

想要处置孙立人，又怕损伤与美国的关系，想必当时的蒋介石够纠结的。其实，他已经不是第一次遇到这样的情况，但当时的蒋介石，可没有现在的好脾气。

1945年3月，孙立人收到一封来自欧洲盟军最高司令艾森豪威尔的电报，他邀请孙立人赴欧考察欧洲战场，孙立人是当时中国唯一被邀请的高级军官。接到邀请之后，孙立人马上专程飞到重庆，面见蒋介石，请求批准。

时任孙立人随从参谋的温哈熊回忆说：孙立人刚进门，蒋介石就冲他吼道："艾森豪威尔邀请你，怎么不邀请我啊？"这话问得既没水平，又没道理，孙立人哪儿知道啊！

可想而知，孙立人的日本之行，也是蒋介石不能容忍的，可他并未发飙，因为蒋介石明白，现在时机未到！但是，孙立人周围的人开始遭遇躲不开的灾难。

宋美龄视察屏东女生大队时的照片，左一为黄珏

就在这次视察之后，1950年3月23日，时任屏东女子青年大队队长的黄珏和妹妹黄正被逮捕了，名义是过失泄露军机罪，关了整整10年。直到出狱，姐妹俩依然不知道自己何时泄露了军机。

黄珏出狱后回忆说：那个时候，我们在延平南路，情报局的一个侦防组里面，师长啊团长啊营长啊，以及很多干部都被关在延平南路的监狱里面，我们也在，所以那个时候，侦防组的一个职员讲，这里简直可以作为陆军总部的分部了，你们都来了嘛。

可以作为陆军总部的分部！这一点都不夸张，从孙立人1950年3月17日被升为陆军总司令后，陆军司令部的人员以各种罪名被判刑，而黄珏姐妹俩则是最早的一批。

1950年蒋介石复职为总统，也重新开始他在台湾的部署，情治单位也自1950年起对军队进行了大规模清查行动，政工人员布置的耳目，密密麻麻，任何军人私下稍有牢骚便受到监视。

如前所述，蒋介石不敢动孙立人，怕影响美台关系，那大肆抓捕陆军司令部的人就不怕孙立人反弹？蒋介石还真不怕了，因为，1950年发生了一件大事。

1950年，就在台湾局势剑拔弩张之际，朝鲜战争的爆发，美国的亚洲政策全盘改变。6月27日，也就是朝鲜战争爆发后的第三天，美军第七舰队驶入台湾海峡，美军介入朝鲜半岛。解放军暂停攻台计划，准备在朝鲜半岛与美军正面作战，蒋介石的政权在台湾的境况也转危为安，美国对孙立人的依赖也随之降低。

1954年5月，美国国防部长
查尔斯·威尔逊（右）访台

虽然美国扶植孙立人的计划胎死腹中，但是美国与孙立人的联系并未减少，每当有美国官员到台湾来，几乎都是孙立人接待。

到了1954年5月美国国防部长查尔斯·威尔逊访台时，还是孙立人亲自接待的，可是在1954年年底，孙立人的境况更不乐观了。

1954年12月2日，台北与美国签署了"共同防御条约"，双方正式结成防御军事同盟，美方等于完全承认了蒋介石在台湾独一无二的地位，此时台湾已从五年前的混乱无序慢慢走向了轨道。

在签字仪式上，曾经与美国关系密切的孙立人却没有出现。原因是，蒋介石没让他来，不让孙立人接触美国人。

蒋介石也有苦衷，孙立人总是向外国官员批评自己的"政府"，从1949年五六月间，美驻台领事艾嘉向国务卿艾奇逊发去了7封电报，据说，每封的内容都是孙立人的抱怨。

1949年3月5日，孙立人写给麦克阿瑟一封关于日本之行的感谢信。从这封信中，也许可以找到些孙立人的想法。

信的第一段，首先感谢麦克阿瑟的邀请，并且说"最重要的是，我的见解都能获得阁下的赞同，这让我

1949年3月5日，孙立人写给麦克阿瑟的关于日本之行的感谢信

很高兴"。

孙立人的见解,即是信的第二段所说的:"为了要救亡图存,首先应该承认过去的错误,希望国家能朝更好方向走。"

1950年3月20日,美国中央情报局原文发布的一份解密档案,封面上的标题是:台湾的可能发展("Probable Developments in Taiwan")。在第二部分的军事形势(military situation)一栏中,关于陆军有这样的描述:当时的"国民党军官是很不称职的。升迁靠恩惠而不是功绩,倾向于个人崇拜,而不是组织或国家荣誉。"

而这,也是孙立人与黄埔系军官不合的原因之一。

在这份文件中,还提到"兵变",如"近期来收到消息,负责台湾防御的孙立人想要发动兵变,他的目的是,保留蒋介石为名义上的首脑,与此同时要对其亲信进行清洗"。但是,与孙立人交往密切的美国,在凤山"兵变"后一直持怀疑态度,认为这是蒋氏父子为争夺权力对孙立人进行的一场政治陷害。

在文件的后面,有这样的话:孙立人政治经验不足,也缺乏影响力。"孙立人如果试图政变,除非在美国的支持下。"

美国人的算盘打得很响,从1950年朝鲜战争爆发后,美国需要台湾的战略位置,也逐渐承认了蒋介石的政治地位,自然不可能再费心支持孙立人政变。但孙立人打仗是把好手,也许还会有用得上的地方,不能平白无故损失掉。

给钱给枪的美国人没看到确凿证据,不相信孙立人策划了"兵谏",所以,虽然已经有了九人小组的调查,但是面对充满疑虑的美国,台湾当局的国防委员会决定重新调查孙立人案。

1955年10月21日,国防委员会委任陶百川、萧一山、王枕华、余俊贤、曹启华五名监察委员,成立五人调查小组,由曹启华为主着手调查孙立人案。调查工作经过一个月时间,在1955年11月中旬完毕。

五人小组的调查报告,被列为机密文件,加封加锁。可是,世上没有不透风的墙,五人调查小组中的曹启华透漏出一个消息:调查小组的结果与其他机关提出的报告有出入!

这份被封存的五人调查小组的报告,会证明孙立人无罪吗?可是如果无罪，孙立人为什么要选择引咎辞职？

其实孙立人也不愿意辞职，用他的原话说：我问心无愧，我疚从何来，我为什么要引咎辞职？事实是当时任总统府副秘书长黄伯度已经替他拟好了一份引咎辞职书，一份只要孙立人签字就正式生效的辞职书。

但是，任凭黄伯度三番两次上门，都被孙立人拒绝了。但是，自问问心无愧、连辞职信都没写过的孙立人，最终还是在这份所谓引咎的辞职信，更可以说是认罪书上签字了。

原来在1955年8月3日，孙立人的侄子孙克刚赶到孙立人住处，向他转达了一些高层的话。

听完这些话，一生带兵打仗，即使在战况最危险的时候都从来不会睡不着觉的孙立人，在这一晚失眠了。关于孙克刚转达的话，孙立人侄孙的孙善治回忆道：最后一种手段，黄伯度跑去和孙克刚说，你劝劝孙将军，假如再不签字的话，那么抓的这两三百人，准备统统……这个正中孙将军要害，他是最爱部下的。要把抓起来的人统统处死的话，对他绝对是最后一个撒手锏。他说今天我一个人死无所谓，但是我不忍心连累我这么多部下。

为了不让部下白白送死，8月4日凌晨，孙立人签了字。10月20日，蒋介石颁布总统令，对孙立人，准予自新！说白了，就是由国防部随时查考，也可以说是监视，以观后效。55岁的孙立人从此开始了被软禁的生活。

孙立人被软禁后的第一个变化，就是搬了家，原因是付不起每个月8000块的房租，只能从台北南昌街搬到了台中市向上路一段十八号。新房子前前后后有400平，可以在这里住的，不止有孙立人和家人。

从1955年10月31日开始，孙立人家里有副官常年驻扎把守；围墙之外，有军事情报局加盖的一栋三层楼的指挥中心，居高临下，随时监视孙立人家的一举一动。

在软禁的前三年，国民政府没有发放给孙立人一分钱，散尽家财给了部下的孙立人，要怎么养活一家7口人呢？好在没工资，但院子里天生天养的有东西——玫瑰。院子里的玫瑰成了孙立人后半生的养家来源。前半生做军人的孙立人，后半生开始卖花，也因此被台中人称为"将军玫瑰"。孙立人就这样背着"兵变"的罪名，被软禁了近33年。

但是，在1988年的时候，事情出现了转机。

1988年3月22日，《自立晚报》的头版上有个显著的标题："独家！孙立人案关键角色，郭廷亮陈情书。"在报纸的第2版用大量篇幅公开了郭廷亮的陈情书。在陈情书的最后写明，陈情书是写给本案

孙立人在台北家中浇花

前调查委员会委员张群和"总统"蒋经国的。

事实上，蒋经国在1988年1月已经去世。这已经不是郭廷亮第一次呈递陈情书了，却是第一次向外界刊登陈情书的全部内容。

在陈情书的开头，先是说明陈情书的主旨是："为国防部情报局前故局长毛人凤上将，曾数次当面亲许，绝对保证陈情人军籍、军职不受本案之影响，继续保留存在。"

从1955年5月25日被押往凤山接受审讯开始，郭廷亮连续10天不能睡觉，政工人员要他交代有谋叛意图，并逼他交出孙立人的"兵变"计划。

期间郭廷亮写了9封自白书和询问笔录，但是始终没承认有谋反意图。可是7月14日晚上8点，他踏出了审讯室的大门，等到再回到审讯室的时候，他的口供便改了。

在郭廷亮的陈情书里，有这样的话："即随该局特勤室主任毛惕园少将同往北投毛公馆，晋谒毛人凤上将，旋蒙毛上将亲切接见，谈话两个多小时。"

原来，是毛人凤在两个小时里使郭廷亮改了口供。毛人凤用的是他的老手法，他先将郭廷亮的妻儿也关入监牢内，然后劝郭廷亮写自白书承认自己是"共产党的间谍"，以此来换取早日释放，并且保证出狱就有工作，家庭有补贴。

最重要一点是："为了使这次的案情不要扩大而能圆

满解决,只有委屈你了,所以,我要毛主任劝告你,站在党国的立场和我们密切合作,这不但是为了当前党国的利益,也是为了处理参军长孙上将的唯一方法。"

对于这涉及孙立人的条件,郭廷亮答应了。可是到了9月12日,他又反悔了。因为当郭廷亮得知,国民党组织九人委员会王云五要和他约谈的时候,他在陈情书说:"我想最好将事实真相向王委员提出报告,并将杜撰伪编的自首书和口供笔录等,加以说明和否定,以免犯下欺骗和伪证罪。"

这下,可有人耐不住了。得知消息的毛人凤来到审讯室,向郭廷亮说了这样的话:"现在可以坦白地告诉你,我们之所以要你这样做,完全是执行上级的决策。"还一再重申,只要你按照我的话做,对你的军籍和军职事业没有任何影响,而且会更光明。

郭廷亮在陈情书中表示,"在这样的情况和压力下,我除了向毛上将表示,照他的旨意做,别无考虑的余地。"

当郭廷亮承认"匪谍""阴谋叛乱"等罪名之后,扳倒孙立人已如弦上之箭,紧接着就有了孙立人的引咎辞职。而无论是九人调查报告,还是五人调查小组,也挽回不了孙立人33年的幽禁生活。

从1955年幽禁于台中开始,孙立人再度出现在人们的视野中,是在昔日的老部下为他办的庆生会上,几乎6000人挤满了台中市中正国小的礼堂,他们来的目的很简单,就是为了看一下老长官孙立人。孙立人在夫人和儿子孙天平的搀扶下,向老部下讲话:"谢谢你们啊,我心里非常开心。"

原本在战场上威风凛凛的将军,33年之后,再次出现在人们眼中已是耄耋老人。但是,孙立人仅仅恢复了3年自由,因为3年之后,这位缅战英雄、性格孤傲的将军,离开了人世。

1990年12月8日,孙立人的葬礼在台中举行,棺木覆盖清华大学校旗、维吉尼亚军校校旗。在弗吉尼亚军校校旗的正反面写有字,是拉丁文,译为中文是"举世唯一人"。在追悼的时候,很多都是七八十的老兵,他们从四面八方赶来。从台中的殡仪馆到他安葬的地方,民众摆上水果进行拜祭。2001年1月8日,监察院通过决议,称孙立人案是被阴谋设局的假案。

最后的禁地：
蒋介石逼陈立夫离台始末

1950年8月4日，陈立夫带着全家人离开台湾，去了美国。CC派招待所秘书王克清回忆说：陈诚叫蒋介石下了个命令，叫他（陈立夫）24小时离开台湾……

那么，陈立夫到底做了什么？陈诚怎么就有这么大能量，能"指挥"或者说"指导"蒋介石对干侄子陈立夫下了这绝情的命令呢？

1949年12月8日晚,寒风阵阵,成都机场里一架军用飞机冒着严寒悄悄起飞,在飞到四川和湖北的交界处时,飞机突然发生强烈震动,随后无法控制,直线下降200多米。

飞机直线下降,机舱里顿时警示灯乱闪,警铃大响,大到行李、小到眼镜更是一阵乱飞。不过,和普通飞机不同,在这机舱里飞得最多的,是文件纸张。

就在乘客们乱作一团,忙着和安全带、文件作斗争的时候。只有一个人很不同,他在飞机猛地下降的同时,翻开了身边的手提箱,取出一把小手枪,警惕地盯着机窗外,因为紧张,他的手甚至在微微颤抖。

天气恶劣,飞机故障,紧张可以理解,但紧张到要掏枪,实在让人无法理解。

这架飞机起飞的日期是1949年12月8日。1949年,对中国来讲,可是非常特殊的一年。

1949年10月1日,毛泽东在北京天安门宣布新中国成立。13天之后,中国人民解放军解放广州,刚从南京迁到广州的国民政府不得不迁往重庆。11月29日,作为国民政府战时陪都的重庆也失守了,国民党节节败退,直至成都。成都成为国民党在大陆的最后一个据点。

这架从成都起飞的飞机,目的地不是别处,正是台湾。这可是最后的生死逃亡,如果不能飞到台湾,或返航成都,就很有可能迫降在中国共产党控制的解放区。可想而知,飞机上的人怎么能不紧张,怎么能不害怕!

这人拿出的枪,是为自己而准备的。一旦要被共产党抓住,他,必须自杀!

他,就是陈立夫。了解民国史的人都知道,民国的四大家族,那个时候可是了不得。甚至有这么一句顺口溜:"蒋家天下陈家党,宋家姐妹孔家财。"当中提到的"陈家",指的就是陈立夫和他哥哥陈果夫。

陈立夫,名祖燕,号立夫,1900年出生于浙江省湖州。父亲陈其业是一个商人,母亲何氏是名门之后。陈立夫自小接受传统的私塾教育,成绩优秀。13岁追随哥哥陈果夫到上海读书，17岁以优异的成绩考入北洋大学采矿系。怀着科学救国的理想，23岁毕业后又留学美国，获得美国匹兹堡大学冶矿硕士，并且在煤矿厂里工作了一年多。

陈立夫

大家都知道，矿井下的工作相当的危险，现在如此，以前更是。陈立夫虽然在矿井下只待了一年，就曾几次遇险，甚至险些丧命。

据说有一天，陈立夫和一名老矿工到矿下修理电线，隐约听到头顶上有细微的声响，几乎是凭借本能，他做出了最正确的反应！

陈立夫一把推开身边的老矿工，自己飞身扑倒在老矿工身边，随后，轰隆一声，一块巨石就落在他们刚才站的地方，如果被砸中，也就没有之后的陈家党了。

陈立夫在煤矿厂工作时的照片

在矿井里，类似这样的事情发生了四五次，陈立夫竟然次次化险为夷。一次两次可以说是幸运，但是次数多了，只能说明这人对危险有着天生敏感的嗅觉。

陈其美

就是这么一个面对生死关头判断准确的人，几乎要选择在飞机上掏枪自杀！要弄清其中的原因，就不得不提到陈立夫跟蒋介石的渊源。其实，追根究底，应该说是他的二叔陈其美和蒋介石的关系。

陈其美，字英士，民国早期的政治人物，在辛亥革命时期是孙中山身边的得力助手。陈其美和蒋介石都是浙江人，但两位老乡是在革命人士云集的日本相识的，蒋介石就是在陈其美的引荐下加入了同盟会，并与孙中山相识。可以说陈其美是蒋介石政治道路上的无法替代的引路人。后来，因革命志向相投，蒋介石与陈其美、黄郛两人结拜为兄弟，蒋介石最年轻，排行老三。

蒋介石与黄郛

陈果夫、陈立夫兄弟

因为叔叔陈其美和蒋介石的结拜，私下里，陈家兄弟都叫蒋介石为蒋三叔。

也正是这位蒋三叔，改变了陈立夫兄弟俩的人生走向。1925年，25岁的陈立夫放弃了冶矿专业，走上了政治道路。而他的政治道路，可以说是与蒋介石同步崛起的。

1925年3月孙中山逝世，国民党内部开始分裂，蒋介石趁机崛起。为了夺取革命领导权，他先后制造了中山舰事件和整理党务案，包括四一二反革命政变和随之而来的大规模清党运动。在这个过程中，蒋介石越来越感觉到，要掌握政权，必然要有势力，而且是忠于自己的势力。就这样，陈家兄弟在蒋介石授意下，着手特务组织，搜集情报，打击异己，为蒋介石保驾护航。

陈果夫和陈立夫在蒋介石支持下，可谓干得风生水起。1927年11月，他们在上海成立了一个俱乐部，这俱乐部可不是一般意义上吃喝玩乐的地方，从这名字上就看得出来——中央俱乐部。英文名是Central Club，简称CC。

CC，这不是陈果夫、陈立夫两人姓氏的英文缩写嘛。不错，这CC派后来成为了陈家党的代名词。

1929年3月，国民党第三次代表大会上，陈果夫任组织部副部长，29岁的陈立夫更是一跃成为国民党党史上最年轻的中央秘书长，从此，兄弟两人的势力逐渐渗透中央党部，CC派的风头一时无二，"蒋家天下陈家党"的说法由此而生。

1932年3月，蒋介石因为在九一八事变后不抵抗日寇，反而大力剿杀红军，被迫下野，可就过了不到一年时间，蒋介石又以军事委员长的身份复出了。在迎接蒋介石的队伍里，孔祥熙是第一个，他这一排第五个人，就是陈立夫。

要说，陈立夫跟随蒋介石多年，历任国民党各个要职，什么机要秘书、国民党秘书长、教育部长、立法院副院长，每一个拎出来都是响当当的。但是真正能代表陈立夫特殊身份的职位，是中央组织部调查科的科长。这个职位听起来不起眼，中央组织部调查科可是蒋介石秘密组建的第一个特务组织，也是后来恶名昭彰的国民党中统前身。

陈立夫晚年曾回忆说：名字很简单，实际上是对付、调查、统计共产党的工作，把它击败，把它破坏。我做这个工作只做了一年。一年之后我调到了中央党部秘书长。

是，他的确只做了一年，但他走后中统的历任特务头头，全是他一手提拔的CC派亲信。

从1928年CC成立之初到1930年，短短两年时间，中央调查科共捕获中国共产党高级干部19人，中层干部80人，普通党员15000人。而且，一度险些抓到周恩来。

1948年12月27日的《人民日报》，头版头条是《蒋介石等应列为头等战犯》，在这个"陕北某权威人士"提出的43名战犯名单上，48岁的陈立夫榜上有名。

而且，文中提到一句话："罪大恶极，国人皆曰可杀者。"也就是说，全国人民都认为他该死。陈立夫也怕死，更怕落到共产党手里。毕竟，自己作恶太多。

飞机越飞越低，夜幕下灯火闪烁，陈立夫更加紧张，他握了握枪，同行的人问他怎么回事，

成都机场夜间跑道上的
飞机

他也不回答，仿佛没听见一般。

就在他精神高度紧张，快要崩溃的时候，得到机长通知，说飞机顺利返回了成都。陈立夫立刻像撒了气的皮球一般，瘫在椅子上。原来他看到地上灯火通明，以为飞机降落到了共产党控制的汉口区域，这才有了握枪自杀的一幕。

第二天，也就是1949年12月9日，飞机再次起飞，当天晚上6点顺利到达台湾。陈立夫终于松了一口气，但是没多久他就发现，这口气也许松的太早了！

陈立夫抵达台湾的20多天后，1950年的新年到了，而败退到台湾的国民党人大都惊魂未定，哪还会有过年的心情。而对于国民党来说，更大的噩耗也在新年之际从太平洋彼岸传了过来。

1950年1月5日，美国传来杜鲁门放弃支持蒋介石的消息，顿时让这个小岛蒙着一层惨淡的阴云。在面对国民党在大陆的失败时，各派系更是相互埋怨，台湾局势陷入混乱。

美国要放弃台湾，这对60多岁的蒋介石来说也是当头一棒，头痛欲裂之间又看到岛上混乱的情况，他痛定思痛，决心效仿孙中山，通过改造国民党使其获得新生。

1949年12月25日，蒋介石在日记中写道："从前种种譬如昨日死，自后种种譬如今日生，对于党务、军事、政治与政策、组织教育、及作风与领导方式，皆须彻底改革重新来过。"

由此内容可以看出，蒋介石要的不仅仅是一次思想整顿，更是人事和权力的大洗牌。

就在1949年12月30日和31日，蒋介石在日月潭召开的关于国民党的改造问题会议上，陈立夫向蒋介石提出，他和哥哥陈果夫甘愿承担党内失败的责任，这样蒋介石就可以借机改造，重振旗鼓。

是不是自愿辞职，先放下不说，8个月后，也就是1950年8月4日，陈立夫带着全家人离开台湾，在美国开始了他众所周知的养鸡生活。可当时没人知道，陈立夫是被他的蒋三叔一声令下限时离台的。

CC派招待所秘书王克清对接到限时离台命令有一段回忆，他说：那个时候陈诚就叫蒋介石下了个命令，叫他24小时离开台湾，到现在我脑子里，存在着这样一句话，24小时，这句话我始终忘不了。

24小时，王克清只是感觉惊讶，可对陈立夫来说，那就是如遭雷击啊。一大家子人连收拾东西的时间都不够，虽然没说24小时后会怎样，但肯定不美妙。

那么，陈立夫到底做了什么？陈诚怎么就有这么大能量，能"指挥"或者说"指导"蒋介石对干侄子陈立夫下了这绝情的命令呢？

蒋介石有一句口头禅："中正不可一日无辞修也。"中正，就是蒋介石，而辞修，就是陈诚的字。

蒋介石日记仿制件

陈诚，浙江青田人。出身于保定军校，后被蒋介石赏识，从一介炮兵连长逐步成为高级将领。宋美龄也很欣赏陈诚的才干，将她的干女儿谭祥许配给了陈诚。1947年，陈诚被蒋介石调到东北战场，却损失惨重，连丢77座城，引起国民党内部众怒。在"杀陈诚以谢天下"的呼声中，蒋介石力保并准他去台湾养病。1949年前后，陈诚被委以台湾省主席兼警备司令重任，为蒋介石退往台湾做万全准备。

1933年7月，陈诚陪同蒋介石检阅庐山军官训练团

可以说，陈诚就是这样一个即使失败，蒋介石也力保并且重用的人。而正是陈立夫与陈诚之间的冲突，让

陈诚一心要将陈立夫赶出台湾。

1950年3月1日，蒋介石在台湾正式复职，随后即以"总统"名义提名陈诚为行政院长，此时，身为立法院院长的童冠贤不在台湾，立法院可以说是CC派的头头陈立夫主事。

虽然同为蒋介石办事，但是两人可以说是你死我活的政治对手。现在，多年的老对头又正式对上了。

1938年7月9日在三民主义青年团正式成立时的合影中，陈诚和陈立夫两人的表情差别很大，陈诚正满面春风地和旁边的人交谈，而陈立夫则是愁眉苦脸的坐在那儿。

原来，蒋介石对于用人一向是分而治之，眼看二陈的CC组织过于强大，1938年，蒋介石借国共两党联合抗日的机会，以团结抗战的名义号召广大青年，成立三民主义青年团，即"三青团"，并要求合并党内组织，最后把领导权——书记长的位置给了陈诚，而陈立夫仅仅是中央干事。

陈立夫心里不舒坦，也是必然的。毕竟在三青团的筹备阶段，他可是跑前跑后，对书记长的位置势在必得，没想到到头来，白白给别人做了嫁衣裳。

陈立夫咽不下这口恶气，在他看来，自己的蒋三叔是疼自己的，那么，想当然恶人就只能是陈诚。

1938年7月9日，三民主义青年团正式成立

陈立夫没有三清团的实权，可他有CC，也就从1938年3月9日这天开始，CC党和三青团的党团之争拉开了序幕，而陈立夫和陈诚在争权夺势过程中，更是结下了不小的梁子。

梁子结下了，在权利之争中，也很难解，或者说没法解。1950年5月31日，陈诚主持行政院会议，一个亲信跑进来，小声说了一句话，陈诚听完，愤怒地说："他们一定是CC派！现在这个行政院长，除了陈立夫之外，没人能干了！说完，陈诚丢下一句"我不干了！"转身就走。

陈诚这次是真生气了，上任以来，处处受到立法院阻碍，这次，他说到做到，辞职！

陈诚给蒋介石写了一封辞职信，信的开头就以"未能得立法院一部分持有成见之立法委员之谅解，更使职无法继续负责"说明了辞职的原因——我们行政院跟立法院的人有矛盾，然后又强调派系斗争"职虽隐忍求全，终不能得持有派系成见者之谅解……不得不自请辞职，以让贤路"。说是辞职，但他的字里行间透着委屈，分明是在告状。

分量最重的话在后面，他在信的最后写道："现查立法院委员，以陈立夫先生所领导者，较为多数。为应付立法院中一部分委员起见，继任行政院长人选，自以陈立夫先生为妥。"陈诚这股怨气是针对谁，不言而喻。

按说陈诚是行政院长，陈立夫在立法院当家，根本不在一个部门，不应有太大的冲突。台湾行政院长相当于行政首脑，立法院长相当于西方国家议会的议长，都是伪职。但是对这两人来说，伪职也是职。

那么，陈诚这么生气，莫非陈立夫把手伸到了行政院？还真不是，恰恰相反，这次是陈诚的手伸得有点长。

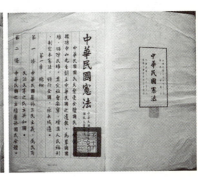

青岛市档案馆馆藏的1947年8月出版的《中华民国宪法》

当时的台湾当局，实行的是1946年通过的《中华民国宪法》，规定政府机构分为行政院、立法院、司法院、监察院、考试院五院，这五院之间虽是各自分立，但又有相互制衡的作用。

《中华民国宪法》第63

条："立法院有决议法律案、预算案、戒严案、大赦案、宣战案、媾（gou）和案、条约案，及国家其他重要事项之权。"

这就是说，凡法律、条例、需要经过立法院通过才能施行。而行政院所颁发的行政命，如果想具有法律效力，也必须经过立法院批准。就是这么一条明文规定，引发了陈诚和陈立夫之间的权力冲突。

1949年1月21日，蒋介石第三次下野，李宗仁代理总统，就在这期间，蒋介石为了限制李宗仁的权力，曾私下让CC派控制的立法院放权给行政院，赋予行政院以行政命令代替法律的特权。

这就是说，行政院发布的命令，不用经立法院批准，就具有法律效力。规定嘛，一旦有过松动的前例，就会有人惦记着。这不，陈诚一上任，就打上了它的主意。

1950年四五月间，在蒋介石主持的一项会议中，陈诚要求援引先例，继续行使这项权利。本想着蒋介石在场，陈立夫怎么着也得给几分薄面。可没想到，陈立夫当即在会上说："总裁已经复职了，行政院长有其职权，就不必把立法院的权抓过来了。"

陈立夫说得合情合理，让陈诚无法反驳，但是陈诚不可能真的就此善罢甘休。

陈诚琢磨着，你陈立夫不就是想要合情合理吗？于是在5月31日这天，立法院第五会期的最后一天，陈诚指使他在立法院的人，提出临时动议，声称"为达成戡乱任务，行政

台湾当局的立法院

院对于需经立法程序之事项，得为权宜之处理"。

所谓"临时动议"，就是会议中临时提出、事先并没有列入议程的议题。陈诚虽然搞的是突然袭击，但似乎理由正当。

在场的立法委员也不是省油的灯，他们商量来商量去，为了把控手中的权利，立法委员认为不怕麻烦，你行政院如果有需要，我们可以随时召开临时会议，这个动议嘛，就毫无必要了。

最终投票时以164比124票否决了行政院可以权宜处理的权利。

相差40票而被否决，消息传过来，上任两月多月、处处受立法院刁难的陈诚气不打一处来，所以陈诚 "不干了"！

火也发了，辞职信也写了，可是陈诚的气不可能消。据说，他不光写辞职信，更是直接跑到了总统府，就立法院，也可以说是陈立夫的霸道，向蒋介石告状，甚至声称"要把陈立夫和CC分子统统送到火烧岛上去监禁"。

火烧岛，又称绿岛。这个岛虽然很小，名气却很大。它四面环水，可以说是一个孤岛，这种特殊地理环境，使它成了关押犯人的理想场所。这里关押着来自全省各监狱的特殊分子、帮派分子，尤其是政治要犯，一律关押在此。

新仇加旧恨，陈诚对陈立夫恨得咬牙切齿！此前，在陈诚还没当上行政院院长的时候，在一个星期一的总理纪念周会上，陈诚就曾宣称："我们不要政治垃圾再来台湾！"

明白人都能听得出来，他嘴里的"政治垃圾"指的就是陈立夫。而现在，把陈立夫清除出台湾已经不是他的目的，他要的是监禁陈立夫。

要是搁以前，陈立夫怎么也不会咽下这口气的，但是这次，情况不一样了。陈立夫没有反击，直接躲到台中，走之前他还对其部下说："立法院有任何事，请陈诚同志不要再找我了！"

陈立夫在政界混了20多年，审时度势的头脑还是有的。他知道此时在台湾，自己的势力已不如陈诚。但陈诚如此强势的态度，只能说明一点，他背后有蒋介石的支持。

陈立夫也想找他的蒋三叔继续当靠山，可是，蒋介石根本不见他。因为，5月31日陈诚辞职之前，刚发生了一件大事。

1950年5月29日，在蒋介石主持的例行政务会议上，实际掌握着立法院

蒋介石

大权的陈立夫报告了一个消息——滞留在香港的立法院长童冠贤已提出辞职。还没等老蒋发话，陈立夫就说，暂时最好不批准童冠贤辞职的请求。

这抢在蒋介石前面发言，还给定了性，总要有个理由吧，陈立夫的理由是：现在形势不好，一旦选立法院长会出乱子。

蒋介石说道："童冠贤有立法院长的帽子在头上，可随时随地举行立法院会，如果他以合法身份做不合法的事，在国际上会造成不好的影响。"直接堵住了陈立夫打算回避选举，想实权掌握立法院的念头。

当即，蒋介石拍板，此事立马着手，尽早批准童冠贤的辞职请求，并当场提出让刘健群出任立法院院长一职。刘健群是黄埔系的，同陈诚的关系可比CC派近多了。

这还得了，为了阻止刘健群出任院长，陈立夫首先发言反对，还要挟说立法院已经失控，如果此时将刘健群的人事任命案提到立法院讨论，一定通不过。

在场的CC派分子，更是十分应景地在一旁附和陈立夫。蒋介石可是个说一不二的人，只见他脸色铁青，扫了一圈在座的人。但为了会议能开下去，并没有当场发作。

第二天，也就是5月30日这天中午，蒋介石吃完饭，在士林官邸等候消息，原来这天中午他派秘书及陈诚，宴请陈立夫及立法院的部分人员，通过饭局疏通刘健群的提案。

可这饭局显然没用，脸色铁青的陈诚返回士林官邸就说了，在宴会上，几个CC分子公然发难，高喊"反对刘健群当代理院长"！

听完陈诚的报告，蒋介石什么话都没有说，径自上楼去了。他没有想到，他一手提拔起来的干侄子陈立夫为了捞权，居然敢跟自己叫板，在大陆，对陈立夫的容忍，现在看来似乎成了一个笑话。

1935年11月，国民党第五次全国代表大会召开，此时的陈立夫实权已经很大，有人说，他甚至能操纵选票。

控制选票，可以说就具备了分配权力的能力，国民党的各种选举，对陈立夫来说，就好比一次次游戏。可常在河边走，没有不湿鞋的。1935年11月的这次国民党五全大会，陈立夫玩砸了！

投票后要唱票，最常见的记录方式就是写"正"字，一个"正"字代表5票。当年，陈立夫所得的选票比蒋介石还多4票！

这还得了，陈立夫看到这个结果可是惊出一身冷汗，据说，他亲自抹去了一个"正"字，让自己的选票比蒋介石少了一票。亡羊补牢，虽然为时未晚，但是，那被叼走的羊，可结结实实扎了蒋介石的眼。

蒋介石知道后当然勃然大怒，后果很严重，要扣留陈立夫。但陈立夫虽然惹怒了蒋三叔，但他的亲婶娘还是很给力的。陈其美遗孀，也就是陈立夫二婶，马上向蒋介石求情，似乎从陈立夫没有被扣押的事实看，蒋介石是原谅了他。

蒋介石心里可是雪亮，他知道，陈立夫能抹掉一个"正"，那就是说，他对自己还是忠心的。可更明显的事实是，以陈立夫为首的CC组织，自己已经无法掌控。可以想见，在蒋介石心里埋下刺的陈立夫已经不稳当了，蒋介石什么时候把他斩下马，只是时间问题。

败退到台湾之后，蒋介石本来就恼火，国民党在大陆的失败，自己难辞其咎，而陈立夫的CC派现在敢公然跟自己作对，那以后要是把位子传给蒋经国，小蒋能镇得住这些CC分子吗？

1950年5月30日晚上9点多，秘书带来下午再次与陈立

陈果夫

夫的交涉结果，交涉失败。蒋介石这次真的怒了，他要动手了。

5月31日，蒋介石下令：从今以后，再不准陈立夫参加总统府举行的任何政务会议。这样，陈立夫在行政方面的权力被剥夺。随后，关于中央党部的公事蒋介石一概退回不看，也不再出席相关会议。

5月31日这天，也是陈诚递交辞职信的那一天，陈立夫已经惹怒了蒋介石，而陈诚的事更是火上浇了把油。在这个时候，蒋介石根本就不可能会见陈立夫。

"打虎亲兄弟，上阵父子兵。"四面楚歌的陈立夫，只能去找他的哥哥陈果夫。总不能眼看着弟弟把一手组建起来的CC派搞垮，陈果夫抱着病体，花了三天时间写了一封长信给蒋介石。

这信陈果夫也没敢自己直接送，毕竟一是要婉转；二是，怕蒋介石不见自己，否则陈果夫登门拜见蒋介石岂不更直接。

国民党改造委员会成员合影

陈果夫把信托付给了CC系张道藩带给蒋介石，得到的回话却是要陈立夫出国。事情发展到这儿，陈立夫知道自己在台湾已经待不久了。

1950年7月26日，蒋介石在台北主持召开国民党中央执行委员茶话会，声称国民党在大陆造成失败，必须自我检讨，如不彻底改造，将有亡党危机。

蒋介石提出成立中央改造委员会，并宣布了由陈诚、蒋经国、谷正纲、张其昀、张道藩、胡健中、陈雪屏等16人组成的委员名单。而其中已经没有了陈氏兄弟的身影。

此时，陈果夫已经病入膏肓，出局也就算了，陈立夫年仅50岁，还很年轻，他的出局让很多CC派的人感觉不平。但不论是主动还是被动，"蒋家天下陈家党"的时代一去不复返了。

1950年8月5日的《中央日报》

可事情到这儿还远没有结束，因为陈立夫毕竟还没走。那么，为什么陈立夫会接到蒋介石限时离台的命令？

1950年8月5日的《中央日报》上，有一篇报道陈立夫于8月4日出国的消息——《陈立夫昨飞菲，夫人公子随行》，并且附有陈诚和陈立夫的机场合影。有意思的是，在这篇报道中提到，陈诚对陈立夫说："为国珍重，早日返国"。

陈立夫则对记者表示："还要去欧洲各国考察，返国日期没一定。"两人心知肚明，一个是高姿态来送行，当然要客套客套；一个是黯然离台，但也要做足姿态。

其实，这都不关键，关键是这个日子，8月5日。就在这篇报道旁边，有一个关于《改造委员会的就职》报道。就是在这一天，国民党改造委员会正式成立。陈立夫前脚离台，改造委员会后脚就成立了，这个时间，实在是太"巧合"了！

陈立夫之子陈泽宠

关于1950年8月4日陈立夫离台那天的情形，陈立夫的小儿子陈泽宠有一段回忆：我那个时候还在小学，很快就要出国去了，好像只有一两天的时间了，反正告诉我要出国就出国了，没有什么时间跟同学、朋友说再见了，我想那个时候，大概是来不及了。

8月3日，就在离台前一天，陈立夫思

考再三，于公于私，他都要亲自去蒋介石那里告别一下。

但是，结果是他没能见到蒋介石。蒋介石是避而不见，还是真的不在，不得而知。

据说，当时在家的宋美龄在陈立夫要告辞出门的时候，送给他一本《圣经》，并安慰陈立夫说："你从前政治上负过这么大的责任，现在一下子冷落下来，会感到很难适应，这里有本《圣经》，你带到美国去念念，你会在心灵上得到不少慰藉。"

宋美龄说得不错，陈立夫此刻真的是满肚子委屈。他接过《圣经》，一抬头，指着蒋介石的画像说："夫人，那活着的上帝都不信任我，我还希望得到耶稣的信任吗？"陈立夫那时的语气态度，各人都有各人的揣测。但不管怎样，他对蒋介石，他的蒋三叔的失望之情，是挥之不去的。

8月4日，陈立夫借着参加瑞士"世界道德重整会议"的名头，携妻子儿女乘飞机离开了台湾这个是非之地。当天来送行的有300多人，这让陈立夫感伤不已，在台湾短短8个多月，陈立夫经历由顶峰跌至谷底的打击。他跟随蒋介石鞍前马后一生，可以说把毕生精力、心血和情感都投入了蒋家王朝之中，却落得如此下场。

随着飞机起飞，一度辉煌仿佛如昨日，陈立夫带着无限惆怅，离开了台湾。

最后的禁地：
蒋经国、毛人凤，谁是特务王？

1951年7月的一天，蒋介石翻开一份报告，刚看了几眼，就"啪"地拍案而起，把自己的儿子蒋经国大骂了一顿。

这份报告里究竟都说了些什么？报告又出自何人之手？这个给蒋经国"上眼药"的人目的到底又是什么呢？

蒋介石与蒋经国父子

1951年7月的一天，蒋介石一大早来到位于台北"总统府"的办公室，刚一坐定，秘书马上递上一份报告。

蒋介石翻开报告，刚看了几眼，就"啪"地拍案而起，报告也被猛地摔到桌上。就在这一天，蒋介石一口一个"娘希匹"，把自己的儿子蒋经国大骂了一顿。

蒋经国被他老子骂，毫无悬念，肯定是因这份报告而起，那么，这份报告里究竟都说了些什么？报告又出自何人之手？这个给蒋经国"上眼药"的人目的到底又是什么呢？

蒋介石收到的报告，说白了，是一封检举信，检举的对象也不是蒋经国，或者说，并不是直接检举蒋经国。

报告里检举的人，是国民党空军副总司令毛邦初。报告详细描述了毛邦初在美国私吞军购款，并携款潜逃的全部经过。

报告还特别提到了蒋经国，并强调希望蒋介石能够大义灭亲，查办蒋经国。

毛邦初

原来，毛邦初与蒋介石原配夫人，也就是蒋经国的生母毛福梅，同属浙江奉化岩头村毛姓宗族，是毛福梅的亲侄子，也就跟蒋经国是表兄弟。表面上，毛邦初以空军副总司令的身份驻美，负责购买飞机、油料等军需品，实际上，他是奉蒋经国之命，在美国为蒋介石收买"亲蒋"的共和党议员。

在毛邦初的办公室有一部直通蒋经国的电台，定期向蒋经国汇报情况，可以说，毛邦初就是蒋经国在美国的特使。本来，毛邦初一边进行游说，一边靠着军购捞油水，一切都进展得很顺利。可不久，发生了一个变故。

1951年，共和党议员诺兰访台，向蒋介石提出一个要求，代为主持台湾空军在美军购。诺兰，是美国加利福尼亚州的议员，是一个臭名昭著的"极端反共首脑人物"，同时也是美国国会中的一名亲蒋骨干。蒋介石自然不敢得罪诺兰，所以当即就应承了下来，指示毛邦初向诺兰移交权力。

在美军购，这可是一桩肥得流油的大买卖，一句话就让毛邦初放手，他是一万个不情愿，但违抗"君命"的后果，他也想象得到。于是，气急败坏的毛邦初，索性把两千多万美元的军购款席卷一空，跑到墨西哥隐居起来。

跑路还不要紧，更狠的是，毛邦初一不做、二不休，潜逃之前，通过自己在美国的关系，把蒋介石如何在美国搞院外游说，如何收买共和党议员的内幕，一点儿不落地向美国媒体曝了光。

这下整个美国媒体都炸开了锅，美国民主党趁势反击，提议组建专门机构，就台湾当局是否利用援台专款在国会游说一事进行调查，参议院还就此形成了决议。

1951年11月，台湾当局派法学专家查良鉴赴美向美国法院提出毛邦初侵占公款的官司。1954年6月，美国法院判决："中华民国"有权向毛邦初索还636万美元。

| 毛人凤

至于毛邦初的顶头上司蒋经国，没能管好部下，给自己父亲惹了这么个麻烦事，也不过就是被蒋介石骂了一顿。关键的问题是，到底是谁把这件让"太子"蒋经国很久都抬不起头来的事给捅出来的。这个人，就是国民党军统大特务，时任国民党保密局局长的毛人凤！

毛人凤，1898年生，原名毛善余，后更名人凤，浙江省江山人。毕业于上海沪江大学，后考入黄埔军校第四期，因病休学。1934年，被军统头子戴笠聘为助手，成为军统骨干人物，长期从事特务工作。戴笠死后，毛人凤成为实质上的军统掌门人。

按说能统帅军统，毛人凤应该对蒋介石忠心耿耿，他这是发的哪门子神经，怎么敢跟蒋家人对着干，他这么做的目的，到底是什么呢？这还得从他跟随蒋介石到台湾后的经历说起。

1949年，国民党在大陆一溃千里，蒋介石为推卸战败责任，宣布"引退"，由"副总统"李宗仁代理"总统"职务，并撤退至台湾。1949年12月，为了使自己在台湾的最高统治权合法化，蒋介石邀请了一些逃到台湾的"国大代表"，授意他们以"国大代表"身份通过一个决议，决议内容是请求蒋介石复职，并把这一决议致电已经逃往美国的"代总统"李宗仁。最终，李宗仁并未返台。1950年3月1日，蒋介石如愿复职，成为在台湾的中华民国"总统"。

蒋介石又在台湾当上了"总统"，原本以为大势已去的毛人凤，也跟着当上了国防部保密局局长，到了台湾也算苦尽甘来，再也不会有在南京和重庆受制于人的那种情况了，自己也能在情报系统的第一把交椅上终老了。可是让毛人凤没想到的是，蒋介石另有打算！

为了打倒一切政敌，也为了巩固自己的统治地位，蒋介石确实决定大力发展特务工作，只不过，他没有完全依赖保密局，而是成立了一个名为"总统府资料室"的机构。"资料室"，听起来好像不太给力，但它实际上是台湾国民党最大的特务机关！

这个总统府资料室，早在1949年8月20日就已经成立了，最初的名称是政治行动委员会。

这个神秘的总统府资料室，主要由两个部门构成，一个是石牌训练班，另一个是

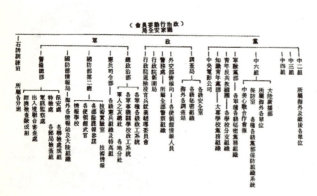
政治行动委员构成图

书记室。

石牌训练班是设在台北石牌的一个情报人员训练班。这个训练班在招收学员的时候并没有太多要求，但学员必须具备一个条件，那就是愿意为"领袖"，也就是蒋介石，去死。

说白了，这个训练班就是一个专门为"反攻大陆"而特别招募青年敢死队的机构。

而构成图上并没有"书记室"的字样，因为除了石牌训练班，总统府资料室所指挥的部门，简直包罗万象，无所不有，国民党的党、政、军各主要部门，像国防部情报局、警务处、调查局，等等，没有它管不了的，所以书记室只在总统府资料室成立之初存在过那么一段时间，随着总统府资料室权力范围的不断扩大，部门名称已经毫无意义了。

这个台湾国民党最大特务机关的最高领导，正是蒋家大公子——蒋经国！

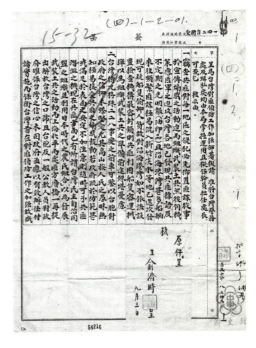

1949年8月22日，毛人凤提交给蒋介石的签呈

蒋经国，1910年4月27日出生于浙江奉化，比1898年出生的毛人凤整整小了12岁。

1946年，戴笠死了，毛人凤登上保密局局长的位子，本想有一番作为，可刚过3年多，蒋介石却让蒋经国当上了整个台湾特务机关的头儿，毛大局长成了小蒋的兵。

1949年，毛人凤已经51岁，按说，也快到退休年龄了，再不搏一下，就真没机会了。想想自己从军统头子戴笠的秘书，经过几番摸爬滚打，忍了又忍，等了又等，好不容易才当上保密局局长，结果却要听命于小蒋。

毛人凤的心里，有点不是滋味儿了。自戴笠死后，当上保密局局长的毛人凤对于权力的渴望愈加强烈！

毛人凤的目标可不止于保密局局长的位置了。从一份毛人凤所递交的签呈上，可以找到一些关于毛人凤野心的证据。

这份签呈写于1949年8月22日，在这上面还盖有毛人凤的印章。签呈是先由当时任蒋介石的侍卫长俞济时审核后，再提交给蒋介石的。

1949年8月，毛人凤还在大陆忙得不可开交，但是，他的眼光，或者说他的野心已经投向台湾。毛人凤在签呈的开头就已经交代他的目的。"呈为台湾对匪侦防工作加强部署拟请，准将台湾警务处、缉私处均由本局掌握运用并拟保干员担任处长可否已，核实由。"

原来，毛人凤的目的是要加强对共产党的侦防工作，希望把台湾的警务处和缉私处均由他掌管的保密局掌握。

为了证明他接管缉私处和警务处的必要性，毛人凤在后面分两点解释道：首先，"沿海港湾甚多船舶来往频繁，匪谍极易混入"，"故对沿海港湾如不依法设置检查机构严密封锁，则共匪利用船只密运械弹以为组织武装"，所以，要把缉私处归为保密局名下。

对于警务处，毛人凤则从台湾民众的角度说明侦防的重要性："以台胞对政府之信仰未臻坚定，尤其高山族人民之愚昧无知，极易接受共匪之煽惑鼓动"。后面还说道：如果疏于防备或者安于安稳的现状的话，"可予共匪潜滋之机。"

毛人凤在签呈的最后总结道："应以有效办法付诸实施而包围台湾，首在对匪侦防工作之加强。"至于他所提到的办法，也就是他签呈开头所提到的，"准将台湾警务处、缉私处均由本局掌握运用"。

看起来，对于特务工作，毛人凤是打算总揽大权了。毕竟在情报系统中，想让毛人凤听命于他人，或者直接说，听从于蒋经国，是非常困难的。

可蒋介石已经在8月20日成立了总统府资料室，权利也交给了蒋经国。蒋介石的决定，毛人凤自然是左右不了的，这在总统府资料室成立两天后发出的签呈，也自然没有被批准。

此后，毛人凤作了一个惊人的决定，他要搞垮蒋经国！

可是，要说毛人凤与蒋经国的关系，虽然不是什么亲密挚友，但也一同合作，干过几件大事，最惹眼的，要数蒋经国的沪上"打虎"记。

1948年，全国经济面临通货膨胀的危机。为了整顿中国经济中心——上海的经济，蒋经国以上海区经济管制督导员办公处副督导员的身份，在上海展开一场"打虎"行动，意在进行经济管制。其间，毛人凤和他的保密局，尽可能为蒋经国提供帮助。但最终，蒋经国没能抵得住孔祥熙家族和宋氏家族所带来的压力，"打虎"行动仅持续了70多天，便草草收场。

这次"打虎"行动，是蒋经国第一次处在政治风暴的中心，结果却是以失败告终。在蒋经国后来的总结看来，八面玲珑的毛人凤非但没有帮到自己，反而还觉得自己中了毛人凤的圈套。因为毛人凤总是在提醒"小心惹火上身"，并没有尽心帮自己。

而在毛人凤看来，这次蒋经国铁血的"打虎"行动中牵扯的人，不管是谁都能要了自己的命。所以，这次的合作，毛人凤给蒋经国留下的印象可不怎么好。

原本说来，作为下属，讨好蒋介石未来的接班人，这思路很正常。1949年，毛人凤和蒋经国在成都有一张合影：蒋经国一手托腮，身子斜靠在沙发上，面带微笑，而对面的毛人凤则正襟危坐，但同样一脸笑容，主仆关系看似很是和谐。没错，这也只是看似，尤其是从1949年8月，总统府资料室成立之后，蒋经国和毛人凤之间的摩擦，已经不可避免。

因此，到了1951年，毛邦初贪污潜逃这把柄，毛人凤肯定不能错过。即便从1949年8月到1951年5月这近两年的时间里，毛人凤对蒋经国也不是一直俯首帖耳的。

总统府资料室刚成立不久，国民党召开中常委会，毛人凤居然公开声称："情报

1949年蒋经国和毛人凤在成都

郑介民

工作是很专业的东西，不能让外行来领导内行。戴老板生前就说过，军统是十万人的大家庭，不容易啊！"

这话，不光拿已经死了的戴笠说事儿，还赤裸裸地拿蒋经国当外行，可把蒋家大公子气得直咬牙。

毛人凤做了初一，蒋经国也就下得了狠手做十五。撂下狠话要将保密局的人、财、权"收归国有"。说起来容易，可想把毛人凤蹲了15年的保密局说收就收，哪有那么容易。这个时候，一个人进入了蒋经国的视线。他，就是郑介民。

郑介民原名郑庭炳，海南文昌县人，黄埔二期生，是"军统"主要领导之一。1946年戴笠死后，军统形成三派，分别是以唐纵为首的湖南派、毛人凤为首的浙江派以及以郑介民为首的广东派。最后郑介民接任军统局局长，毛人凤任副局长，同年，"军统"改组为国防部保密局，郑介民便成为保密局第一任局长。

蒋经国看重郑介民，除了他是老"军统"外，更重要的是，郑介民和毛人凤宿怨很深！据说，毛人凤为了得到保密局局长的宝座，向蒋介石告发郑介民妻子利用其职务之便收受贿赂。郑介民也因此丢了局长宝座，很长时间抬不起头来。

所以，当蒋经国说要收编保密局，郑介民就笑了，立马给蒋经国献上一计：挖墙脚。对毛人凤来个釜底抽薪！

蒋介石与叶翔之（右）

而他们首先要做的事，就是把保密局二处处长叶翔之拉拢过来，并委以重任。

其实，叶翔之充其量只能算是毛人凤的得力助手，而拉拢叶翔之的目的很简单，只是告诉保密局内部骨干：看清局势！靠拢小蒋有肉吃！孤立毛人凤，让他当个光杆局长！

1950年5月，蒋经国与叶翔之见面了，

据说，会见的开场白很短，甚至可能短到只有两句话，蒋经国问："今天的局面如此，老兄是听总统的，还是毛局长的？"

叶翔之立马起身，立正，答道："当然是听总统的。"直入主题的开场白，让接下来算计毛人凤的会谈进行得分外顺利，叶翔之的工作也很明确——负责联系其他"忠实同志"！

这次会见的地点在台北市中山北路6条，具体是这条街的哪个房子里，据说到现在也没人知道。不可谓是不隐蔽了。

但是，保密局还有一个功能——监视国民党内部高官行踪！毛人凤自然不能把小蒋落下。

台北市中山北路

毛人凤几乎第一时间就得到了蒋经国和叶翔之会谈的情报，自然猜出两人会面的目的是什么。

叶翔之时任保密局副主任兼第二处处长，是保密局里数得上的一号人物，在当时，毛人凤认为，只要叶翔之不向蒋经国一边倒，把他留在身边，是用得到的。

可见，毛人凤在得知蒋经国、叶翔之见面的时候，并没有对叶翔之动手的打算。可这叶翔之的命实在不好，随后发生的一件事，让毛人凤改变了主意，要对叶翔之痛下杀手！

1949年底，叶翔之率部下抓捕了中国共产党台湾省工作委员会的主要领导，蒋介石为此下令总统府典玺官，也就是掌管所谓台湾当局官方印章的官员，给主持破案的叶翔之颁发奖状。

1950年，奖状制作完毕，发放到保密局。主任秘书潘其武是第一个看到奖状的人。可就是看了这么一眼，潘其武傻了，奖状上清清楚楚写着"副局长叶翔之"！

保密局最高领导是局长毛人凤，再下面是主任秘书潘其武，潘其武的下面，才是副主任秘书兼二处处长叶翔之，而这个"副局长"是怎么回事？第一个拿到奖状的潘其武心里直犯嘀咕，难道叶翔之因功破格升到自己上面了？但是也没有收到任何任命通知啊？

潘其武理直气壮地马上向毛人凤报告了这一情况。神经敏感的毛人凤当即认定破格给叶翔之升职，是蒋经国向他下的一着狠棋，既然如此，"笑面虎"毛人凤笑了，这叶翔之的命，可是留不得了。

按说，就算是破格提拔，也该还有一份任命的文书，既然没有，那么很多专家也就认为，这"副局长"的称呼，应该是典玺官的笔误。可这，着实让毛人凤对叶翔之动了杀心。

毛人凤恼羞成怒，决定直接对叶翔之进行暗杀。他一方面继续凭借保密局的职能，对叶翔之进行搜捕；另一方面，派出枪手埋伏在现今台北市圆山大饭店对面山坡的树丛中，这是资料组通往外界的必经之路，只要叶翔之出现且无防备，便立即将他射杀。

蒋经国和叶翔之也都是从事特务工作的，毛人凤闹出的动静，他们自然不会听不到风声。对策很简单，蒋经国让叶翔之躲在资料组别露头，毛人凤的枪手，根本连伏击的目标都见不到。

暗杀，没机会，毛人凤这保密局长也不是白给的，他要向蒋介石告发叶翔之。那个年月，国民党内部一团乱麻，贪污、内斗，都是家常便饭。所以毛人凤根本没费多大劲，就掌握了叶翔之借办案之机，将一位出名的富商抓起来，以"通匪"罪严刑拷打，趁机勒索了170根金条的证据。

毛人凤满怀欢喜，手握叶翔之的罪证，来到蒋介石办公室，恭恭敬敬地把材料递交到他手里，然后嘴角带笑地退到一旁，等待蒋介石的命令，看如何处置叶翔之。

毛人凤心里琢磨着，170根金条，货真价实的贪污证据，办叶翔之，那是十拿九稳啊。可毛人凤万万没想到，蒋介石看了材料，指着毛人凤的鼻子就是一顿臭骂，更是一针见血地痛斥毛人凤，你这是在整叶翔之。

毛人凤听蒋介石这么说，真是委屈，这次他可真没诬陷，但又不敢回嘴,虽然心里直纳闷,但也只能灰溜溜地夹着材料离开了"总统府"。

贪污虽然在当时的国民党内成风,但蒋介石也不会有了证据还听之任之。但是,蒋经国一步早,毛人凤步步迟。

毛人凤找蒋介石之前,蒋经国先到了"总统府"。叶翔之贪污,蒋经国也清楚,他在蒋介石面前,给叶翔之找了个好理由。

这理由也是一般贪污犯常用的——家庭生活困难,收了点礼。之后,蒋经国还为难地说,这是个有能力的人,毛人凤要打压他,所以揪住不放。蒋介石一听,叶翔之,就是刚给他发过奖状的那个吗?现在抓不是打自己的脸吗?嗯,是个人才,这点小错,可以免了。

就这样,蒋经国前脚刚为叶翔之洗脱了罪名,毛人凤紧跟着就到了"总统府"。结果就是,自讨了个没趣。

灰头土脸的毛大局长,第一次真正认识到,蒋经国这位大公子着实不好惹。叶翔之成了蒋经国的心腹,毛人凤明白,自己不会再干多长时间了。绝望中,毛人凤想到了一个人,宋美龄!

自从"打虎"事件后,宋美龄和蒋经国因为权力之争已渐生龃龉。她知道,只要蒋经国一上台,宋家人将处于不利地位。而毛人凤的特务系统,好歹是一个独立存在的势力,有他存在,多少可以牵制一下蒋经国的行动。所以宋美龄见毛人凤可怜巴巴地来求自己,便答应了毛人凤的请求,替他在蒋介石面前说了好话。

宋美龄给毛人凤说了好话,蒋介石肯定还是要给夫人面子的,蒋经国只得收回了立马搞垮保密局的打算。毛人凤总算是回过了一口气,但他与蒋经国之间的关系,却一直都无法改善。

到了1951年,他自然不会放过毛邦初案,即使不能搞掉蒋经国,也要让老蒋看不上蒋大公子才好。可毛人凤不知道,他很快就没机会了。

1954年,蒋介石再次改革情报系统。老蒋、小蒋两父子一合计,撤掉了原先设置的"总统府机要室资料组",把资料室改名为"国家安全局"。而"国家安全局"直属于蒋经国任副秘书长的"国防安全会议"。

其实,改名字,无非是蒋经国觉得"总统府机要室资料室"负责人的身份,统管情报、治安大权,有点名不正、言不顺,说白了,他觉得这个帽子太小。

可改名容易，改组后的"国家安全局"该由谁出任局长却是个问题。这次蒋经国学精了，他不想再因为这种本来对自己无关痛痒的事情与毛人凤白白纠缠。

蒋经国明白，以他蒋家大公子的身份，根本不需要什么职务，也能实际操控一切。因此，蒋经国推荐了一个他认为最合适的人选。

人选就是当时的"国防部"大陆工作处长郑介民。蒋经国这么安排，出于这样的考虑：郑介民是情报界辈分最高、资格最老的一个，由他出任这个职务，谁也没有话说；而郑介民与毛人凤之间有夙怨，也就不可能联成一气。

其实明眼人都看得出来，蒋经国这手玩的是二臣争宠的把戏。此外，郑介民这个人外表看起来好像有点憨，实际上心里跟明镜似的，在职务任命之前，郑介民私下里找到蒋经国，说："我只在你前面当泥菩萨，一切由你做主。"

就在"国家安全局"成立的同时，毛人凤所在的保密局也改名了，更名为情报局，虽然他仍然担任情报局长，但权力已经受到极大制约。

除此之外，像宪兵部队、海外工作会、驻外武官处等情报机关，都定期向"总政治部"和"国家安全会议"报告。至此，蒋经国成为台湾省超过5万特工人员的领导。蒋经国在蒋介石的扶持下，终于取代毛人凤，登上了台湾当局"特工之王"的宝座。

权力被削弱的毛人凤，自知无法再与蒋经国抗衡，第一要务便是做几件大事，讨好老主子蒋介石。1955年春天，毛人凤觉得，自己的机会来了！

1955年春，周恩来率中国代表团出席万隆会议。毛人凤得知后，像抓了根救命稻草似的，立刻密报蒋介石，然后酝酿出一个惊天大阴谋——准备利用周恩来乘坐的印度航空公司的包机"克什米尔公主"号预先在香港启德机场停留之际，用定时炸弹进行暗杀。蒋介石听了毛人凤的计划，像打了支强心针似的，立刻兴奋起来，命令毛人凤着手实施，准备给新生的人民政权一个沉重打击。最终，周恩来因工作安排有变，临时换乘了另一架飞机，阴谋刺杀周恩来的计划落空了。

毛人凤跟蒋介石汇报的时候，那是拍着胸脯打了包票的，说是保证完成任务，确保万无一失。可最终暗杀行动彻底失败，蒋介石除了失望之余，还大为震怒，指着毛人凤的鼻子下了最后通牒："毛人凤，你立刻给我带人去印度尼西亚，一定要把周恩来除掉。"

就在毛人凤绞尽脑汁筹划第二套暗杀周恩来的计划时，却得到消息，周恩来在万隆会议中向各国通报了"克什米尔公主"号事件的真相。印度总理尼赫鲁措辞强硬地公开谴责美蒋当局的恐怖行动。随后，世界上许多国家纷纷指责蒋介石的恐怖行动。国民党当局成了众矢之的，一时之间狼狈不堪。

刺杀周恩来失败就够恼火了，还受到国际舆论的批评。蒋介石脸面是挂不住了，当即把毛人凤找去，免不了大骂一顿。其实，当时的蒋介石，应该更想骂的是，自己有眼无珠。

毛人凤所列出的暗杀名单上，中国领导人包括：毛泽东、周恩来、陈毅、叶剑英。不仅他们全都毫发无伤，而且毛人凤对大陆的间谍战和渗透计划也全都泡汤了，他派出去的所谓"精英间谍"，全都在大陆落网。

一连串的失败，让蒋介石对毛人凤彻底失去了耐心。1955年，对毛人凤来说是难熬的一年。从"克什米尔公主"号事件后，他在情报机关的地位一落千丈，除了挂着陆军中将的空衔，旧时的风光彻底散了，别说高官了，连大小特务们也不再登门。

毛人凤曾向妻子抱怨道："我早就知道人心凉薄，但是我没想到的是，我连一个至交都留不住，这实在让我伤心。"其实，毛人凤所说的话是意有所指。

原本，毛人凤以为自己不管再怎么劣迹斑斑，但至少还是有一个至交好友。但在这一系列变故之下，最令毛人凤失望的，却是他自认为的"至交好友"的态度。那个"好友"就是他的儿女亲家——杨森。

杨森，四川军阀，陆军上将。毛人凤与杨森渊源已久，抗战时期，毛人凤在军统只是中校主任秘书，但在戴笠庇护下炙手可热。杨森作为陆军上将，将重庆别墅"渝舍"借给毛人凤住，最后还结为儿女亲家。跟随蒋介石败退台湾之后，两人交往依旧。

可自从毛人凤在蒋介石那里失势后，杨森便变了一副嘴脸，毛人凤几番电话、捎信要去拜访杨森，都被他拒绝了。但毛人凤不甘心，直到一次所谓的"春游"。

1956年春，蒋介石委任杨森为"中华体育总会会长"，杨森组织一群人登玉山，很多人都去捧场，在家闲着的毛人凤也不甘寂寞，带着夫人去凑个热闹。

　　可是，让毛人凤想不到的尴尬和愤怒，就出现在安排与公众见面会的时候。曾经的"特工之王"连个座位都没有！主办人杨森却解释说："你过去的工作特殊，尽量少抛头露面！"

　　毛人凤气坏了，时不常神经质地痛骂杨森是"首鼠两端"。可是，一向胃口很好的他，突然胃口不佳，还伴随呕吐，身形也逐渐消瘦。毛人凤病了，病得还不轻。

　　有病了就该去看病，但是当了一辈子特务的毛人凤，最厌恶的就是去医院，担心自己会在医院不明不白就被暗杀。直到1955年7月在国民党一次会议上，毛人凤当场咳血，被人搀扶着送往医院。

　　关于毛人凤得了什么病，从现有的传记书上看，有两种说法：有人说毛人凤得了肺癌，还有人说毛人凤是肝癌末期。因为毛人凤的特殊身份，在所有台湾已经解密的毛人凤档案中，都没有提到。

　　但我们知道的是，毛人凤被确诊为癌症，而且必须动手术才能保命。当蒋介石得知这一消息的时候，顾念曾经的主仆情，特许他到美国治病。

　　而已经稳坐"特工之王"宝座的蒋经国，听说毛人凤的身体每况愈下，除了拿药当饭吃，还需要经常打止疼针，整个人如同药罐子。蒋经国没有像之前那样与毛人凤针锋相对，对他进行政治追杀，反而对毛人凤的病情关心起来了，时刻关注着他的病情。

　　1956年7月27日，时任台湾驻美国大使的董显光给蒋经国发了一封电报，整封电报貌似没什么重点，却全是关于毛人凤的病情。

　　董显光在电报中说："悉已与人凤兄通过长途电话。""尊电各节转告渠云，目下不需款项盛意心感等语，已告人凤兄，如需款请随时告知以便垫付。"这短短几十个字，首先透露出一个信息，董显光打这个电话是替蒋经国打的，"尊电各节转告"，而他所"尊"的也就是蒋经国所说。

　　"已告人凤兄，如需款请随时告知以便垫付"，蒋经国是够大方，需要钱的话，可以尽管说。可是被毛人凤拒绝了。在人们看来，蒋经国的这些可都是"好意"，但在毛人凤这儿，不但没有起到半点安慰作用，反而触犯了毛人凤的大忌。

毛人凤人称"笑面虎"是有由头的，每当要处理某人的时候，他就会先向下手的人示好，以降低"猎物"的心理防备。

所以，当毛人凤见蒋经国频频向自己表达善意的时候，就认定蒋经国是要重办自己了。心里有事的毛人凤，病肯定好不了。

电报最后还写道："又与诊治毛局长之医生亦通话，谓手术经过情形甚好。"

但是，1956年9月，经宋美龄一手操办，毛人凤到美国接受手术治疗后，他的病情并没有起色，癌细胞更是向全身扩散。毛人凤知道自己大限将近，挣扎着要回台湾，于是搭乘飞机返岛。一个月之后，10月14日，国民党情报局局长毛人凤，终于结束了他罪恶的一生，卒年56岁。